VICTOR TISSOT

RUSSES & ALLEMANDS

LES PÈRES DU NIHILISME
DE L'ÉDUCATION DES FEMMES EN RUSSIE
LES UNIVERSITÉS RUSSES. — LA DÉCADENCE DES MŒURS
QU'EST-CE QUE LA RUSSIE? — L'ARMÉE RUSSE
LA NOUVELLE ALLEMAGNE ET LA NOUVELLE RUSSIE
LES ALLEMANDS EN RUSSIE
LE SOCIALISME ALLEMAND ET L'ÉTAT MORAL DE BERLIN

QUATRIÈME ÉDITION

PARIS

E. DENTU, ÉDITEUR

LIBRAIRE DE LA SOCIÉTÉ DES GENS DE LETTRES

PALAIS-ROYAL, 15-17-19, GALERIE D'ORLÉANS

1881

Tous droits réservés

RUSSES ET ALLEMANDS

EN PRÉPARATION

LA RUSSIE ET LES RUSSES,

— INDISCRÉTIONS DE VOYAGE —

PAR

VICTOR TISSOT

F. Aureau. — Imprimerie de Lagny.

PRÉFACE

A Monsieur E. DENTU, Éditeur.

Vous me demandez mon livre sur la Russie. Je ne suis pas prêt et je ne pense pas l'être avant cinq ou six mois. Ce n'est pas un mince travail que d'être court sur un sujet immense, d'être clair sur des sujets obscurs. J'ai là des montagnes de notes crayonnées, pendant mon voyage, en chemin de fer, en bateau, à cheval, en kibitka et en tarentasse, dans les steppes de l'Ukraine, dans les catacombes de Kiew, dans les prisons de Moscou, dans les bas-fonds ignobles de Saint-Pétersbourg et sur les misérables traîneaux du golfe glacé de Finlande; non seulement il faut que je déchiffre ces hiéroglyphes, que je les mette au net et les condense pour en faire quelque chose d'énergique, de substantiel et de solide qui se tienne debout et donne au lecteur comme la vision

de la réalité, mais il est nécessaire que je vérifie
l'exactitude de mes renseignements ou l'inexactitude
de ceux de mes devanciers.

Vous qui m'avez vu au travail, vous savez la conscience que j'apporte dans mes recherches, le soin que
je mets à m'entourer de tous les documents qui peuvent éclairer ma route et me pousser plus profond
dans l'intimité des peuples que j'étudie. Le devoir de
l'écrivain voyageur est d'interroger toutes les voix,
d'écouter tous les échos. Or, ceux qui parlent le plus
bruyamment de la Russie, depuis quelques années, ce
sont les Allemands. Ils ne sont pas des juges impar-
tiaux. Leur langage est trempé d'une vieille haine de
race, qui le rend amer et inquiétant, mais que de
choses il nous révèle !

Savoir, c'est prévoir, dit le proverbe. Aussi, serait-
il peut-être bon qu'on sût en France ce que les Allemands pensent des Russes, et les Russes des Allemands. Ne croyez-vous pas qu'il y aurait là une œuvre
utile à faire, un service à rendre à ce public français
qu'on calomnie tant au dehors, et qui cependant ne
demande pas mieux que d'apprendre et de s'instruire?
On doit, il est vrai, lui préparer et lui accommoder
un peu ce qu'on lui présente ; il n'aime pas à être mal
servi, dans des plats d'étain ou des écuelles de bois.
Il est artiste ; il veut les garnitures et les draperies du
style. Chez les autres peuples, les pensées les plus

belles et les plus hautes ont l'air de pauvresses couvertes de haillons ; chez nous, le souci de la forme jette sur leurs épaules nues des pelisses de princesses ou des manteaux de reines.

Je parle comme s'il s'agissait ici d'une œuvre littéraire ! Utiles aujourd'hui, les pages que je vous envoie sont faites pour être oubliées demain. Mais le lecteur, en les parcourant, n'aura pas perdu son temps ; et si les agitations de l'heure présente, si funestes au livre et à l'étude, lui laissent le loisir de réfléchir, il pourra descendre jusqu'au fond des questions qni se posent si près de nous, et il verra un peu plus clair dans l'avenir.

Le premier chapitre de ce livre est le résumé de toutes les données certaines que j'ai pu recueillir sur le nihilisme, sur son origine, ses tendances et son but. C'est une série de faits exposés sans passion, avec une impartialité scientifique. J'y explique comment cette doctrine qui n'est pas celle de tous les révolutionnaires russes, mais seulement de la petite faction des « terroristes », a pris naissance ; dans quel milieu, pour quelles raisons et par quelles causes elle s'est si rapidement développée. Un pays qui a encore ses inquisitions et ses bastilles, qui exile encore sans jugement, par voie d'administration, devait fatalement produire des Zasoulitsch et des Solovief. « Jusqu'à présent, nous dit M. Dragomanov (1), les éléments les plus persécutés sont seuls entrés dans la lutte active, et, se sentant trop faibles pour la lutte ouverte, ils ont choisi la voie des assassinats politiques, d'abord instinctivement, puis consciemment et systématiquement.

» Si l'absolutisme persiste en Russie, — et il persistera tant que la révolution ne sera conduite que par la jeunesse « nihiliste », et que les représentants des classes éclairées ne se jetteront point résolument dans l'action sous une forme ou sous une autre, — il ne faut pas être prophète, ajoute M. Dragomanov, pour prédire de nouveaux attentats contre le tzar et même contre toute la famille impériale. Bien plus, comme le régime absolu soutient en Russie les restes du système féodal et entrave toutes les mesures qui pourraient soulager un peu l'état misérable des paysans, il faut s'attendre à une recrudescence de crimes agraires à l'irlandaise, à des émeutes populaires, déjà nombreuses l'année dernière. Elles seront aussi spontanées que le fut en France la guerre contre les châteaux, en 1789-1790. Comme en Russie les paysans n'ont aucune connaissance des idées socialistes, ces émeutes ne serviront qu'à prêter appui

(1) L'intéressante brochure que ce savant a publiée à Genève, il y a quelques jours, sous le titre de : *Le tyrannicide en Russie et l'action de l'Europe occidentale*, confirme presque en tous points ce que nous avons dit nous-même dans les *Pères du nihilisme*.

au mouvement constitutionnel ou jacobin, dans les classes éclairées. Tel fut le résultat des émeutes populaires en France en 1789, et même en Angleterre avant la réforme de 1832. Mais toute cette crise russe, si distincte qu'elle soit dans son caractère du mouvement socialiste moderne de l'Europe occidentale, ne s'effectuera pas, sans doute, *sans exercer une certaine influence sur celui-ci. Elle lui communiquera son caractère sanguinaire, excitera les instincts qui procèdent plus des passions que du raisonnement, et qui ne sont pas absents chez les classes déshéritées, même dans les pays les plus avancés.* »

Voilà des paroles graves sur lesquelles on fera bien de s'arrêter. Ne voyons-nous pas déjà une communauté d'idées et de sentiments s'établir entre les intransigeants de la révolution occidentale et les intransigeants de la révolution russe ? La fraction ultra-radicale du parti socialiste allemand, représentée par les députés Most et Hasselmann, ne prêche-t-elle pas ouvertement l'assassinat politique? Le lendemain de « l'exécution » du tzar, M. Most s'écriait dans son journal la *Freiheit* : « Victoire ! Victoire ! » ; et M. Hasselmann, dans un discours tenu à New-York, déclarait que : « Alexandre n'est pas le seul chien altéré de sang » ; que « l'empereur Guillaume ne vaut pas mieux » ; et que « sa famille tout entière mérite d'être exterminée ».

Aussi, après avoir ouvert ce volume par une étude

sur les nihilistes russes, il m'a semblé intéressant de
le clore par une étude sur les socialistes allemands.
Ce chapitre a été publié dans une revue peu de jours
après l'attentat de Nobilling sur la personne de l'empereur; depuis, le parti socialiste a marché et s'est
de nouveau divisé en deux groupes extrêmes, — le
groupe Marat et le groupe Robespierre. Le premier
est beaucoup plus fort et plus nombreux que le second qui a à sa tête Bebel et Liebknecht, deux
agneaux timides et doux, comparés aux chefs du premier groupe, MM. Most et Hasselmann pour qui le
meurtre et l'incendie sont le commencement de la
sagesse révolutionnaire.

Si je me suis un peu étendu sur Lassalle, c'est
qu'il est le père, le créateur du socialisme allemand.
Avant lui, le parti n'existait pas. Sa main puissante
en a rassemblé et réuni les éléments épars et confus ;
elle en a fait une masse qui vit, qui s'agite, qui lutte
et qui pousse ses flots hurlants jusqu'aux marches
du trône.

Les deux études sur l'*Education des femmes en Russie*
et les *Universités russes* sont extraites et traduites d'un
livre qui a eu un certain retentissement l'année dernière en Allemagne : *Russland vor und nach dem
Kriege* (1), par l'auteur anonyme de la *Société russe*,

(1) La Russie avant et après la guerre.

Allemand de naissance, Russe de nationalité. Il y a là
des indications curieuses qu'on ne trouve ni dans les
articles de M. Leroy-Beaulieu ni dans ceux de M. Rambaud, qui tous deux ont travaillé d'après des données
officielles et n'ont pas vécu, comme l'écrivain russe-
allemand, les choses dont ils parlent.

Le chapitre sur l'armée russe est tiré du même
livre, sauf le commencement que j'ai emprunté à
l'ouvrage tout récent de M. Franz von Lœher (1).

Les renseignements si exacts et si précieux sur les
rapports de *la Nouvelle Allemagne* et de *la Nouvelle
Russie* m'ont également été fournis par l'auteur de la
Société russe et de la *Russie avant et après la guerre*,
qui a publié comme appendice de ses précédentes
études, un volume de documents diplomatiques
sous le titre de : *Berlin et Saint-Pétersbourg* (2).
Si le passé doit servir de leçon pour l'avenir, que
d'avertissements dans ces quelques pages pleines de
révélations sur cette chose noire et malpropre qui
s'appelle la haute politique! C'en est fait heureusement de cette alliance des trois empereurs; le Congrès de Berlin où M. de Bismarck a favorisé l'Autriche
aux dépens de la Russie, lui a porté un coup mortel.
L'alliance russe est en disponibilité.

(1) *Russlands Werden und Wollen*, von Franz v. Lœher, 3 vol.
Münich, Ackermann, 1881.

(2) *Preussiche Beitrœge zur Geschichte der Russich — Deutchen
Beziehungen.* — Leipzig. Duncker, 1880.

J'ai pensé qu'une courte et rapide étude sur l'envahissement de la Russie par les Allemands était le complément nécessaire de ce chapitre qui aurait pu être incompréhensible pour ceux qui ne sont pas au courant des antipathies séculaires divisant les Slaves et les Allemands, antipathies justifiées par l'histoire et les événements actuels. A Saint-Pétersbourg, les Allemands ont leurs églises, leurs écoles, leur théâtre, leurs clubs, leurs brasseries, leurs journaux et même leur quartier. La plupart de leurs grands établissements de commerce se trouvent dans le Wassily-Ostrow, de l'autre côté de la Néva, en face du Palais d'hiver ; là s'élèvent les énormes bâtiments rouges de l'Université, de l'Académie, de l'École des Mines, de la Bourse. Les Allemands de la capitale donnent la main à tous les autres Allemands éparpillés dans l'immense Empire ; et tous confondent leurs intérêts dans une cause commune, hostile à la Russie.

L'étude sur la *Décadence des mœurs* est un résumé de la fameuse brochure du prince Chtcherbatof.

La réponse à la question : *Qu'est-ce que la Russie?* est encore tirée d'un ouvrage allemand tout récent : *Russiche Literatur und Cultur* (1), par le professeur J. J. Honegger. La Russie y est jugée avec ce ton arrogant et cette morgue grossière qui caractérisent les représentants de la *Cultur* prussienne. On peut appli-

____

(1) *Littérature et civilisation russes.* — Weber, édit. Leipzig, 1880,

quer aux livres allemands écrits sur la Russie ce que
M. Dragomanov a si justement dit de la presse allemande :

« La presse allemande est guidée par un sentiment
de servilisme dynastique uni à des haines de race et
à des considérations de politique prussienne. Elle sent
bien qu'avec l'avènement de la liberté en Russie, il
sera mis fin aux privilèges des barons allemands dans
les provinces baltiques, à leur rôle prépondérant
dans la bureaucratie russe; et que la Russie libre
cessera d'être un instrument dans la main de la
Prusse et de toutes « les saintes alliances ». La presse
d'Allemagne criait déjà au feu quand on a soulevé
en Russie la question de l'émancipation des serfs;
elle pousse maintenant les mêmes cris chaque fois
qu'on parle de liberté politique, comme elle crie au
« panslavisme nihiliste » chaque fois qu'il s'agit de
donner satisfaction aux réclamations les plus justes
des nations opprimées de l'empire du tzar, à celles des
Polonais, par exemple. Et cependant, c'est elle qui
appelle la Russie le pays du knout (*Knutland*) et qui
déplore le sort de la Pologne, quand il lui paraît
nécessaire de dénigrer non seulement le gouvernement, mais aussi la société russe aux yeux de l'Europe, comme elle l'a fait pendant la dernière guerre. »

La Russie ne mérite pas tant de mépris. Introduite
la dernière dans l'Europe civilisée, les progrès qu'elle a

accomplis en deux ou trois siècles sont considérables. C'est encore la nation vierge, qui n'a pas senti ses entrailles tressaillir et qui n'a pas porté de fruit. Son génie balbutie et commence à peine à se débrouiller. Attendons que ce peuple soit majeur avant de nous prononcer sur son avenir. Nous n'avons jusqu'ici que le germe des premiers développements de la race slave. Cette race n'a pas été remuée et fécondée par l'Idée. C'est une masse inerte, qui n'a pas encore reçu son impulsion. Aussi, dans la vie de ce peuple, tout a-t-il été jusqu'à nos jours, incohérent, irrégulier et brusque comme dans les forces en formation de la nature.

Si barbarie il y a, c'est une barbarie vigoureuse qui contribuera un jour au développement du genre humain, comme jadis la barbarie germanique, voisine de la brillante civilisation de Rome et des Gaules. Cette barbarie est du reste moins dans les mœurs que dans les procédés de gouvernement. Les Russes ne vivent pas à l'état sauvage comme les Hottentots. Rien de plus doux, de plus humain que le paysan russe. Les meurtres, les assassinats sont beaucoup moins fréquents dans les campagnes moscovites que dans les rues de Berlin ou de Paris.

Regarder la Russie à travers nos idées européennes, c'est la voir sous un jour absolument faux. Ce peuple n'est pas en communion de sentiments avec nous, et c'est pourquoi il renouvelera peut-être plus tard beaucoup de choses dans le monde : les formes de l'État et de la famille. Il ne comprend rien à nos institutions modernes, à nos conquêtes politiques. En 1825, lors de l'insurrection de décembre, les soldats qui criaient : *Vive la Constitution !* croyaient qu'il s'agissait de la femme du grand-duc Constantin.

On oublie trop qu'il y a deux Russies : à Saint-Pétersbourg, une Russie officielle, féodale, aristocratique et bureaucratique, semi-allemande et semi-européenne ; et dans les immenses plaines du reste de l'empire, une Russie vêtue de peau de mouton, immobile et pensive comme l'Asie, son aïeule, muette et immuable dans son fatalisme apathique et sa raide orthodoxie, fidèle à ses traditions, franchement russe, et subissant avec une résignation de bête le joug que font peser sur elle ceux à qui appartiennent toutes les richesses, tous les privilèges, tous les pouvoirs et tous les droits.

Entre ces deux antipodes s'agite le monde de la révolution, minorité infime, sortie des couches supérieures, isolée et sans appui dans la nation, et obligée par conséquent de se dissimuler dans l'ombre et de frapper en fuyant, à coups de mine, de bombes et de poignard.

V. T.

Mai 1881.

RUSSES ET ALLEMANDS

LES PÈRES DU NIHILISME

I

Ils sont trois : Alexandre Herzen, Michel Bakounine et Tchernychevski. Les deux premiers, par l'origine et l'éducation, appartiennent comme la plupart des chefs du radicalisme russe, à la classe dirigeante. Le dernier est fils de prêtre.

Né en 1812, aux lueurs du grand incendie de Moscou, Herzen eut pour mère une Allemande et pour père un gentilhomme russe. Enfant d'amours buissonnières, mais reconnu dès sa naissance, il fut élevé sous le toit paternel, entre un professeur à chevelure germanique et un gouverneur aux belles manières françaises.

A l'âge de quinze ans, on l'envoya terminer ses études à l'université.

Nicolas avait succédé à Alexandre Ier. L'aube de son règne fut obscurcie par la fumée d'une insurrection. Nicolas devint inquiet et défiant. Il ferma la porte de son empire aux idées qui sortaient de France et mettaient en travail les jeunes cervelles. Les étudiants des universités s'arrachaient les œuvres de Voltaire, de Rousseau, de Diderot, de d'Alembert, de Morelli, de Mably et de Fourier. L'importation des livres français fut interdite. A la gallomanie succéda la germanomanie. Hégel n'était pas prohibé, ni Feuerbach qui niait l'âme humaine et poussait le cri de guerre communiste : « La propriété c'est le vol ! »

Herzen se plongea avec délices dans la nouvelle philosophie allemande. Il s'en assimila les théories et les idées, et écrivit des pages que la police saisit et trouva mauvaises. On le retint une année en prison, puis on l'envoya en exil, presque sur les confins de la Sibérie. Dans sa solitude forcée, il se remit à l'étude de la philosophie, cherchant surtout à approfondir Hégel, l'insondable. Quand on lui permit de se rapprocher du monde civilisé et d'habiter Wladimir, Herzen, un soir, se sauva jusqu'à Moscou, et enleva d'une maison d'éducation impériale une jeune parente à lui, qui était sa fiancée. Des amis intervinrent en sa faveur ; on lui pardonna. Il obtint la permission de revenir à Moscou. Là, il se lia d'amitié avec les hommes les plus intelligents, les plus libéraux et les plus courageux de l'époque.

Dans ce sanctuaire de la sainte Russie, à Moscou, dans la « première capitale de l'empire », dans la « ville-mère » aux coupoles d'or, aux murs blancs et

roses, et aux toits verts, on avait su conserver un reste
d'indépendance, une étincelle de liberté.

A Pétersbourg régnaient l'uniformité et la discipline
européennes. Tout y dépendait des caprices, des dispositions, des influences de la cour. A Moscou, les
gens ne mettaient pas de masque à leurs opinions. On
pouvait, dans certains cercles du moins, sans autorisation préalable de la police, dire et lire ce qu'on
voulait.

« — Savez-vous ce qu'on appelle à Moscou un cercle?
demande un des personnages de Tourgueneff.

» — C'est un endroit qui entrave tout développement
intellectuel, où l'on prend des habitudes de paresse et
de désœuvrement, où la causerie est du bavardage, où
l'âme perd toute fraîcheur et toute virginité.

» La platitude et l'ennui remplacent l'amitié et la fraternité, la bêtise et la prétention remplacent l'esprit et
la franchise. Chacun, dans un pareil lieu, a le droit de
mettre ses doigts sales dans les recoins les plus cachés
de l'âme. »

Le cercle dans lequel Herzen entra n'était pas de
l'espèce dont parle le romancier. Il se composait de talents jeunes, de cœurs mâles, les plus enthousiastes,
les plus ardents de la Russie. On se réunissait chez un
élève de Pawlow (1), — du nom de Stankiévitch, riche

(1) Pawlow est le premier professeur qui osa introduire dans
son cours de physique l'enseignement de la philosophie naturelle
de Schilling et d'Oken.

particulier qui n'était ni professeur ni fonctionnaire, qui s'occupait de philosophie par goût et faisait dans son salon une propagande passionnée de la doctrine de Hégel. A ce cercle appartenaient des hommes qui marquèrent plus tard dans l'histoire de la littérature et des sciences russes. Le critique radical Belinski, l'historien Granowski ; Alexandre Herzen et Bakounine formaient l'extrême gauche de la réunion. Les fondateurs du parti slavophile, Chomjäkow et Aksakow croyaient avoir trouvé dans les enseignements de Hégel la confirmation de leurs idées sur l'État et la société. On se livrait à une controverse effrénée. « Nous passâmes des nuits entières, nous dit Herzen, à disserter sur chaque paragraphe des trois volumes de la *Logique* de Hégel et des deux volumes de l'*Esthétique*. »

Herzen débuta dans sa carrière de publiciste révolutionnaire par deux opuscules : *Le Dilettantisme dans la science* et les *Lettres sur l'étude de la nature*. Rentré au service de l'État, il employa ses loisirs à écrire des nouvelles, des romans, des tableaux de mœurs. Mais un esprit remuant, aventureux et exalté comme le sien ne pouvait rester longtemps confiné dans la littérature. Il se sentait dans l'âme des idées de novateur, une fougue et une foi d'apôtre. En conflit avec les hommes du pouvoir, il fut relégué à Nowgorod ; il abandonna ses fonctions de conseiller, et, après la mort de son père qui possédait une certaine fortune, il quitta la Russie pour n'y plus jamais rentrer.

Le sud de l'Europe était en mal de révolution.
Partout la fumée indiquait le feu qui couvait sous la
cendre. Arrivé à Rome après avoir traversé l'Allemagne
frémissante, Herzen qui était un voyant et un précurseur, traça son programme, formula ses espérances
dans une brochure philosophico-politique intitulée :
Avant la tempête. Selon lui, le vieux monde était fini, il
fallait achever de le détruire par la révolution. « Et
quand viendra le printemps, disait-il, sur les sépulcres
blanchis des générations débiles qui auront succombé
lors de l'explosion, une vie jeune et fraîche se manifestera. A la barbarie sénile se substituera la barbarie de
la jeunesse, pleine de forces incohérentes. Une vigueur
sauvage et fraîche envahira la jeune poitrine des jeunes
peuples, et alors commencera un nouveau cycle d'événements et un nouveau volume de l'histoire universelle... *L'avenir appartient aux idées socialistes.* Le socialisme se développera dans toutes ses phases jusqu'à
ses dernières conséquences, jusqu'à l'absurde.

» Alors, encore une fois, de la poitrine titanique de la
minorité révolutionnaire jaillira le cri de la négation ;
et, encore une fois, une lutte mortelle commencera :
lutte dans laquelle le socialisme prendra la place du
conservatisme actuel, et sera vaincu à son tour par une
révolution à nous inconnue.

» L'éternel jeu de la vie, cruel comme la mort, inévitable comme la naissance, constitue le flux et le reflux
de l'histoire, le *perpetuum mobile* de la vie. »

Ce principe de la négation universelle, cet appel de la révolution sociale, ce désir de destruction de l'ancien monde civil et moral, est la base et le fondement de la doctrine nihiliste.

La Révolution de 1848 ne fut pas ce que Herzen espérait. Elle aboutit à une république bourgeoise, et non à une république socialiste.

Plus fort que jamais, Herzen cria de nouveau : « *Mort au vieux monde! Vive le chaos et la destruction!... Vive la mort!... Place à l'avenir !...* » Et, dans une seconde brochure, *Après la tempête*, il invectiva les bourgeois, « les engraissés du *National* », qui avaient remporté la victoire. Il leur prédit des représailles, des massacres. « La moindre concession, la moindre grâce, dit-il, toute compassion, reconduisent au passé, laissent intacte la chaîne. De deux choses l'une : ou justicier et marcher en avant; ou gracier et trébucher à moitié route... Si la Révolution dévore, comme Saturne, ses propres enfants, la négation, de son côté, tue sa propre mère pour se défaire du passé. »

Et il ajoutait :

« Nous ne sommes pas appelés à recueillir les fruits, mais à être les bourreaux du passé, à le persécuter, à le juger, à le reconnaître sous tous ses masques, à l'immoler pour l'avenir. »

C'est dans un océan de ruines que Herzen veut submerger la vieille société.

Seize ans plus tard, en 1864, dans un opuscule publié

en Angleterre sous le titre : *Le vieux monde et la Russie*, Herzen développe encore les mêmes idées et nous dit avec ce souverain mépris qu'il affectait pour notre civilisation occidentale, que telle qu'elle existe elle a terminé son rôle ; que la dissolution va d'un train exorbitant depuis 1848. Certainement ce ne sont pas les *peuples* qui périront, mais les *États*, mais les « institutions romaines, chrétiennes, féodales et juste-milieu parlementaires, monarchiques ou républicaines », peu importe. L'Europe doit se transformer, se décomposer, pour entrer en de nouvelles combinaisons. C'est ainsi que le monde romain se transforma en Europe chrétienne ; il cessa d'être lui-même, il n'entra que comme un des éléments, — le plus actif, — dans la constitution du nouveau monde. Jusqu'à nos jours, le monde européen n'a subi que des réformations ; les bases de l'Etat moderne restaient intactes ; on continuait sur le même plan en améliorant les détails. Telle a été la réforme de Luther, telle la Révolution de 1789. Telle ne sera pas la révolution sociale.

« Nous sommes arrivés, écrit Herzen, à la dernière limite du replâtrage ; il est impossible de se mouvoir dans les anciennes formes sans les faire éclater. Notre idée révolutionnaire est complètement incompatible avec l'état de choses existant. »

Les « hommes nouveaux » ont donc pour mission de tout détruire. C'est la théorie des nihilistes. Anéantir ce qui est, et la vieille société, une fois abattue, ne peut pas plus être rétablie qu'une forêt de chênes après un incendie ou un défrichement.

Que sèmeront-ils, que planteront-ils à la place? Ils ne s'en soucient pas. Le grain de sel dissout dans l'eau se cristallise de nouveau. « Quand viendra le printemps, sur les sépulcres blanchis des générations décédées, une vie jeune et fraîche se manifestera! »

Réfugié à Londres depuis 1851, Herzen fonda, en 1857, un journal russe, le *Kolokol* (la Cloche), dans lequel il continua de prêcher ses idées d'absolutisme destructif. La *Cloche* sonnait le glas du despotisme « croulant du passé ». Rigoureusement prohibée par le gouvernement russe, cette feuille insaisissable ne pénétrait pas moins en Russie et circulait clandestinement dans toutes les mains. Le tzar la trouvait sur sa table et l'*istvochik* dans sa voiture ou dans son traîneau. En 1859, à la grande foire de Nijni-Nowgorod, la police en confisqua cent mille exemplaires. Herzen avait des correspondants haut placés dans tous les partis de l'empire, qui le tenaient au courant de tout, même des mystères d'État les plus cachés. Il savait les noms des prisonniers politiques enfermés secrètement dans les casemates de Saint-Pétersbourg et dans les mines de Nertschinsk. Il savait aussi bien ce qui se passait au Sénat qu'à la cour, et les faits et gestes du dernier lieutenant de police. La terreur de trouver son nom imprimé dans le *Kolokol* retenait les plus audacieux employés de la troisième section. Etre signalé comme réactionnaire dans ce journal, c'était le plus dur arrêt qui pût être prononcé contre un mortel. Herzen acquit une influence immense sur les classes instruites et exerça une véritable fascination sur la jeunesse universitaire, qui se laissa prendre au leurre de ses théories philosophiques et sociales. Le principe de la négation absolue de l'État, qu'il a érigée en système, n'est pas autre chose, nous le répétons, que le nihilisme actuel.

Vers la fin du règne de Nicolas, Herzen se crut assez fort pour provoquer un mouvement insurrectionnel socialiste en Russie. Avec l'aide de Bakounine et de Kelssief, qui lui servaient d'intermédiaires auprès des sectaires persécutés (1), il travailla activement et non sans résultat à la propagande de ses idées parmi le peuple.

Au mois de novembre 1861, un moine vieux-croyant, le Père Pafnuty, vint au nom de ses coreligionnaires conférer avec Herzen à Londres. On lui jeta d'abord de la poudre aux yeux. Herzen prit vis-à-vis de lui des attitudes dévotes. Il s'abstint de fumer, il se priva de certains mets défendus les jours de jeûne, il se garda de toute expression malsonnante. Mais Bakounine gâta tout. Un jour, il parla si irrévérencieusement de Dieu et de la religion, que le Père Pafnuty s'enfuit épouvanté. Il retourna à Moscou et déclara à ceux qui

_____

(1) Il y a plusieurs millions de sectaires ou dissidents en Russie, que le gouvernement n'a jamais cessé de poursuivre et de tenir hors la loi.

l'avaient envoyé que les « justes » ne pouvaient se mêler aux « libertins » de Londres, et que toute relation avec ces gens sans foi ni Dieu devait être regardée comme un péché.

L'émancipation des paysans vint aussi arrêter l'œuvre des conspirateurs. Kelssief fit sa soumission. Herzen, qui n'avait rien des instincts sanguinaires d'un Saint-Just et qui reculait dès qu'il s'agissait de mettre en pratique ses théories et ses doctrines, devint opportuniste d'intransigeant qu'il était. Il laissa Bakounine poursuivre désormais seul ses rêves d'anéantissement général : «Toi, lui écrivait-il dans une lettre qu'on peut regarder comme son testament politique, — toi, tu t'élances en avant comme autrefois, avec la passion de la destruction que tu prends pour une passion créatrice ; tu brises tous les obstacles, tu ne respectes l'histoire que dans l'avenir. Moi, au contraire, je n'ai pas foi dans les anciens moyens révolutionnaires ; et je tâche de comprendre la marche de l'homme dans le passé et dans le présent, pour savoir comment marcher avec lui, sans rester en arrière et sans aller aussi avant et aussi loin que toi, car les hommes ne me suivraient pas, ils ne pourraient pas me suivre. »

Herzen se trompait.

Le programme de Bakounine est devenu celui du nihilisme militant.

II

De deux ans plus jeune qu'Alexandre Herzen et que Belinski, de quatre ans plus âgé qu'Ivan Tourgueneff, Michel Bakounine naquit en 1814. En ce temps-là, tout noble russe était destiné à la carrière des armes. A vingt ans, le jeune Michel, échappé des mains de son gouverneur français, entra à l'école d'artillerie de Saint-Pétersbourg, où l'on enseignait les mathématiques avec un peu plus de soin que dans les établissements analogues. Du reste, dans cette école, régnaient le même esprit et les mêmes tendances que dans les autres. Les cadets y étaient élevés dans les idées libérales qu'Alexandre Ier avait proclamées pendant la première moitié de son règne, et qui, par suite de la guerre de délivrance et du long séjour des armées russes en France, étaient devenues l'apanage des classes aristocratiques. Ce fut sous l'influence de ces idées que la jeune noblesse militaire se souleva contre le système d'absolutisme des tzars. On sait de quelle manière cruelle le mouvement fut réprimé; quelle réaction il provoqua. Depuis Pierre le Grand, les tzars s'étaient faits les promoteurs de l'éducation et de la civilisation européennes; Nicolas rompit avec la tradition de ses prédécesseurs : la littérature française fut mise au ban, la littérature russe qui s'en inspirait soumise à toutes les investigations et à toutes les tracasseries de la censure. Un changement complet s'opéra dans l'enseignement, surtout dans celui des écoles de cadets. On favorisa l'ignorance et l'immoralité, de sorte que les têtes les plus intelligentes et les mieux organisées ne voyaient de remède à tout ce mal que dans la négation de ce qui existait. Les rêveurs insensés qui s'étaient insurgés le 14 décembre 1825 et qui avaient payé leur erreur par la potence et l'exil, étaient honorés comme des saints et des martyrs par la jeunesse des écoles militaires et des universités. Tandis qu'à la surface du vaste empire tout était silencieux et se mouvait dans une apparente soumission, les poésies de Rylejeff qu'on avait pendu, et de son ami Besshuheff qu'on avait déporté, se transmettaient de main en main comme des reliques, et ravivaient les espérances de liberté. On considérait comme un honneur d'être en relation d'une manière ou de l'autre avec les « victimes du 14 décembre »; on se faisait gloire de figurer parmi les condisciples des conjurés.

L'établissement auquel on avait confié Michel Bakou-

nine avait la réputation d'appartenir au parti avancé ;
mais on ne sait si le futur agitateur se fit remarquer
pendant ses premières années, par une grande ferveur
révolutionnaire, ou s'il se borna à un libéralisme platonique.

Après avoir passé leurs examens, les cadets les plus
capables entraient d'emblée dans la garde, où ils oubliaient rapidement, au milieu des splendeurs et des
fêtes de la cour et de la résidence, les aspirations politiques de leur jeunesse.

Michel Bakounine fit de brillants examens, ses parents étaient riches, il avait tous les droits de prendre sa
place dans les rangs de la garde. Mais on lui refusa cet
honneur. On l'envoya à l'armée. C'était le condamner
à vivre loin de la capitale, dans les misérables villages
de la Russie Blanche, avec des compagnons d'armes
trop amis de la bouteille et des belles. Il avait vingt
et un ans, et on le forçait de s'exiler dans une cabane
de paysans, aux limites du monde sauvage ! Il tomba
dans une mélancolie noire, rompit toute relation avec
ses camarades, s'isola complètement, passa des journées entières en robe de chambre, étendu sur son lit,
rêvant et fumant. On se plaignit de la négligence qu'il
mettait dans son service. Il envoya sa démission et revint à Moscou.

Sous Nicolas, cette ville était le rendez-vous de tous
les mécontents, de tous ceux qui n'avaient été favorisés
ni à la cour, ni dans le service civil, ni dans le service

militaire; la plupart de ces nobles fainéants vivaient du revenu de leurs serfs, passaient leur journée à dormir, leurs nuits à jouer, et s'en allaient en été courir les villes de bains allemandes ou les trottoirs de Paris.

Bakounine sut éviter cette triste société, en se faisant admettre dans les salons de M. Stankiévitch, où l'on discutait politique et surtout philosophie, où il retrouva son ami d'enfance Herzen, et où il se lia avec les esprits les plus éclairés de son temps : Belinski, Granowski, les slavophiles Aksakow, Chomjäkow et Katkow, et le grand romancier Ivan Tourgueneff.

Quand ce cercle se fut dissout en 1839 et que ses amis se furent dispersés, Bakounine partit pour Berlin. Il continua, à l'université, ses études philosophiques. Hégel était mort depuis neuf ans, mais son système avait atteint le point culminant de l'importance qu'il eut en Allemagne, particulièrement en Prusse. De Berlin, l'ex-lieutenant d'artillerie se rendit à Dresde, et devint le collaborateur de l'interprète le plus sympathique de l'école hégélienne, Arnold Rugé, rédacteur des « *Halle'schen Jahrbücher* ». Son premier article fut célébré comme un chef-d'œuvre. On savoura la sauvage énergie avec laquelle il proclamait le principe de la négation universelle; on admira la mâle décision avec laquelle il déclarait que la « jouissance de la destruction est une active jouissance ». Il dictait des lois, il traçait la route, pour le développement futur du monde civilisé, lui qui le connaissait à peine !

En janvier 1843, Bakounine partit pour Paris, impatient de connaître la ville que ses amis d'Allemagne lui avaient fait entrevoir comme la Mecque de la Révolution.

Le duc d'Orléans était mort depuis six mois; le ministère Guizot-Soult avait pris la direction des affaires; les cercles influents de la société parisienne s'étaient habitués à ne prêter aucune attention à la monarchie de Juillet et à ses tentatives constitutionnelles. C'était auprès des écrivains socialistes que la France se dédommageait de l'ennui dont elle souffrait. Eugène Süe avait commencé dans les *Débats* la publication de ses *Mystères de Paris* qui bouleversaient toutes les notions morales; Alfred de Musset avait fait peu de temps auparavant dans la *Presse* l'aveu qu'il n'y avait sur la terre qu'une seule et forte puissance, celle de l'argent; George Sand, inspirée par son ami Michelet, lançait sa « *Comtesse de Rudolstadt* » qui devait ouvrir toute une série de romans socialistes; Michelet lui-même, dans l'ardeur de sa guerre contre les jésuites, développait les théories d'un radicalisme furieux, qui étonnaient d'autant plus que jamais personne n'avait soupçonné, dans ce savant de cabinet, un successeur de Robespierre et de Marat. Les trois bréviaires du socialisme : l'*Icarie* de Cabet, la *Propriété* de Proudhon, et l'*Organisation du travail* de Louis Blanc, bien que prohibés par la police, se rencontraient partout. Chacun avait le secret pressentiment que la vieille société était à la veille d'un

cataclysme. La fine oreille de Heine entendait « comme
le bruit d'un couteau qu'on aiguise sous les gouttes
tombantes des intérêts et sous les sanglots étouffés de
la pauvreté ».

Bakounine, plus qu'un autre, devait subir les impressions du moment. Homme d'action, il résolut de prendre
part au combat. Il se lia avec différents chefs socialistes et tous les Polonais qui vivaient des aumônes
de Louis-Philippe et faisaient métier de comploter. Il
avait de particulières sympathies pour Proudhon
dont les écrits avaient été vénérés dans les cercles de
Stankiévitch et auxquels il se sentait rattaché par la
philosophie de Hégel; mais Proudhon dut se rendre à
Lyon comme agent d'une compagnie de transport par
eau, et leur commerce dura peu.

Bakounine, engagé par ses amis à se tourner vers la
Suisse, centre alors des menées révolutionnaires et socialistes, quitta la France où il sentait la police sur ses
talons.

En novembre 1847, peu avant la révolution de Février, après avoir passé cinq ans dans les vallées helvé-
tiques, conspirant toujours, Bakounine surgit de nouveau à Paris. Comme il avait perdu ses droits de
nationalité russe en refusant de rentrer dans son pays,
il osa se montrer publiquement sans éveiller les suscep-
tibilités de la police française. Le discours qu'il prononça, le 29 novembre 1847, au banquet anniversaire
de la dernière révolution de Varsovie, eut un retentisse-

ment immense et fut traduit dans toutes les langues. On n'avait jamais entendu un réfugié politique russe parler un tel langage. Dans cette harangue qui, depuis, a servi de modèle à quantité de discours tenus par les hommes de la révolution, Bakounine prédisait aux Polonais que l'avenir ferait disparaître les différences qui existaient entre les deux grandes races slaves, unies dans une république fédérative comblée de bonheur. L'ambassa_ deur russe à Paris reçut du chef de la troisième section l'ordre de demander l'expulsion de France de cet audacieux orateur. M. Guizot s'empressa d'obéir.

Suivi de près par des agents russes (on avait promis dix mille roubles argent pour la capture de Bakounine), le jeune agitateur s'enfuit en Belgique. Il y resta jusqu'à ce que la révolution de Février lui permît de rentrer à Paris avec tous ses amis les révolutionnaires d'Europe, qui y accouraient comme à la curée, pour célébrer l'avènement de la révolution universelle.

Leur joie ne fut pas longue.

Après avoir perdu l'espoir d'une révolution radicale en France et en Europe, Bakounine, qui était resté Russe au fond du cœur, rêva un empire fédératif slave. Il prit part au congrès de Prague dont les membres, unis aux Polonais et aux Serbes, devaient donner le signal de la révolution. La tentative échoua piteusement. Bakounine prit la fuite et se rendit en Allemagne où les radicaux de Berlin le reçurent à bras ouverts. Mais, traqué

par la police, il dut se cacher. En avril 1849, sous un
faux nom, il se glissa jusqu'à Leipsig, où il prêcha ses
théories aux étudiants de l'Université. Il voulait, disait-il, faire sortir la jeunesse de sa torpeur. Devenu
un des chefs de l'insurrection de Dresde, ce fut par son
ordre qu'on entassa des matières incendiaires au rez-
de-chaussée de l'Hôtel-de-Ville, et qu'au Zwinger et
à l'Opéra, on jeta des torches de poix enflammées
sur la tête des soldats saxons.

Obligé de se retirer du côté de Freiberg, Bakounine
fut pris à Chemnitz, livré aux troupes prussiennes et
conduit à Altenbourg. La cour martiale saxonne le con-
damna à mort, mais sa peine fut commuée en réclusion
perpétuelle. Le tzar Nicolas le réclama en sa qualité
de sujet russe, et, en automne 1851, il fut dirigé sur
Saint-Pétersbourg par Varsovie et Vilna, et enfermé
dans les discrètes casemates de la forteresse de Pierre
et Paul.

La guerre d'Orient survint. Bakounine fut transféré
à Schlusselbourg. Compris dans l'ukase d'amnistie à
l'avènement d'Alexandre II (avril 1856), on le relégua
dans la Sibérie orientale. Là, il obtint d'un de ses parents, le gouverneur général comte Murawieff-Amurski,
la permission de se rendre en qualité de colon sur les
rives de l'Amour. Grâce à son passeport, il put circuler
librement dans la province nouvellement conquise et
se rendre jusqu'à Nicolajewsk, où il réussit à s'embar-
quer sur un navire américain et à gagner le Japon et

l'Amérique du Nord. Au printemps de l'année. 1861, il vint rejoindre à Londres ses amis Herzen et Ogareff, et reprendre sa place parmi les promoteurs du mouvement révolutionnaire russe.

III

Une fois à Londres, Bakounine déclara qu'il voulait consacrer le reste de ses jours à la cause du slavisme. « De tous les peuples slaves, dit-il, le peuple russe a su seul conserver sa nationalité. Il a pour mission de rejeter les Tatares du côté de l'est et de maintenir les Allemands en Allemagne. Soyons des Russes véritables et libres ! »

Le beau feu dont il brûlait pour les Slaves, après avoir appartenu pendant quatorze ans à la révolution cosmopolite, l'amena à écrire quelques mois plus tard, — dans une brochure intitulée « *Romanoff, Pugatscheff ou Pestel* », — qu'il était prêt à pactiser avec l'absolutisme, si le fils de l'empereur Nicolas consentait à être « un tzar bon et loyal », un tzar démocratique ; s'il se mettait à la tête d'une assemblée populaire pour constituer une nouvelle Russie et jouer le rôle de sauveur du monde slave. « Ce Romanoff veut-il être le tzar des paysans, ou l'empereur pétersbourgeois de la maison Holstein-Gottorp? Cette question va se décider bientôt, et alors nous saurons ce que nous sommes et ce que nous avons à faire. »

L'étrange proposition de Bakounine n'eut aucun succès auprès d'Alexandre, et l'échappé de Sibérie recommença avec acharnement sa lutte contre le tzarisme. Il revint à sa chère théorie de la négation absolue; et ce n'était plus des réformes que la *Cloche* réclamait depuis que Bakounine était le collaborateur de Herzen, c'était le renversement, l'anéantissement de tout ce qui existait, le chaos. A partir de ce moment, le *Kolokol* exposa des doctrines identiques à celles que professent les nihilistes que nous voyons à l'œuvre. Bakounine prit la défense de ceux qui, en mai 1862, avaient allumé des incendies à Saint-Pétersbourg. Il excita ses adeptes à de sanglantes représailles. La violence de son langage, le fanatisme et la sauvagerie de ses idées répugnaient cependant aux lecteurs éclairés et plus libéraux que révolutionnaires de la *Cloche*. Le parti libéral russe se détacha peu à peu de ce journal, qui avait d'abord été son organe. La rupture devint définitive lorsque l'émigration prit fait et cause pour les insurgés de Pologne. Bakounine, le pontife du slavisme, lui qui, il y avait un an à peine, engageait le tzar à se placer à la tête des peuples slaves, se montra le plus ardent, le plus fougueux à soutenir la cause des Polonais.

La *Cloche* fut transférée à Genève. La Russie avait

maté la Pologne. Bakounine, changeant, versatile, revint à ses premières amours : la révolution cosmopolite. En 1867, nous le trouvons établi aux bords du Léman en qualité de membre permanent de la Ligue de la Paix ; il travaille à la fusion du vieux parti démocratique révolutionnaire avec la jeune *Association socialiste et internationale des Ouvriers*. Au congrès tenu à Lausanne au mois de septembre de la même année, il proposa une alliance offensive et défensive entre les deux groupes. « Les ouvriers, dit-il, soutiendront la bourgeoisie dans sa conquête de la liberté politique, et les bourgeois travailleront de leur côté à la délivrance économique des prolétaires. » L'accord ne se fit pas. Il eut beau parler, crier, s'agiter, se débattre ; au congrès de Lausanne, comme au congrès de Bruxelles, ses propositions furent rejetées. Les Ligueurs répandirent sur lui les flots de leur colère. Ils l'accusèrent de les avoir trompés.

A la suite des tapageuses journées du congrès de Berne, Bakounine envoya sa démission et fonda une nouvelle association dont il fut le chef : l'*Alliance internationale de la Démocratie socialiste*.

Avant d'examiner de plus près cette nouvelle secte radicale désignée sous le nom plus court de « parti de Bakounine ou nihiliste », voyons les théories que son chef exposa au congrès de Berne et que celui-ci écarta. Dans un long discours, l'énergumène russe demanda l'abolition de l'État, l'abolition de l'héritage, l'abolition

du mariage comme institution politique, religieuse, judiciaire et civile ; l'égalité absolue des individus, la
substitution de la science à la foi et de la justice humaine à la justice divine ; enfin le collectivisme remplaçant le communisme : « J'abhorre, dit-il, le communisme, qui est la négation de la liberté. Je suis un
adversaire du communisme qui concentre dans l'État
toutes les forces de la société, qui met dans les mains
de l'État la propriété tout entière. Je demande l'abolition de l'État, je veux que l'organisation de la société
et de la propriété ne vienne pas d'en haut, mais d'en
bas ; je suis collectiviste et non socialiste. »

Des centaines de fous ou d'illuminés se sont trouvés
qui ont pris les doctrines de Bakounine au sérieux, se
les sont appropriées et les ont propagées. En 1869, un
jeune étudiant russe se présenta, à Genève, au grand
pontife de la révolution. Il se disait envoyé par ses camarades constitués en société secrète. Bakounine eut
confiance en lui, il l'investit de pleins pouvoirs, et le renvoya en Russie au nom de l'Alliance. Quand il montra,
sur un carré de papier qu'on lui avait donné à Genève,
le sceau de l'association, on s'inclina devant Netschajeff, — c'était son nom, — comme devant un chef. Mais il
n'appartenait pas à la fleur du panier. Il extorquait des
cotisations qu'il oubliait de faire ressortir de sa poche.
Un étudiant nommé Ivanoff surprit ces petites manœuvres et menaça de les révéler. Netschajeff l'assassina sous le prétexte qu'il voulait trahir les secrets de la

société. Arrêté à Zurich et livré à la gendarmerie russe, l'agent de Bakounine fut condamné à la réclusion à perpétuité. L'instruction amena la découverte d'un nombre considérable de proclamations et de brochures révolutionnaires envoyées par le comité de Genève à Netschajeff. Dans un de ces écrits adressés à la *Jeunesse russe*, Bakounine disait :

« Sous le tzar Alexis il y avait un chef de brigands nommé Stenka Rasin, qui avait trouvé le chemin le plus court pour arriver à la délivrance de notre peuple. Le Stenka Rasin que le peuple russe attend aujourd'hui et dont il a besoin, est la jeunesse russe, qui a compris que le salut est dans la destruction. Stenka sera remplacé par cette légion de jeunes déclassés qui, ayant vécu de la vie du peuple, représentent collectivement l'ancien héros. Le brigand est le vrai héros, le vengeur populaire, l'ennemi irréconciliable de l'État, le seul révolutionnaire qui ne se perd pas dans les nuages de la phrase et des théories ; il agit. Les révoltés qui errent dans les forêts et dans les steppes, aux alentours des villages de la Russie, forment un monde à part, un monde uni, le vrai monde de la révolution. Que celui qui veut la révolution populaire se mélange à ce monde-là. Jetons-nous dans le peuple, dans les émeutes des paysans et des brigands !... et abandonnons les écoles, les académies, les universités ; qu'importe la science ? elle est officielle, on ne nous l'enseigne que pour faire de nous des esclaves. » Selon Bakounine le peuple est

toujours prêt pour la révolution. Ce qui lui manque,
c'est la conscience de sa force, la haine contre les oppres-
seurs, et la pratique de l'émeute. Il suffit de remuer et
d'agiter cette eau qui dort pour provoquer l'inondation.

« Il n'a fallu qu'une chandelle d'un sou pour incen-
dier tout Moscou, » réplique Bazaroff, le héros nihiliste
de Tourgueneff, quand on lui demande s'il croit pouvoir agir sur les masses.

Or, c'est pour inspirer au peuple les passions de
la révolte, pour diriger ses instincts, pour l'ameu-
ter contre les classes privilégiées et pour lui apprendre
l'art de l'insurrection, qu'il faut que les révolutionnaires
éclairés aillent se mêler à lui, vivre de sa vie et aban-
donnent les études stériles qui ne mènent pas directement à l'action. On a vu et l'on voit encore aujourd'hui
des jeunes gens et des jeunes filles accepter avec une
ferveur et une abnégation mystiques ce rôle pénible de
missionnaires du peuple. Ils quittent famille, amis, position pour s'enrôler parmi les paysans, se confondre,
dans les fabriques, avec les ouvriers et les ouvrières,
se condamnant volontairement, par fanatisme de leur
cause, au travail manuel et à toutes les duretés de la vie
de prolétaire. On en a découvert des centaines; ils ont
été envoyés en Sibérie. D'autres les remplacent. Il y en
a aussi qui s'habillent en paysans et qui vont répandre
dans les campagnes les ouvrages prohibés.

Dans deux de ces brochures : *le Catéchisme révolutionnaire* et *le Message aux officiers russes*, Bakounine

2

essaya de prouver la nécessité de l'assassinat politique.

Tandis que la Russie était inondée de ces productions incendiaires et que la jeunesse des écoles subissait l'influence de l'émigration de Genève, les armées allemandes étaient arrivées sous les murs de Paris.

Bakounine oublia alors son pays pour sauver la France. Ce vieil ennemi de la race germanique chez laquelle il avait cependant sucé le lait de ses doctrines philosophiques, adressa un appel aux prolétaires de tous les pays, « les invitant à venir chasser le Prussien ». Dans une brochure intitulée : *l'Empire Knouto-germanique et la Révolution*, il démontra que la cause de la France était la cause de l'humanité. Mais, d'après lui, il n'y avait de salut pour le peuple français que dans une grande révolution sociale. Il en donnait la recette : Renvoyez, disait-il, tous les fonctionnaires et les employés, condamnez au bagne les membres du parti bonapartiste, installez vos agents dans les villages, organisez des bandes révolutionnaires qui agiront d'après vos ordres, et s'efforceront de mériter l'estime et la considération du peuple campagnard, supprimez les administrations communales, emprisonnez les propriétaires et les prédicateurs, instituez des comités révolutionnaires formés de paysans « convertis » et partagez les biens de l'État et de la bourgeoisie entre les paysans. Vous les verrez s'enthousiasmer pour la révolution. Et vous pourrez préparer l'abolition de la propriété privée de la terre. Comme il n'y aura plus d'État, la propriété n'aura plus la garantie et la consécration que l'État lui donne. Elle cessera d'être un droit pour n'être plus qu'un simple fait.

Bakounine ne pensait pas que ce bouleversement pût se faire sans effusion de sang. Mais dans la France délivrée, un nouveau monde surgirait, une vie nouvelle naîtrait. L'histoire ne nous apprend-elle pas que les nations les plus agitées au dedans sont les plus fortes au dehors?

Quand la Commune s'abattit sur Paris, Bakounine mit sa formule en poche et courut à Lyon pour l'essayer. Il y arriva le 20 mars, le jour de la prise de l'hôtel de ville par le peuple. Sous les auspices de Cluseret, avec ses amis Richard et Gaspard Blanc, il forma un conseil municipal qui annonça hautement sa ferme intention d'abolir l'État et la propriété, et de déclarer la « sainte révolte » en permanence.

Vingt-quatre heures après, la garde nationale avait repris l'hôtel de ville et Bakounine le train de Genève.

Le grand moment de « l'action » était de nouveau remis à plus tard.

Bakounine mourut subitement à Berne, pendant l'été de 1872, deux ans après Herzen, et six ans avant l'attentat de Véra Zassoulitch, dont le coup de pistolet fut comme le signal du duel à mort qui se poursuit entre le nihilisme et le tzarisme.

IV.

Si Herzen est le père du nihilisme doctrinaire et Bakounine le père du nihilisme militant, Tchernyschevski
est le fondateur du nihilisme scientifique.

Dans ses *Lettres sans adresses,* il entama un vigoureux
plaidoyer en faveur du peuple, « qui a toujours été
berné par ses gouvernants ». — On l'a appelé pour délivrer Moscou des Polonais, pour conquérir la Petite-
Russie, pour chasser les Suédois, les Turcs, pour
vaincre la Pologne, pour refouler Napoléon ; de tout ce
sang versé, il n'a retiré aucun profit, aucun avantage.
Pourquoi se laisserait-il traîner à de nouvelles bou-
cheries ?

Dans les commmentaires dont il accompagna sa traduction des œuvres de Stuart Mill, Tchernyschevski
étudia la question industrielle de la division du travail,
discuta la doctrine d'Adam Smith au point de vue de
la révolution sociale et réfuta les théories de « l'écono-

mie politique bourgeoise » pour lui substituer les théories de « l'économie politique de la plèbe ».

Doué d'un vigoureux et solide talent d'écrivain, parlant avec toute la conviction de son âme, il groupa
autour de lui la jeune génération qui retrouvait dans
ses écrits ses aspirations les plus intimes et comme un
écho puissant des doctrines matérialistes et pessimistes
de Feuerbach, de Büchner, de Schopenhauer, qui
avaient depuis longtemps remplacé Hégel et Schilling.
L'influence de Tchernyschevski ne se fit pas seulement
sentir parmi les jeunes gens des écoles avides de nouveautés, à qui sa philosophie enseignait que toutes les
causes du mal disparaîtraient en ce monde si l'homme
avait la possibilité de satisfaire ses appétits (1); ce fut
un de ses ouvrages, un roman qu'il écrivit en prison :
Que faire? qui créa le type de la femme nouvelle compagne de l'homme nouveau. Ce livre devint l'évangile
des jeunes filles qui prêtaient l'oreille aux idées d'é-
mancipation et respiraient avec une âcre volupté le
souffle de révolte qui se levait. Tchernyschevski y représente la femme comme une victime de la société,
une prisonnière dont l'âme est enchaînée, aussi bien que
le corps; il faut qu'elle se délivre elle-même, par ses
propres forces et de sa propre initiative; qu'elle brise ses
entraves, qu'elle ne demande rien à personne, qu'elle
gagne son pain, pour être libre et non esclave.

(1) « L'homme, dit Tchernyschevski, ne devrait pas plus manquer du boire et du manger qu'il ne manque d'air et de lumière. »

La Véra de Tchernyschevski dit à Lapoukhof, l'étudiant en médecine qui la veut prendre pour compagne dès qu'il aura passé ses examens et obtenu un emploi : « Oui, cher ami ; seulement je ne veux pas dépendre de ton travail. J'ai des leçons que je perdrai, car maman ira crier partout que je suis une scélérate, si je viens te rejoindre. Mais j'en trouverai d'autres ; et je vivrai, moi aussi, de mon industrie. Tout est basé sur l'argent, dis-tu. Qui a l'argent a par conséquent le pouvoir. Donc, tant que la femme vivra aux dépens de l'homme, elle sera sous sa dépendance. Tu as peut-être cru que je serais ton esclave; non, je ne souffrirai pas ton despotisme, si charmant, si doux, qu'il puisse être. Je saurai me rendre indépendante en travaillant... Je vais donc mettre de côté ma *féminilité* et te proposer un arrangement tout masculin : nous aurons deux chambres : une à toi, une à moi; et un petit salon neutre, où nous prendrons le thé, où nous dînerons, où nous recevrons nos visiteurs, ceux qui viendront nous voir tous deux. Je n'entrerai jamais dans ta chambre pour ne pas te déranger; tu n'oseras non plus entrer dans la mienne. Nous éviterons ainsi toutes les brouilles, tous les désagréments qui mettent la chicane dans les ménages. Je ne suis pas seule à avoir de telles idées. Beaucoup de jeunes filles et de femmes aussi simples que moi comprennent que les gens doivent vivre autrement pour être heureux. Mais elles n'osent pas le dire à leurs fiancés ou à leurs maris.

Elles savent d'avance ce qu'on penserait d'elles :
« Quelle femme immorale! » Je t'ai pris en affection
parce que tu n'as pas les préjugés de tout le monde et
parce que, en me parlant la première fois, tu as plaint
le sort de la femme et rêvé pour elle un meilleur avenir. »

L'héroïne de Tchernyschevski fut immédiatement à
la mode ; beaucoup de jeunes filles s'éprirent de ses
théories, voulurent apprendre un métier; les plus intelligentes et les plus fortunées s'appliquèrent aux
fortes études, surtout à celles des sciences ; beaucoup
s'en allèrent à l'université de Zurich suivre les cours
de médecine (1). Véra servit de type et de modèle à
l'*étudiante* aux cheveux courts, en lunettes et aux allures
de garçon. « Jamais roman, dit l'écrivain socialiste
Tvervitinof, n'a porté tant de fruits en si peu de temps.
Il a complètement modifié chez la jeune génération
les coutumes de la famille, — les relations entre la
femme et le mari. »

Le système conjugal de Tchernyschevski ne diffère
pas beaucoup de celui d'Owen et de Fourier, ces deux
apôtres de l'amour libre. Il est plus formaliste, plus
conventionnel. Ainsi, il est reconnu que plusieurs de
ces unions sont absolument chastes, idéales, plato-
niques. La jeune fille fait un mariage mystique; elle

(1) Le nombre des *étudiantes* en médecine était de 108, en 1873.
Un ukase leur interdit aujourd'hui de fréquenter l'université de
Zurich, considérée comme un des foyers du nihilisme.

n'épouse pas l'homme, mais la cause de l'humanité. Il n'y a pas d'autre promiscuité que la promiscuité morale. Ces unions fictives sont le plus souvent un moyen d'émancipation pour la femme, qui peut se livrer plus facilement à son rôle de missionnaire de la révolution. Solovief avait contracté un mariage fictif. Le jour même de ses noces, il s'était séparé de sa femme; et chacun de son côté était allé faire de la propagande. La Véra de Tchernyschevski vit d'abord avec Lapoukhof comme avec un frère. Ce n'est que plus tard que le mari réclame ses droits. Et, quand il découvre que sa femme en aime un autre, il se considère comme un fâcheux, un intrus; il disparaît discrètement; il simule un suicide et ne revient que quelques années après, sous un faux nom, assister en ami au bonheur des nouveaux époux.

En 1864, après une détention de deux ans dans les casemates de la forteresse de Pierre et Paul, Tchernyschevski fut conduit sur une des places publiques de Saint-Pétersbourg et exposé au pilori. Le bourreau lui lut la sentence du Sénat qui le condamnait, pour excitation à la révolte, à quatorze ans de travaux forcés dans les mines, puis à la déportation à perpétuité. Une épée fut brisée au-dessus de sa tête.

Tchernyschevski était mort désormais pour le monde.

Mais il arriva pour lui ce qui était arrivé pour les instigateurs de la révolte du 14 décembre : la jeunesse entoura son nom de l'auréole du martyre et suscita des

émeutes pour demander sa grâce (1). «La figure de
Tchernyschevski, dit Arnundo, est la tête de Méduse
que les nihilistes arborent dans toutes leurs tentatives
de rébellion contre le tzar. Enfermé dans sa prison
de Sibérie, isolé, impuissant, Tchernyschevski a fait
plus de mal à l'autocratie russe que n'en firent les
Herzen et les Bakounine pendant leur exil en Europe,
avec leurs associations secrètes, avec leur liberté
d'action et de propagande. Les socialistes russes bran-
dissent le masque de Tchernyschevski en répétant le
mot de Danton au bourreau : «Tu montreras ma tête
» au peuple, elle en vaut la peine !...»

(1) L'an dernier, on a fait courir le bruit de sa mort. Son fils
qui était à Paris, il y a quelques mois, affirme que son père est
encore vivant.

V

Le nihilisme ne s'est pas borné à déclarer, avec Herzen, Bakounine et Tchernyschevski, qui ont été ses porte-drapeau, une guerre à outrance à la vieille société ; il poursuit en même temps une guerre de vengeance et de représailles. Œil pour œil, dent pour dent.

Une communication adressée de Genève à l'*Intransigeant* (numéro du 29 mars 1881), annonce que le comité exécutif a décidé ceci : Si Sophie Perowska (1) est condamnée à mort et exécutée, le tzar mourra.

Ce n'est pas la première décision de ce genre qu'aient prise les nihilistes. Leurs condamnations à mort se font avec le même appareil solennel que celui déployé par les juges du tzar. Tous les hauts fonctionnaires de la

(1) Cette jeune fille a avoué sa complicité dans l'affaire de Moscou et a reconnu avoir aidé à tuer l'empereur, le 13 mars dernier.

police ont reçu copie de la sentence prononcée contre eux.

Véra Zassoulitch, ce parfait modèle de jeune fille nihiliste qui se jette dans l'action avec une personnalité marquée, une ardeur virile et chevaleresque, n'a pas tiré sur le général Trépof pour avancer la solution des problèmes sociaux; elle a simplement voulu lui faire expier par la mort les mauvais traitements qu'il infligeait aux prisonniers.

Après l'attentat contre Metzentzeff (16 aout 1867), les nihilistes réclamèrent une amnistie et la suspension des procès politiques. Le gouvernement répondit en promettant cinq mille roubles à celui qui livrerait les assassins de Metzentzeff. Alors les rédacteurs du *Zemlia i Volia* (Terre et Liberté), dont le premier numéro parut en novembre, déclarèrent que si «on ne leur permettait pas de se livrer à une propagande purement socialiste, ils arboreraient le drapeau de la révolution politique».

En 1879, les nihilistes s'allièrent aux radicaux, demandant la liberté de la parole, la liberté de la presse; dans les *zemstvos* (assemblées communales), on réclama des réformes sérieuses. Mais une scission se fit dans le parti révolutionnaire. Les *narodniki* (gens du peuple) qui avaient pour organe la *Zemlia*, furent trouvés trop modérés. Les ardents proclamèrent le régicide comme un droit de légitime défense. Ils prétendaient que le moment était venu de frapper un coup décisif qui rehausserait le parti et qui, en même temps, répandrait la terreur et intimiderait le gouvernement. Dès ce jour, commence l'œuvre sanglante et sauvage des terroristes. Et ce qui fait leur force, c'est moins leur nombre, car ils sont une poignée, que leur fanatisme, leur exaltation mystique, leur sombre énergie, leur inébranlable résolution de périr tous jusqu'au dernier, dans les tourments ou sur les gibets, avec cette fermeté héroïque des premiers chrétiens luttant contre les empereurs, contre l'orgueil de la force et la société païenne en pourriture.

Au commencement d'avril 1879, un petit marchand de Saratof, nommé Solovief, arrive à Saint-Pétersbourg avec l'intention de tuer le tzar. Le même jour qu'il exécute son attentat, les nihilistes pillent à Rostof la maison du directeur de police et du commissaire du district. Les Cosaques refusent de tirer sur le peuple. On est obligé d'appeler des troupes de Novotcherkasck et de Taganrog, pour rétablir l'ordre.

Les attentats se suivent et se succèdent avec rapidité. Le gouvernement, au lieu de se laisser intimider, redouble de rigueur. Seize nihilistes sont exécutés; on en exile des centaines. Somoff, de crainte de faiblir devant ses juges, se brûle lui-même dans son cachot. Mirski, l'auteur de l'attentat contre le général Drentln, déclare au tribunal que sa mort sera vengée; que c'est un duel à mort entre les socialistes et le gouvernement; et que tant qu'il y aura des exécutions et des condamnations, il y aura des attentats et des assassinats.

Au mois de juin de la même année, les « terroristes »
tiennent une réunion à Lipetzk, au milieu d'une prairie,
puis dans une forêt. Ils décident qu'un nouvel attentat
contre le tzar est nécessaire, et que cette fois on em-
ploierait la dynamite. Tikhomirtof, Mikhaïlof et Fo-
menko creusent une mine près de la station d'Alexan-
drovsk, pour faire sauter le train impérial quand il
rentrera de Livadia à Saint-Pétersbourg. Les batteries
électriques sont défectueuses, la tentative échoue. Trois
autres nihilistes établissent un fourneau de mine à
Odessa, mais le tzar ne passe pas de ce côté. Alors
Chirjajef et Hartmann, surnommé l'alchimiste, prépa-
parent l'attentat de Moscou et font sauter le train des
bagages impériaux. Quelques mois plus tard, Kvia-
thovski, Boulitch et consorts tuent onze personnes et
en blessent cinquante-six, dans l'explosion qu'ils provoquent au Palais d'hiver. Loris Melikoff échappe à la
balle de Madetzky. Enfin, le 13 mars 1881, Alexandre II
est tué en pleine rue par des bombes; et quinze jours
ne se sont pas écoulés, que déjà son fils et successeur,
Alexandre III, est menacé de périr aussi de mort violente, s'il ne fait pas grâce aux assassins de son père.

VI

Telle est l'histoire, telle est la marche du nihilisme.
D'abord doctrinaire avec Herzen, scientifique avec
Tchernyschevski, militant avec Bakounine, puis sanguinaire et féroce avec les « terroristes ». C'est moins
aujourd'hui une guerre contre la société qu'une *ven-
detta* contre le gouvernement qui continue à pendre et
à exiler. Il n'est plus question de l'ancien programme
de Bakounine, les journaux de la secte ne poussent
que des cris de vengeance et de mort.

Les révolutionnaires savent du reste à quoi s'en
tenir sur les sentiments du peuple à leur égard. Les
paysans sont toujours les premiers à livrer aux gendarmes ceux qui viennent essayer de la propagande
rouge dans les campagnes. Après l'acquittement de
Véra Zassoulitch, les petits marchands de Moscou
s'armèrent de couteaux et se ruèrent sur les étudiants
qui voulaient organiser une manifestation. La police

n'aurait qu'un signe à faire pour que la multitude descende dans la rue et massacre tous ceux qui appartiennent aux classes libérales et éclairées.

Le peuple russe est encore dans l'enfance. Il n'a pas passé comme nous par la féodalité et les guerres religieuses. Il forme une grande masse inerte et molle, une terre dont les flancs n'ont pas été déchirés et labourés par le fer, une immense forêt vierge impénétrable aux idées européennes, et toute noire de la nuit de l'ignorance et de la superstition.

On entend dire souvent : la Russie est à la veille d'un 93. Si les choses se passaient là-bas comme dans le reste de l'Europe, la révolution serait peut-être possible, surtout si on promettait au paysan la propriété des terres dont il n'est qu'usufruitier, et l'abolition des impôts qui le ruinent et l'affament. Mais tout, dans l'Etat et les mœurs de cet immense empire, rappelle l'Asie. Le pouvoir est entièrement concentré sur la tête d'un seul. La puissance des tzars n'a jamais grandi par le concours du peuple qui fut toujours, devant l'arche sainte de l'autocratie, agenouillé et muet. Le prolétariat n'existe pas, les ouvriers des villes sont des paysans qui viennent louer en hiver des bras qui resteraient inactifs chez eux. Ils vivent en communauté, en *artels*, parqués dans des espèces de casernes; ils ont l'air triste et pâle des prisonniers. La bourgeoisie est à peine en formation. L'aristocratie qui a fait seule, jusqu'ici des révolutions de palais, est étrangère au

mouvement nihiliste. Qui donc élèverait des barricades?
L'armée? Elle est composée de fils de paysans. Restent
les professeurs, les étudiants, les représentants de la
petite noblesse ruinée par l'émancipation; mais eux
tous réunis ne tiendraient pas une heure contre un
escadron de Cosaques.

Une révolution populaire étant impossible en Russie,
où toujours la révolution s'est faite par en haut, il est
naturel que les nihilistes se livrent à une guerre de
Peaux-Rouges, à une lutte de surprises, d'embûches
et d'embuscades. On a imprimé qu'ils étaient deux ou
trois millions. Ils sont en réalité deux ou trois mille;
presque tous jeunes gens de dix-huit à trente ans.
Leur exaltation, leur fière attitude devant les juges et
devant la mort, leurs procédés hardis et téméraires,
n'appartiennent qu'à la folle jeunesse. La plupart sont
des étudiants qui ont manqué leur examen ou que la
misère a chassés des universités, des maîtres d'école
aigris, des petits employés crevant de faim, des lieute-
nants et des sous-officiers trompés dans leurs ambitions. Les idées pessimistes ont envahi ces cervelles, —
et du pessimisme au nihilisme, il n'y a qu'un pas. Mais
ce que personne n'a encore fait remarquer, c'est la
présence si considérable de l'élément judaïque dans les
rangs de la révolution nihiliste. Il y a dix fois plus de
Juifs que de Russes, de Polonais et d'Allemands. Les
Juifs sont encore traités en Russie comme des mau-
dits, des parias. On les entrave de toutes façons, on les

malmène, on les méprise, on leur interdit le séjour
de cértaines villes ; on les oblige à regagner, le soir,
comme des animaux immondes, leurs infâmes ghettos.
Ils naissent avec la haine au cœur. Les Juivès surtout apportent dans leurs actes de révolte, une énergie
concentrée, une résolution froide qui rappelle la Ju-
dith biblique. Quand je visitai, il y a quelque temps,
à Moscou, la prison de dépôt pour la Sibérie, on me
montra dans une tour, une jeune femme tenue au
secret; c'était une juive d'une merveilleuse beauté,
aux cheveux noirs, aux yeux brûlants et troublants.
Elle nous regarda avec une attitude hautaine, puis s'a-
dressant au directeur de la prison, elle lui dit d'une
voix calme : « J'aimerais bien savoir pourquoi je suis
ici. »

Les nihilistes n'ont jamais eu la forte organisation
qu'on leur suppose. Il est peu probable qu'ils soient
dirigés par un comité central. Ils forment des groupes
isolés, de cinq ou six membres, de petites associations
indépendantes, simplement reliées entre elles par la
communauté des idées et du but. Le plus riche des associés fournit les fonds nécessaires. Si le groupe n'est pas
assez fort, ni assez nombreux pour frapper le coup
qu'il médite, il cherche des auxiliaires, des amis. On
croit que des personnages haut placés sont affiliés aux
nihilistes; l'arrestation du grand-duc Nicolas, fils aîné
du grand-duc Constantin, peut, si elle se confirme,
donner quelque vraisémblance à cette opinion. Mais ce

qui fait surtout la force épouvantable des « terroristes »,
c'est leur hardiesse, leur témérité à tout oser et à tout
affronter, leur superbe et héroïque mépris de la prison,
de l'exil et de la mort.

Un fait curieux. Ce n'est pas dans la plus pauvre
partie de la Russie, dans le pays de la faim, que se re-
crutent ces sectaires politiques. La majorité est origi-
naire de la Petite-Russie, cette Provence de l'empire,
où les champs de blé ondulent comme la mer, où les
grasses prairies nourrissent de gras troupeaux, où croît
la vigne, et où la vie s'épanouit dans un doux bien-être.
Là, le sang est plus chaud, les passions plus vives. Et
puis le Petit-Russien n'aime pas le Russe qui l'a privé
de ses anciennes libertés. Parmi les femmes, au contraire, on ne rencontre pas une seule Petite-Rus-
sienne; seulement de vraies Russes du Nord, moins
idéalistes, bien plus positives que ces douces filles de
l'Ukraine qui s'en vont chantant l'amour et le ciel bleu
dans l'immensité rêveuse de leurs steppes.

Le duel engagé aujourd'hui ne peut finir que par la
mort d'un des deux adversaires. Comment tuer le
nihilisme, qui est l'hydre à sept têtes? On en abat
une, il en pousse une autre. Tout ce qu'on fera sera
inutile. On ne supprime pas une crise morale et phy-
siologique par un nœud coulant, à coups de verges ou
d'ukases. Le mal date de loin; il a eu le temps de s'in-
vétérer. Nous pouvons nous attendre à d'autres crises.
Dans son *Catéchisme révolutionnaire*, Bakounine nous dit

que le nihiliste est un homme voué et résigné d'avance
à la torture et à la mort. Il n'a ni intérêts personnels,
ni affaires, ni sentiments, ni propriété : missionnaire et
apôtre. Sa religion pour laquelle il est prêt à mourir est
la révolution. Pour lui, il n'y a qu'un but, qu'une
science dans la vie : la destruction. Il méprise et hait la
morale actuelle. Pour lui, tout ce qui favorise la révolution est moral; et immoral, tout ce qui l'entrave.
Entre lui et la société, c'est une lutte à mort, inces-
sante, irréconciliable.

On conseille au nouveau tzar de fuir, de s'échapper
de Pétersbourg, de venir s'enfermer dans sa fidèle
Moscou au cœur de vierge. C'est par Pétersbourg, par
cette fenêtre que Pierre le Grand ouvrit sur l'Europe,
qu'est entrée la contagion, disent les Vieux-Russes. Ils
voudraient que l'empire des tzars rompît avec l'Occident pourri, que la Russie revînt à son passé, rentrât
dans son antique tradition nationale de l'autocratie;
qu'elle fût comme une Chine européenne entourée de
murailles infranchissables. Et là, dans la forteresse religieuse du Kremlin, au milieu de ses farouches Cosaques, de ses soldats de l'Asie, de ses popes et de ses
moines à grande barbe byzantine, l'empereur trônerait
comme le chef de la terre et du ciel, car entre le tzar
et le peuple se formerait une union mystique semblable à celle du Christ avec l'Église (1).

Les libéraux qui craignent la révolution et redoutent

(1) M. Aksakow, le chef du parti slavophile de Moscou, disait

le despotisme, ne voient d'issue que dans le progrès, dans l'émancipation politique, dans l'association du peuple au gouvernement, dans le changement du système des impôts.

Les radicaux, les nihilistes modérés de la *Zemlia* réclament encore aujourd'hui ce qu'ils réclamaient en 1879, mais les intransigeants du parti, les terroristes, les jacobins, ceux qui tuent et assassinent, ne veulent entendre parler ni de réformes ni de constitution. Ils répètent le mot de Herzen : « Une constitution n'est qu'un pacte entre le maître et l'esclave. » Ils rêvent autre chose, on le sait : la transformation sociale par la démolition de l'État actuel. « Tous les raisonnements sur l'avenir, disait Bakounine, sont criminels, car ils empêchent la destruction pure et entravent la marche de la révolution. »

La Russie est à une heure terrible de son histoire.

Devant elle se dresse un immense point d'interrogation, un douloureux : *Que faire?* Elle subit toutes les angoisses de l'inconnu.

avant la dernière guerre, qu'en Russie l'entente entre le souverain et le peuple était d'autant mieux assurée qu'elle se passait de garanties légales.

DE L'ÉDUCATION DES FEMMES

EN RUSSIE

DE L'ÉDUCATION DES FEMMES

EN RUSSIE

I

«Il est entendu que les jeunes filles reçoivent dans
les pensionnats une bonne éducation. On sait également que dans lès institutions de demoiselles, en Russie,
trois connaissances spéciales sont considérées comme
absolument nécessaires et pouvant tenir lieu de toutes
les vertus humaines. C'est d'abord l'étude du français,
langue indispensable au bonheur domestique. C'est
ensuite l'étude du piano qui permet à la jeune fille de
procurer plus tard à son mari la plus agréable des dis-
tractions. C'est enfin l'adresse dans les petits travaux
d'agrément, comme la confection des bourses piquées
et brodées et de mille gracieux colifichets devant lesquels s'extasient les admirateurs naïfs. Notre époque si
inventive devait naturellement apporter de nombreux
perfectionnements à cette méthode d'éducation. Ainsi

dans tel pensionnat c'est l'étude du piano qui précède l'enseignement du français ; dans d'autres ce sont les petits travaux d'aiguille qui tiennent le premier rang du programme, le français ne venant qu'après, le piano terminant la série, etc. Les méthodes, on le voit, peuvent varier à l'infini.»

C'était en 1842, dans son roman célèbre, les *Ames mortes*, que Gogol fit cette remarque satirique. Elle s'appliquait à la lettre aux ridicules qu'elle signalait. Jusque vers le milieu du siècle, la sollicitude de l'Etat pour l'instruction secondaire des jeunes filles se bornait à l'entretien d'un petit nombre de gymnases accessibles seulement aux classes supérieures ; encore les familles qui y plaçaient leurs enfants étaient-elles obligées de renoncer pour une longue série d'années à toute immixtion dans le système d'éducation adopté par le gouvernement. Au pensionnat du couvent de Smolna et à l'Institut de l'ordre de Sainte-Catherine de Saint-Pétersbourg, on ne recevait que des jeunes filles d'origine noble, dont les parents occupaient une haute position dans les emplois civils, dans le service militaire ou qui s'étaient distingués par des mérites exceptionnels. Le même esprit d'exclusivisme se rencontrait dans la fondation Catherine à Moscou et dans le pensionnat des demoiselles nobles de Charkow. Les jeunes filles des classes bourgeoises ne pouvaient achever leur instruction «aux frais de la Couronne» et sous les auspices de S. M. l'Impératrice que si elles étaient admises dans l'institution Alexandre de Moscou ou dans la Maison d'éducation de Saint-Pétersbourg, immense établissement où l'on recueillait les enfants trouvés (*wospitatelni dom*). Les autres jeunes filles étaient abandonnées à elles-mêmes et devaient renoncer à toute culture d'esprit plus élevée ou chercher un refuge dans un de ces pensionnats que le roman de Gogol prenait si vivement à partie.

Les établissements impériaux ne se distinguaient de ces pensionnats particuliers que par le caractère sévère de leur discipline et par leur programme d'études. Le règlement interdisait aux élèves toute sortie. Elles ne pouvaient, même pendant les vacances, quitter l'établissement où elles étaient entrées petites filles, et tout le temps de leur séjour, elles étaient condamnées à porter, quel que fût leur âge, un costume d'une simplicité affectée. Le dimanche on les faisait défiler deux par deux au parloir devant les personnes venues pour leur rendre visite. Le programme prescrivait l'enseignement de tous les arts possibles et de toutes les sciences imaginables. Et l'on procédait si bien sous ce rapport qu'à leur sortie les jeunes filles n'avaient aucune idée de ce que pouvaient être la vie bourgeoise, ses devoirs, ses fonctions utiles, et qu'elles se trouvaient métamorphosées en prétentieuses poupées de salon. L'on dispensait même cette brillante éducation avec un esprit d'égalité si louable qu'il eût été difficile de distinguer du groupe des jeunes personnes destinées à faire l'ornement de la haute société, celles qu'un sort plus rigoureux appelait à se vouer à la tâche aride de l'enseignement. On inculquait, dans le goût français, aux deux catégories d'élèves, les mêmes principes de civilité puérile et honnête ; elles apprenaient à parler la même langue, faisaient les mêmes fautes d'orthographe, brodaient et piquaient les mêmes bourses, jouaient les mêmes Nocturnes de Field, les mêmes Mazurka de Chopin et, quand elles étaient en voix, égrenaient les mêmes notes fausses sur un air de Wazlamow.

Les certificats qu'on leur décernait, marquaient des degrés de perfection, mais ils établissaient uniformément que les diplômées possédaient trois langues, autant d'arts d'agrément, ainsi que les notions les plus étendues en fait d'histoire et de sciences naturelles. Il ne serait peut-être pas tout à fait téméraire de contester la valeur de semblables attestations ; celui qui écrit ces lignes déclare toutefois qu'en ce qui concerne les certificats du premier degré il ne pouvait juger que sur des apparences. Il a été par contre complètement édifié sur la valeur du second degré. Une dame qui avait acquis ce grade au célèbre couvent de Smolna se plaignit un jour devant lui de la confusion continuelle qu'elle faisait du tiers et du quart, et de la difficulté qu'elle éprouvait à distinguer Napoléon de Moïse : « Ils ont été tous les deux en Egypte ! » ajoutait cette aimable innocente.

Pour les choses du goût et de la toilette, les proté-

gées de S. M. l'Impératrice témoignaient par contre
des dispositions et des aptitudes les plus étonnantes.
La meilleure préparation à cette science était bien les
dix années passées au milieu des caquetages du couvent sous le modeste costume des pensionnaires, agré-
menté du grand tablier blanc. Systématiquement éloi-
gnées de la vie réelle et n'ayant jamais aucun contact
avec la société, ces pauvres abandonnées de l'institution impériale ne rêvaient que joies mondaines.
Aussi, à leur sortie des limbes de cet exil, se jetaient-
elles avec une avidité de jeunes folles sur tous les plaisirs entrevus, déployant dès les premières semaines
toutes les ruses d'une coquetterie étudiée et rendant
des points aux plus habiles dans l'art de plaire. C'était
à croire qu'au lieu de se limiter aux deux visites an-
nuelles de l'impératrice, les rapports du pensionnat
avec la société la plus élevée avaient été de tous les
instants.

Les jeunes filles qui se trouvaient exclues de ces
établissements officiels, — et c'était le cas de l'immense
majorité, — restaient jusqu'à la quinzième année
dans la maison paternelle, confiées aux soins de leur
institutrice; puis elles entraient dans l'un ou l'autre de
ces pensionnats particuliers dont il a été question plus
haut. Quant aux écoles élémentaires, elles répondaient
si mal aux exigences les plus modestes que les familles de classes moyennes ne se souciaient pas d'y
placer leurs enfants, de sorte qu'il n'y avait pas

pour eux d'autre ressource que celle de l'éducation
privée. Les lois du 19 janvier 1812, du 4 août 1828, du
12 juin 1831 et du 1ᵉʳ juillet 1834 assujettissaient à des
examens spéciaux les personnes qui se consacraient à
l'enseignement privé. Mais comme leur nombre n'était
que trop restreint, les examinateurs ne pouvaient se
montrer sévères. Les institutrices diplômées étaient en
général russes ou allemandes; les premières avaient
fait leurs études dans les écoles ordinaires; les secondes étaient originaires des provinces baltiques ou
de l'Allemagne du Nord. Quelques-unes d'entre elles
sortaient des familles allemandes de la résidence.
Mais on leur préférait des gouvernantes d'origine
suisse ou française; la prononciation correcte de leur
langue les faisait rechercher davantage. On appréciait
particulièrement les danseuses ou les actrices en
rupture de planches; personne ne possédait à un
aussi haut degré l'esprit du monde et les talents de
conversation. Aussi éclipsaient-elles les pédantes allemandes et les lourdes Suissesses des cantons de Vaud
et de Neuchâtel.

Pendant quelque temps, les Anglaises furent fort à
la mode (1). Dans les grandes maisons, il n'était pas
rare de rencontrer à la fois des institutrices de différentes nationalités. Le noble de province s'estimait

(1) Après la guerre de 1812, la noblesse confiait volontiers l'é-
ducation des jeunes gens des deux sexes aux prisonniers français.
On se les disputait dans les gouvernements du centre.

heureux d'attacher à sa famille une gouvernante parlant français et se souciait aussi peu d'une instruction véritable que de tout le reste. « Nous savons tous quelque chose, disait Puschkin ; mais personne ne demande où ni comment nous l'avons appris. » Cette indifférence coupable qui distinguait l'ancien régime se remarquait plus encore dans l'éducation des femmes que dans celle des hommes.

En de telles circonstances, les misères de cette éducation ne devaient pas rester inaperçues de l'observateur. La gouvernante eut son rôle dans les romans et les vaudevilles contemporains. Des parents qui n'avaient ni relations ni savoir, se trouvaient dans l'impossibilité la plus absolue de faire choix d'une institutrice consciencieuse et capable.

C'est ce que les littérateurs mirent en relief. La Karolina Iwanowna de la comédie de Potjechin, *Otresanni lamot*, et la Rudin de Tourgueneff, cette ex-danseuse qui au seul mot « amour », s'emballe et dresse les oreilles comme un cheval de dragon qui entendrait le clairon, sont les types du genre. Ce n'est que depuis une dizaine d'années qu'ils ont fait place à des caractères plus distingués.

Avant de nous arrêter à ceux-ci, revenons encore à ces établissements privés dont l'action sociale fut si importante sous l'ancien régime. La vieille coutume nationale qui fut abolie par Pierre le Grand, isolait absolument les femmes ; selon les mœurs de l'Orient, on ne leur permettait de voir aucune société, de recevoir aucune instruction. Parfois un boyard plus éclairé faisait donner à ses filles quelques piètres leçons par un pope ou un desservant. Mais la règle était de les laisser dans une ignorance complète. La main de fer du grand tzar brisa cette coutume ; les femmes des dignitaires furent appelées à prendre part aux réjouissances et aux fêtes de la Cour ; des châtiments étaient infligés aux timides ou aux récalcitrantes ; la danse devint un art et un des amusements de la haute société ; chacun demanda alors à l'Europe occidentale des notions d'une civilisation plus raffinée ; des étrangers et des étrangères furent appelés et se virent chargés de former l'éducation de la jeunesse russe.

Les établissements officiels dont nous avons parlé ne furent créés que sous le règne de Catherine II. Jusqu'alors il n'y avait pas d'autres maisons d'éducation pour les jeunes filles nobles que les pensionnats particuliers, sortes d'internats principalement destinés à la noblesse des campagnes. Il n'en exista d'abord qu'à Pétersbourg et à Moscou. Ce n'est que successivement qu'il s'en fonda dans les villes de province. Les plus renommés de ces établissements étaient dirigés par des Français et des Françaises qui ne voyaient dans l'enseignement qu'un acheminement vers une plus importante carrière, ou qui en avaient fait une industrie lucrative. Philippe Wigel, dans ses Mémoires si précieux pour l'histoire des mœurs russes, nous a décrit le pensionnat que les époux Forceville avaient établi à Moscou il y a quelque quatre-vingt-dix ans. C'était le plus célèbre de vingt établissements semblables. Il se composait de deux divisions, l'une de jeunes filles, l'autre de garçons, administrées collectivement par le couple Forceville. Madame veillait au bien-être matériel des élèves, c'est-à-dire les laissait croupir dans une malpropreté mortelle ; monsieur, habile tourneur, s'occupait de façonner des billes de bois ou d'ivoire. On ne voyait ni livres, ni plume, ni encre dans son cabinet de travail. Il parlait un français incorrect ; il avait passé en Angleterre la plus grande partie de sa vie et il posait pour l'anglomane.

Du reste, parfaitement incapable d'enseigner quoi que ce fût. « Ce que l'on apprenait dans cette institution, raconte Wigel, à part peut-être la danse, je ne saurais le dire. Les maîtres allaient et venaient, n'ayant qu'un souci, celui d'abréger la durée de leurs leçons. Nos soi-disant pensionnats étrangers étaient alors inférieurs aux simples écoles élémentaires ; on n'y apprenait en plus que l'étude des langues. »

Vingt ans après, une parente d'Alexandre Herzen, madame Tatjana Passek, atteinte par les revers de fortune de son père, ouvrait, avec le concours de sa belle-mère, une Institution de demoiselles dans une ville de province. Elle avait toujours vécu dans le meilleur monde, mais elle n'avait fait aucune étude et

ne se trouvait nullement préparée à sa nouvelle carrière. Cela ne l'empêcha pas d'enseigner bravement
l'histoire, la géographie, la langue française et la musique. « Je procédais comme ma belle-mère, écrit-elle
dans ses Mémoires; je citais et développais devant mes
élèves des faits de l'histoire ancienne; j'en tirais des
conclusions morales que j'appliquais à la vie réelle.
Je faisais une chaude et vive peinture des personnes,
des événements, des localités de la Grèce ou de l'Italie,
suppléant par l'imagination au manque de savoir.
J'entrepris même de faire un exposé critique des
différents systèmes de philosophie alors que je ne les
connaissais ni ne les comprenais moi-même... Comme
manuel d'histoire grecque et de géographie ancienne,
j'utilisais le *Voyage du jeune Anacharsis*, le roman historique que Barthélemy publia en 1788. Naturellement, il n'y avait ni ordre, ni cohésion dans mon
enseignement; tout se mêlait et ce n'est qu'à force
de vivacité et d'entrain que je parvenais à donner
le change sur la nature de mes connaissances. Lorsque
nous abordâmes l'histoire de Sparte, nous fûmes
prises d'un tel enthousiasme pour les jeunes Lacédé-
moniennes qu'il nous vint à l'idée de les imiter. Nous
cherchions à nous endurcir le corps par des ablutions
d'eau froide et des exercices répétés; nous marchions
pieds nus; le thé et le vin étaient bannis de notre
table. Quand je songe à cet essai d'éducation, je
m'étonne encore maintenant que la santé de mes

élèves n'ait pas souffert d'aussi dangereuses tentatives. J'entrepris de la même manière l'enseignement des arts les plus divers, la musique, le dessin, la danse. J'inventais des ballets, j'écrivais des comédies qui servaient à nous divertir mes élèves et moi. »

Voilà des aveux d'une haute franchise; il y en a d'autres encore, non moins intéressants, sur la vie folle que menaient quelques amies de jeunesse avec lesquelles madame Passek avait conservé des relations. C'étaient des amazones hardies que ces amies-là. Lasses de la vie froide et compassée des salons, elles prenaient des habits d'homme, dressaient des chevaux, fréquentaient les cabarets sous des déguisements et ne dédaignaient pas de boire le champagne à pleine coupe.

Des apparitions de ce genre, il est vrai, tenaient de l'exception aussi bien que les institutrices qui s'astreignaient, comme madame Passek, à de grandes dépenses d'imagination pour remplacer les connaissances et les méthodes pédagogiques qui leur manquaient. En général, l'ignorance et l'apathie marchaient de pair; l'instruction donnée dans les pensionnats de demoiselles se réduisait à des bavardages de salon et au programme d'études analysé par Gogol. Du reste les parents ne demandaient pas davantage ; ils n'étaient certes pas difficiles et pouvaient se déclarer satisfaits. Quand les circonstances étaient tout à fait favorables et que les élèves avaient affaire à des maîtres diplômés, l'instruction acquise équivalait à la somme de connaissances inutiles que l'on recevait dans les écoles de cadets si décriées des deux résidences.

L'instruction religieuse, que partout ailleurs l'on considère comme une des bases fondamentales de l'éducation des fèmmes, était devenue ici une cause de troubles particulièrement graves. On sait que la classe la plus élevée et la plus éclairée du clergé de l'Église grecque orthoxe appartient à l'état monacal. Elle se trouve ainsi systématiquement éloignée de tout contact avec le monde laïque. Presque seul, le clergé blanc, c'est-à-dire les pauvres popes, ignorants et méprisés, ont charge d'âmes; l'instruction de la jeunesse est une de leurs attributions. On sait aussi l'énorme difficulté qu'il y a à donner un peu de vie au lourd étalage de formules qui distingue la religion grecque et à en déduire un enseignement moral. Or jamais cette difficulté ne sera vaincue si le prêtre chargé de divulguer la doctrine n'est pas relevé de la position inférieure qu'il occupe dans la société et de la sujétion où il se trouve à l'égard du clergé conventuel que l'on appelle le clergé noir (les moines).

A côté des fâcheuses conséquences qui découlent nécessairement d'un tel état de choses, il y a l'abîme profond, infranchissable que le mouvement des idées venues de l'Occident a creusé entre l'esprit qui anime les plus hautes classes de la société et l'esprit théocratique de l'Église orientale. Langues, sciences, manières de penser « de l'Ouest » étaient jusqu'à ces derniers temps tenues en abomination par la partie zélée et passionnée du clergé russe. Dans les sphères cultivées, l'antagonisme est absolu entre prêtres et gens du monde. Un pope qui voudrait exercer une influence sur les sentiments de la jeunesse se heurterait chez ses diocésains de quelque rang à des difficultés même matérielles qu'il ne lui serait pas possible de vaincre. Ainsi jamais les élèves ne rencontrent leur maître hors des heures consacrées spécialement à l'instruction religieuse, et lorsqu'il arrive aux ecclésiastiques de franchir le seuil d'une maison, c'est le plus souvent pour aller se morfondre dans une antichambre.

Tout concourt de la sorte à maintenir dans le terre-à-terre l'éducation des jeunes filles. Jamais d'échappées sur l'idéal ; toujours la perpective du succès extérieur. On ne voit que l'embellissement de la vie ; une préoccupation plus sérieuse serait appelée du pédantisme. « Nous élevons nos filles, dit un personnage de Gribojedow, comme si elles étaient destinées à devenir les femmes des maîtres à danser et des pitres auxquels nous confions leur éducation. »

La classe moyenne devait se ressentir de l'exemple que lui donnaient les hautes couches sociales. Aussi les institutions fondées par l'initiative des particuliers n'étaient-elles que de mauvaises copies des gymnases impériaux, de même qu'en province nobles et fonctionnaires vivaient dans la servile et plate imitation des salons à la mode de Newski-Prospect (Pétersbourg) ou du Pont des Maréchaux (Moscou). Ce besoin de contrefaire les allures du grand monde n'est nulle part aussi développé que dans la classe moyenne de province. Il y est poussé jusqu'à la caricature. C'est une des causes de ruine et de dégradation morale des familles des fonctionnaires.

Jusqu'à une époque toute récente, cette classe était la dernière de la société intermédiaire qui pouvait afficher quelque prétention d'éducation supérieure justifiée par l'apparence. Quant à la classe bourgeoise, c'est-à-dire les marchands et les gens de métier, ils devaient se contenter des écoles élémentaires dont la lecture, l'écriture et les quatres règle composaient tout le programme. Encore le gouvernement semblait-il ignorer complètement l'existence de ces écoles qui du reste ne se rencontraient que dans les grandes villes et manquaient partout ailleurs. Il est à remarquer que la classe bourgeoise comprenait une catégorie nombreuse de serfs et que la fréquentation d'établissements d'instruction d'un ordre plus élevé leur était interdite par les ukases impériaux de 1827 et du 9 mai 1837.

II

La force même des choses amena la destruction du système qui les avait produites. L'état pitoyable de l'instruction donnée aux femmes était si visible, si indiscutable; on s'en plaignait déjà si généralement du temps de la guerre de Crimée, que le ministre de l'instruction publique, Norow, dans un rapport adressé en 1856 à l'empereur, dut reconnaître cette déplorable situation et réclama une réorganisation complète. du système scolaire.

Le nouveau plan fut entièrement élaboré en mai 1858, mais on ne put lui faire produire tous ses effets, les pouvoirs publics ne disposant pas des moyens financiers nécessaires. Le ministère s'adressa alors aux provinces, aux communes, aux particuliers; en vertu d'un statut ratifié par le souverain (1), ils étaient

(1) Ce statut fut modifié le 10 mai 186).

4

tenus de fonder des gymnases de filles pour l'enseignement supérieur sur le modèle des écoles industrielles, et des pro-gymnases, établissements qui devaient être imités des écoles d'arrondissement (nos écoles urbaines). Les créations nouvelles bénéficiaient du protectorat de S. M. l'Impératrice. Comme la participation de l'Etat à ces entreprises était très limitée et que les administrations locales se trouvaient déjà accablées par des charges multiples, la réorganisation scolaire suivit une marche très lente. La presse s'efforça vainement de soutenir l'œuvre et de passionner le public ; on ne put créer qu'un petit nombre d'écoles. A la fin de 1872, en Russie et en Pologne, on ne comptait que 55 gymnases de filles et 131 pro-gymnases avec environ 25,000 élèves (1).

Les gymnases de filles ont été l'objet d'une réglementation très détaillée. On y mentionne les conditions dans lesquelles doit se faire le choix du curateur, les qualités nécessaires pour obtenir le titre de curateur honoraire, l'autorité à laquelle il appartient de désigner et de confirmer dans leurs fonctions la directrice et les maîtresses des différentes branches, les droits des fondateurs, les droits d'inspection réservés à l'Etat.

Le programme d'études, outre les branches habituelles de l'enseignement, comprend l'arithmétique et son application à la tenue des livres, l'histoire naturelle

(1) Ce sont les chiffres de la dernière statistique qui ait été publiée relativement à ces écoles.

et la physique dans leurs rapports avec l'économie domestique ; l'étude des langues étrangères (le français et l'allemand) est facultative ainsi que l'étude du dessin, la danse et la musique.

Tout cela est excellent, d'une prolixité rare peut-être, mais rempli d'intentions louables, de points de vue larges et de belles théories pédagogiques empruntées à tous les grands pays.

Seulement, ce sont les écoles qui manquent. Et elles manqueront aussi longtemps que la société russe, habituée jusqu'ici à la tutelle permanente du pouvoir et incapable de rien faire par elle-même, restera abandonnée à sa seule initiative ; aussi longtemps que les revenus de l'Etat seront absorbés aux quatre cinquièmes par le service des intérêts de la dette publique et le budget de l'armée.

Des cours pédagogiques pour institutrices ont été ouverts à Pétersbourg ; ils sont suivis par un certain nombre de jeunes filles qui ont obtenu les certificats exigés à leur sortie des gymnases et désirent se former à la carrière de l'enseignement. Ces cours ont une durée de deux ans. On n'est pas encore parvenu à créer de semblables établissements dans les villes de province.

Il est à remarquer, à propos de la création de ces gymnases russes pour filles, que l'Etat s'est imposé les sacrifices les plus considérables, précisément dans les provinces où ces écoles étaient le moins nécessaires et où il en existait d'autres (qui, à la vérité, n'étaient pas russes), notamment dans le royaume de Pologne et dans les provinces baltiques (la Livonie, l'Esthonie, la Courlande), riches en écoles de tous genres. Alors que beaucoup de grandes villes dans l'empire ne possédaient que des écoles élémentaires de filles, l'Etat accordait une subvention de 14,000 roubles (la plus forte qu'il ait allouée) pour la fondation d'un gymnase féminin dans le cercle de Varsovie.

Si la participation de l'Etat aux efforts tentés en vue d'une amélioration dans l'éducation de la femme est si restreinte, c'est que nous touchons ici à un ordre d'idées et de faits qui ont soulevé en Russie les disputes les plus passionnées. On prétend non sans motif que la retenue du gouvernement s'explique par d'autres causes que les considérations économiques et budgétaires invoquées. L'empressement avec lequel la jeunesse féminine est accourue aux sources d'instruction dont l'accès lui fut subitement ouvert et les dispositions d'esprit qu'elle apporta dès son entrée dans ce nouveau champ d'action, eurent pour effet d'effrayer plutôt que d'encourager les pouvoirs provinciaux.

Le ministère de l'instruction publique se trouvait alors placé sous la direction incontestablement libérale de Golownin (1861-1866), l'adversaire des vieilles études classiques, le partisan des écoles industrielles, qui, dans les programmes des gymnases de garçons, faisait une si large part aux sciences expérimentales. On s'empressa de suivre cet exemple dans les écoles de filles des deux résidences et de la province. La presse applaudissait vivement à cette émancipation, et l'opinion publique appuyait la réforme. Ce fut par masses compactes que, sous cette influence, les jeunes filles de la classe moyenne envahirent les nouveaux établissements; et comme les leçons qui y étaient données ne suffisaient pas à satisfaire leur soif de connaissances, elles fréquentaient encore les cours de sciences naturelles et physiques donnés par des professeurs et des savants de tout grade dans les capitales et les villes universitaires. La même passion, le même exclusivisme que l'on montrait naguère dans la poursuite des intérêts mondains et la condamnation des occupations sérieuses, on l'appliquait maintenant aux fortes études, au développement intellectuel et scientifique de la jeunesse. Un grand nombre de femmes, dont la vie jusqu'ici n'avait été qu'une suite de jours consacrés aux futilités de la mode et à l'oisiveté des salons, se prirent tout à coup d'enthousiasme à l'idée de devenir des membres utiles à la société et les égales de l'homme par le travail, l'activité et l'instruction. On rejeta tout ce qui était règle et coutume; on prit des habitudes presque viriles. Il était indéniable que l'oisiveté, la vanité mondaine, la nullité intellectuelle des femmes de la haute classe comptaient parmi les plaies de la société russe sous ncien régime. C'en fut assez aux yeux de la généra-

tion nouvelle pour justifier une scission complète
avec le passé et l'engager dans une direction absolument opposée. On voulait rendre l'existence plus
digne, la remplir de soucis plus graves. Ce but était
louable. Mais sous l'influence des idées démocrati-
ques et réalistes qui régnaient dans les établissements
universitaires et dans quelques écoles inférieures, il
ne tarda pas à constituer un véritable danger.

Dans cette jeunesse féminine si ardente à s'instruire,
un radicalisme vint à la mode qui dépassa bientôt
celui des jeunes gens en résolution et en cynisme.
Parce que, dans les anciens pensionnats, l'étude du
français et de la musique, les leçons de danse et de
tapisserie avaient éloigné des occupations plus sérieuses, on regarda comme une honte de s'adonner aux arts
et aux travaux d'aiguille. Parce que le luxe des costumes et le culte de la mode avaient été poussés jusqu'à
l'extravagance et la folie, la jeunesse révolutionnaire
proscrivit toute élégance. On vit des jeunes filles emprisonner leur taille dans une jaquette étroite, porter les
cheveux courts et arborer les chapeaux de feutre et les
lunettes. L'idéal n'était plus l'allure aristocratique
dont l'imitation faisait le tourment des beautés villa-
geoises et des filles d'employés ; on affectait maintenant
une tenue pleine d'abandon où le sexe abdiquait son
rang et ne commandait plus les égards qui lui sont
dus. L'anatomie et l'embryologie ne devaient plus
avoir de secrets pour ces audacieuses ; elles se mon-

traient acharnées à pénétrer tous les mystères, fumaient la cigarette et hantaient les brasseries et les restaurants.

Les jeunes filles les mieux douées et les plus intelligentes, en adoptant ce genre de vie, lui donnèrent un caractère plus dangereux. On n'exagère pas en affirmant que les *étudiantes* russes se distinguent en général par le zèle, le talent et l'esprit de dévouement et que la plupart d'entre elles, lorsqu'il s'agit d'approfondir une étude scientifique, font preuve de plus d'aptitudes que la jeunesse masculine. De là chez les jeunes étudiantes, ces idées d'absolue émancipation, cette tendance à renoncer à la réserve qui jusqu'ici était un des attraits de leur sexe.

Le plus grand nombre résiste à cet entraînement ; es parents sont attentifs à retenir leurs filles sur une pente pleine de périls. Comme auparavant, les arts faciles et une demi-éducation restent l'apanage d'une partie de la jeunesse fidèle à la tradition nationale. Seules d'ardentes natures, jouissant du double privilège de la force et de l'indépendance, peuvent rompre avec les usages et entrer dans la voie périlleuse de l'émancipation ; elles y sont suivies par le groupe des faméliques et des déclassées, veuves de tous les attributs qui font le charme de la femme, groupe que viennent grossir quelques révoltées désireuses d'échapper au joug des volontés paternelles.

La rapidité avec laquelle ce mouvement s'est développé est un incontestable témoignage de sa popularité. L'entrée en scène des étudiantes qui forment aujourd'hui un corps assez nombreux, ne remonte pas à plus de quinze ans.

C'est en 1864 qui s'inscrivirent à la faculté de médecine de l'Université de Zurich les deux premières étudiantes russes. En 1868, une jeune personne qui se destinait à l'état de sage-femme obtint la permission d'assister aux cours de la faculté de médecine et de chirurgie de Saint-Pétersbourg. On remarqua beaucoup le fait, et les principaux organes de l'opinion y applaudirent si bien, qu'il ne tarda pas à se renouveler. Sept ans plus tard, c'est par douzaines à Zurich et par centaines à Pétersbourg que se comptaient les étudiantes en médecine. En 1872, des cours particuliers pour femmes et jeunes filles furent ouverts à l'Académie de médecine et de chirurgie de la capitale ; dès l'annonce de ces cours, 500 aspirantes s'y présentèrent.

En 1873, soixante-dix-sept jeunes filles russes étudiaient la médecine à Zurich. Bien que l'Etat n'ait pas encore accordé aux femmes le droit d'exercer cette profession, plusieurs centaines d'étudiantes fréquentent aujourd'hui l'Université de Pétersbourg, dont l'exemple a été suivi par les Universités de Moscou, de Kiew, de Charkow et d'Odessa. Un professeur ou un agrégé qui désire se faire un nom ne saurait mieux atteindre ce but qu'en ouvrant un cours spécialement destiné aux femmes. L'admission des étudiantes a lieu presque partout sur la simple production d'un certificat de sortie d'un gymnase féminin. Les cours d'anatomie, de physiologie et d'obstétrique sont les plus fréquentés, parce qu'à la faveur d'un diplôme de sage-femme, les élèves espèrent pouvoir exercer leur art dans une certaine mesure. Il est certain que tôt ou tard le gouvernement devra leur abandonner l'accès des grades élevés. Les adversaires de l'émancipation le reconnaissent eux-mêmes. On s'est trop avancé dans la voie des concessions pour qu'un mouvement rétrograde soit désormais possible.

Dans les régions officielles, une marche en arrière répondrait cependant à des désirs bien naturels. En effet, depuis quelques années, les femmes ont fourni au nihilisme et aux associations révolutionnaires un effrayant contingent de forces et sous le rapport du courage, de la passion et de l'esprit de sacrifice, les étudiantes ont fréquemment laissé derrière elles leurs camarades du sexe fort. La bande d'insensés qui organisa l'échauffourée de Pétersbourg devant l'église de Kasan, avait à sa tête deux étudiantes juives. Le général Trépof tomba frappé de la main d'une femme. Ce fut une jeune fille de dix-neuf ans qui tua d'un coup de feu Rosenzweig, ce juif nihiliste accusé d'avoir trahi ses complices. Une autre jeune fille se trouvait au premier rang de l'émeute des étudiants à Kiew. C'est par centaines que, dans le courant de ces dernières années,

les femmes furent emprisonnées et exilées en Sibérie
pour crime de haute trahison et participation aux sociétés secrètes. Elles appartenaient à toutes les classes
de la société, mais principalement à la noblesse de
robe et aux familles du clergé orthodoxe, circonstance
qui nous prouve d'une part l'extension du mouvement
révolutionnaire jusque dans les séminaires et les académies ecclésiastiques (1), d'autre part l'état d'abaissement et d'ignorance où croupit le clergé inférieur.

Ce qui arrivait avait été prévu. Il y a dix ans, Schédo-
Ferroti prédisait que, poussée hors de son existence
étroite et obscure, la génération féminine nouvelle
courait le rique de s'égarer dans les entreprises révolutionnaires si on ne lui réservait dans la société un
champ d'activité proportionné à ses forces. Dans son
dernier écrit, l'auteur des *Études sur l'avenir de la Russie*
conseillait sagement de remettre entre les mains des
femmes l'éducation première de la jeunesse campa-
gnarde et de suppléer au manque d'instituteurs par la
création de grandes écoles normales où se seraient formées des institutrices. Les filles de popes, de chan-
tres et de marguilliers auraient ainsi trouvé une occupation conforme à leurs aptitudes et seraient devenues
les utiles auxiliaires de l'éducation populaire. Si le

(1) En avril 1879, les élèves des écoles ecclésiastiques furent une
seconde fois dépouillés de leur droit d'admission dans les Universités en suite de leur participation à une manifestation révolutionnaire.

parti national de Moscou n'avait pas fait traduire devant la justice criminelle cet écrivain coupable d'avoir publié la brochure : *Que fera-t-on de la Pologne?* peut-être aurait-on estimé que le projet émis par lui méritait d'être pris en considération. On a préféré ne pas écouter les conseils de la prudence et laisser s'accroître sans cesse la légion des femmes émancipées, esprits vigoureux et décidés, que l'on aurait pu faire entrer dans une voie meilleure, mais que la négligence du gouvernement semble avoir désignés pour un rôle fatal.

Afin de donner plus de relief aux faits accumulés dans ce tableau, nous ne saurions mieux finir qu'en invoquant en témoignage les jugements rendus sur ces mêmes matières par les écrivains russes les plus distingués de notre époque. La vérité des Études et des descriptions que Ivan Tourgueneff a faites des mœurs de sa patrie sont choses connues de tout le monde, soit en Russie, soit au dehors. *Terres vierges, Pères et enfants, Fumée,* les œuvres les plus remarquables de ce romancier de génie, démontrent clairement que la société russe, sous le rapport de l'éducation des femmes, n'a pas encore abandonné l'ancien système et que c'est le dégoût de ce régime qui a précipité tant de natures puissantes et de véritables caractères dans les extravagances criminelles de l'esprit de secte.

Longtemps Tourgueneff s'est vu systématiquement persécuté par les Russes du parti avancé qui dénon-

çaient en lui un « calomniateur de la jeunesse », tandis
que les défenseurs de l'ordre établi lui reprochaient
amèrement d'avoir rendu trop dignes et trop attrayan-
tes, dans *Terres vierges*, l'héroïque Maschurina, la la-
borieuse et sévère Marianne ainsi que les autres per-
sonnages-types de la génération nouvelle, aux dépens
de l'élégante Irina, la belle épouse de Sibjägin le conseiller intime, et en général des femmes russes restées
fidèles aux traditions de leur sexe. Ce sont précisément ces deux catégories de jeunes filles qui se heur-
tent actuellement dans le système d'éducation en vigueur. Personne ne saurait le nier quel que soit le
parti auquel il appartienne. En voici du reste une attes-
tation bien remarquable publiée l'un de ces derniers
jours. Il s'agit d'une lettre adressée à la *Gazette de
Moscou*, organe conservateur, par un membre du vieux
parti national russe (Tourgueneff, on le sait, passe
pour un libéral et un « païen de l'Ouest ») et écrite
sous l'impression de l'attentat du 2/14 avril 1879. On y
lit textuellement:

« Que doit-on dire de l'éducation de notre jeunesse?
Les gens intelligents élèvent leurs fils et leurs filles à
la manière des Occidentaux. Dès l'âge le plus tendre
l'enfant balbutie des vers français, allemands et anglais; il ne sait pas son *Pater*. Les classes populaires
végètent dans une ignorance absolue sans s'inquiéter
du sort réservé à leur progéniture, tandis que des instituteurs sapent la morale dans des écoles de villages.

Notre vie de famille menace de disparaître. Arrivés aux dernières classes de leur école ou de leur institution, les enfants n'ont plus que des sentiments de pitié pour la faiblesse intellectuelle de leurs vieux parents; ils vont jusqu'à rire de leurs ridicules. Des jeunes filles de seize à dix-sept ans se mettent en quête d'un travail indépendant et se plongent jusqu'au cou dans les mystères des sciences naturelles. Tout ce que la sainte pudeur tenait caché au jeune âge, la vierge moderne l'épelle et l'analyse avec l'habileté d'un savant spécialiste. Elle ne s'inquiète pas du rôle que Dieu lui a assigné, dans la création. Ses devoirs lui sont étrangers. Elle réclame seulement des droits qui la rendent l'égale de l'homme, sans pouvoir expliquer la nature et la raison de ces droits. »

LES UNIVERSITÉS RUSSES

LES UNIVERSITÉS RUSSES

I

Il y a quelque trente ans, le tzar Nicolas, obéissant aux suggestions de son conseiller intime le général Buturlin, ministre de l'instruction publique (1), conçut le projet de fermer les universités russes qu'il considérait comme un foyer d'émancipation libérale et révolutionnaire, et de les remplacer par des écoles militairement organisées, ayant chacune un programme d'études spéciales. C'était une sorte de dislocation des diverses branches enseignées dans chacun de ces établissements.

Ce projet n'arriva pas à complète exécution. L'empereur tint la main cependant à ce qu'on n'en diminuât pas la partie essentielle. Sous le ministère du prince Schirinski-Schichmatow, un ukase retira aux univer-

(1) Octobre 1849.

sités le droit d'élire leur recteur, supprima les chaires
de droit public européen, confia aux seuls prêtres de
l'Église grecque orthodoxe l'enseignement de la philosophie, soumit professeurs et élèves à la surveillance
la plus sévère, réduisit à trois cents le nombre des
élèves dans chaque université et interdit absolument
aux classes inférieures les études académiques. On ne
restreignit pas toutefois le nombre des étudiants en
médecine, vu le manque de médecins militaires. De
plus on permit aux universités de Dorpat et d'Helsingfors de conserver l'enseignement de la théologie et de
la philosophie auquel se formaient les pasteurs de
l'Église luthérienne.

Les prescriptions de cet édit ne restèrent en vigueur
que de 1849 à 1856. Elles exercèrent néanmoins sur
l'enseignement supérieur une influence profonde et
furent l'origine de toutes ces querelles universitaires
qui éclatent si fréquemment aujourd'hui à Pétersbourg, à Moscou, à Kiew et à Charkow.

On comptait alors dans l'empire russe (y compris la
Pologne, la Finlande et les provinces Baltiques) sept
universités et un certain nombre de facultés séparées,
placées sous la dépendance du ministère de la guerre
et dont les plus importantes sont l'Académie de médecine et de chirurgie, les lycées Richelieu et Besborodko,
l'Ecole de droit et le lycée de Pétersbourg.

Deux universités, celles de Dorpat et d'Helsingfors
ne sauraient être considérées comme desservant les

intérêts des soixante millions d'hommes qui forment la grande nation moscovite. Le premier de ces établissements est essentiellement tudesque ; le caractère du second est suédois. Tous deux sont placés hors de la terre russe et possèdent des statuts appropriés à leur but qui est de répandre les principes de l'éducation protestante. Les quelques Russes, appartenant là plupart aux classes élevées, qui, à partir de 1802, étudièrent à Dorpat, y introduisirent les mœurs et les usages des étudiants allemands, si bien que pendant plusieurs années la jeunesse des écoles forma une société à l'instar des corps ou corporations qui remplissent de bruit les villes universitaires de l'Allemagne. Cette société s'appelait la *Ruthénia*. Les étudiants polonais affluèrent à Dorpat. Ils y étaient attirés par cette liberté d'allures qui ne rappelle en rien l'organisation des écoles russes. L'Université d'Helsingfors ne comptait que des élèves suédois-finlandais. L'enseignement de la théologie évangélique était devenue la base du programme de cet établissement. Dans l'une et l'autre de ces hautes écoles la littérature et la langue russes n'avaient pour représentant qu'un seul professeur. De forts émoluments le consolaient de l'insuccès de ses cours.

L'Université de Moscou est, des universités russes, celle qui tient le premier rang. Elle le doit à sa fondation ancienne (1735), au nombre des élèves qui la fréquentent et aux privilèges dont ils jouissent. Bien qu'à

la cour et dans la noblesse militaire, les études universitaires fussent ténues en médiocre estime et même
considérées comme dangereuses (1), les fils de famille
prirent l'habitude de se rendre à Moscou en grand
nombre.

Ils ne suivaient pas les cours en qualité d'auditeurs libres ou d'élèves placés sous la tutelle d'un
internat, mais se faisaient immatriculer en qualité d'é-
tudiants et menaient dans la ville une existence indépendante. Il se rencontrait toujours parmi les professeurs un certain nombre d'esprits libres et fiers qui,
véritablement instruits et très pénétrés de la dignité
de leur mission, s'écartaient des formes dogmatiques
et ne traitaient pas leurs auditeurs en subalternes.
L'amour de la science les guidait. Ils ne cherchaient
point à faire de l'étudiant un automate destiné à
prendre place dans les services publics ; ils réveil-
laient au contraire dans la jeunesse les instincts
d'une personnalité haute et légitime, et, dans la mesure
de leurs forces, lui assuraient ainsi pour plus tard sa
liberté d'action.

Durant ces trente ou quarante dernières années,
tous les jeunes gens qui étaient désireux d'acquérir
une instruction libérale et élevée allèrent faire leurs

(1) Le dernier curateur libéral de l'Université de Moscou, le
prince Obolenski fut congédié, après vingt années de fonctions, et
remplacé par le prince P. M. Galyzine.

études à Moscou (1). C'est dans les classes de philosophie et l'enseignement des sciences naturelles que se trouvaient les professeurs les plus remarquables. La Russie moderne se forma à leur école. Herzen, Belinski, Granowski, Iwan Tourgeneff, les deux Aksakow, le prince Tscherkasski, M. N. Katkow et bien d'autres encore sont sortis de cette université, milieu assez puissant pour fournir des hommes à tous les partis (que ce soit le parti national, l'européen libéral ou le socialiste), sans se dégager du rôle humanitaire assigné à Moscou comme centre général de la vie intellectuelle nationale.

On ne cite qu'au second rang l'école supérieure de Pétersbourg. Elle fut fondée en 1819. Elle n'a pu jusqu'à ce jour arriver à constituer une vraie *Universitas litterarum.* L'établissement ne possède pas de faculté de médecine; pour la philologie, les élèves doivent entrer à l'Institut pédagogique, internat de discipline sévère dépendant de l'école. Quant à la faculté de droit, comment lui donner une importance prépondérante en présence des institutions rivales? L'aristocratie envoie ses enfants à l'Ecole de droit, riche d'innombrables privilèges, et au Lycée, deux internats dont les gymnases sont les aboutissants. L'Univer-

(1) En 1847, le chiffre des élèves qui fréquentaient cette université s'élevait à près de 1,208. Il tomba à 821 en 1,850, après l'ukase. Aujourd'hui, on compte à Moscou de 1,500 à 2,000 étudiants ; à Pétersbourg 1,500.

5.

sité de Pétersbourg ne trouve ainsi d'élèves que parmi ceux dont les écoles de la couronne ne veulent point ou auxquels les parents réservent une instruction plus libérale. Comme à Moscou, ce sont des fils de fonctionnaires indépendants ou des jeunes nobles qui, sans prétendre à une haute destinée, désirent se mettre en certain relief par un grade académique. On remarque que l'élément allemand est assez prononcé depuis quelque temps dans le groupe d'étudiants qui suit les cours de la faculté de droit. Cela tient à ce que l'Université allemande de Dorpat est devenue suspecte et qu'un fonctionnaire de quelque rang serait mal vu d'y avoir séjourné.

Une existence toute particulière était faite aux élèves des établissements d'instruction supérieure placés sous la dépendance du ministère de la guerre. Il y en avait douze à quinze cents à l'Académie de médecine et de chirurgie dans le lointain faubourg de Wiborg. Les trois quarts de ces exilés étaient des étudiants de la couronne. Ils habitaient une immense caserne, ne se montraient qu'avec le casque, l'épée et la redingote aux parements rouges. Ils obéissaient à une consigne des plus sévères.

Par ces temps de préjugés politiques et de parti pris contre tout ce qui de près ou de loin pouvait tenir du libéralisme, on en vint à attribuer à ces académistes une certaine propension vers les idées radicales. Ils ne faisaient sans doute qu'afficher par forfanterie un cynique matérialisme selon la coutume des étudiants en médecine dans toutes les grandes villes.

A Pétersbourg, les jeunes gens qui entraient à l'Académie de médecine et de chirurgie appartenaient en général aux familles peu aisées de la classe moyenne. On y voyait aussi des juifs. Les rares étudiants en médecine qui sortaient des classes supérieures se rendaient à Moscou.

Les Universités de province (Charkow, Kasan et Kiew) ressemblaient à celle de Moscou. C'était la même organisation ; elles avaient aussi des facultés de médecine. Mais sous le rapport du personnel enseignant et du nombre des élèves, elles étaient inférieures aux établissements des deux capitales, elles n'auraient pu avoir l'éclat que donnent à ceux-ci une situation exceptionnellement favorisée et un entourage qui en faisaient des centres plus complets d'instruction et de civilisation.

On rencontrait à Kasan, à cause du voisinage de l'Asie, un grand concours d'étudiants sibériens et tartares. Kiew, qui avait pris la place de Wilna dont l'école fut supprimée en 1832, était surtout fréquenté par des étudiants polonais. Aussi l'Université fut-elle l'objet d'une surveillance spéciale. Même après la publication de l'ukase de restriction de 1849, le nombre des élèves s'y élevait à six cents ; à Charkow et à Kasan, on n'en comptait que trois ou quatre cents.

Toutes ces hautes écoles avaient la même organisation basée sur le statut de 1835 dont l'empereur Nicolas confia l'application complète au ministre Uvarow. Il voulait réparer « le mal » qu'Alexandre Ier avait causé par la fondation d'universités nombreuses et l'édit libéral de 1804. Extérieurement, les écoles créées affectèrent la forme des universités allemandes. On réunit un sénat académique chargé de choisir dans son sein les recteurs des facultés. Celles-ci élisaient de leur côté les doyens. On détermina une juridiction universitaire. Le conseil des facultés eut pour mission de nommer les professeurs ordinaires et extraordinaires, les *privat-docent*, les lecteurs, et de fixer la durée des cours. Les étudiants étaient immatriculés ; ils habitaient, en partie du moins, des logements arrêtés par eux ; ils jouissaient d'une certaine liberté dans le choix des cours qu'ils voulaient suivre ; ils échappaient à la honte des punitions corporelles ; ils possédaient enfin un droit de noblesse. Mais, à la vérité, cette organisation n'était qu'apparente et ne servait qu'à déguiser sous des dehors pompeux un état de choses bien différent. Le véritable gouverneur de l'université était le curateur nommé par l'empereur. Ordinairement, le tzar désignait pour ces fonctions un ancien militaire. Ce curateur possédait des droits très multiples. En somme, il exerçait, par délégation du souverain, une sorte de pouvoir absolu. Il pouvait à son gré diriger les élections, et modifier ou suspendre les jugements rendus dans les grandes ou les petites causes par la justice universitaire ; il contrôlait les matières enseignées, se préoccupait de l'attitude politique des professeurs, déterminait le choix des manuels nécessaires à l'enseignement ; il devait enfin faire peser sur l'établissement confié à ses soins une discipline sévère et ne rien ignorer de la conduite des élèves sur lesquels des inspecteurs particuliers étaient chargés d'exercer une surveillance de tous les instants. Maîtres et élèves se trouvaient dans l'obligation de porter l'uniforme impérial. Des peines rigoureuses atteignaient celui qui se montrait sans le casque, l'épée, et le costume de l'école. Il était défendu de faire partie d'une société et de tenir des réunions, ces réunions eussent-elles eu un but scientifique. Il ne pouvait y avoir des relations d'amitié entre professeurs et élèves ; chacun devait rester à son rang. Le souci du décorum était enfin poussé à sa dernière limite. On obligeait les jeunes gens à suivre régulièrement les offices religieux, à célébrer toutes les fêtes du rite ; les lectures des élèves, lorsqu'elles touchaient au patriotisme et à l'histoire, étaient, on le comprend, l'objet d'une inquisition spéciale ; on ne leur permettait que dans une certaine mesure l'accès des collections scientifiques.

C'était, en un mot, la subordination en toute chose.

A Pétersbourg, l'empereur lui-même s'appliquait à inculquer à la jeunesse un esprit d'obéissance servile.

Malheur à l'étudiant qui ne saluait pas un officier supérieur ou qui, dans une promenade hors de la ville, portait la casquette au lieu du chapeau, ou encore se rendait au théâtre sans l'uniforme brodé d'or de grande tenue. Il y a quarante ans, l'empereur infligea une faction devant le corps de garde principal à trois jeunes gens de l'école parce que, dans un costume contraire à l'ordonnance, ils avaient essayé de pénétrer dans les bâtiments de l'Université de l'autre côté de la Néva et avaient négligé par trente degrés de froid de rendre au traîneau impérial les honneurs qui lui étaient dus. « Vous devez vous habituer dès votre jeunesse à obéir à vos supérieurs et ne jamais manquer à l'étiquette prescrite. » Ce furent les propres paroles de l'empereur aux jeunes élèves pris en faute et amenés devant lui. Sa Majesté daigna leur accorder ensuite un «_généreux pardon ».

L'exemple donné par le souverain fut nécessairement suivi en province par les curateurs avec un zèle et une étroitesse d'esprit incomparables. Leur immixtion dans les choses de l'école prit un caractère qui n'aurait pas été toléré dans les établissements de la résidence. Magnitzki, le curateur du cercle scolaire de Kasan, ordonna que les préparations anatomiques fussent enterrées solennellement. Il jugeait qu'en vue de la résurrection des corps, ces restes de chrétiens orthodoxes devaient recevoir les honneurs de la sépulture.

A Moscou, le curateur prince Serge Galyzine n'admettait pas que rien pût entraver la régularité des cours. Un professeur était-il empêché de donner sa leçon, il lui substituait n'importe quel collègue, si bien, raconte Alexandre Herzen, que M. Ternowski, un ecclésiastique qui enseignait la logique, se vit accidentellement appelé à faire une clinique d'accouchement, et que le professeur d'obstétrique Richter dut approfondir un jour les mystères de la conception par le secours du Saint-Esprit.

Les plus à plaindre sous ce rapport étaient certainement les professeurs et les étudiants de l'Université de Kiew. Afin de mieux discipliner les nombreux Polonais qui fréquentaient l'école, le général Bibikow imagina de la soumettre à une sorte d'état de siège permanent et de réprimer par un châtiment barbare toute tentative d'émancipation. En dépit de la docilité avec laquelle on s'inclinait devant l'autorité de ce despote, il arrivait presque annuellement que des élèves, devenus suspects, étaient sous le moindre prétexte, appréhendés la nuit, placés au milieu d'une escorte, et expédiés dans un gouvernement éloigné ; des professeurs peu aimés de leur chef hiérarchique étaient subitement transférés dans un autre milieu ou désignés pour enseigner des matières indécises et incertaines comme l'économie nationale, par exemple, ou simplement destitués.

Ces excès se rencontraient ailleurs encore. En 1833, trois étudiants de l'Université de Moscou, Kostenezki, Antonowitsch (qui devint lieutenant général et fut en 1876 nommé curateur de l'Université de Kiew) et le fils

du pasteur luthérien Kohlreif se virent condamnés à la
dégradation par un conseil de guerre et envoyés dans
le Caucase en qualité de simples soldats. Ils étaient
accusés d'avoir eu des relations avec un Polonais suspect.

En 1835, Herzen, étudiant en philosophie, fut exilé
dans le gouvernement de Perm parce qu'il avait assisté à un repas où l'on chanta, au dessert, des chants
révolutionnaires. A la même époque, Belinski, devenu
depuis un écrivain libéral et un critique estimé, reçut
un *consilium abeundi* pour incapacité. Le professeur
Granowski, le plus célèbre des historiens russes de
ce temps, ne garda son emploi que grâce à l'intervention de protecteurs influents et notamment de l'excellent curateur comte S. G. Skogonow (destitué lui-
même depuis), qui empêcha que des avertissements
répétés n'eussent des suites sérieuses. Katkow, aujour-
d'hui publiciste renommé et directeur de la *Gazette de
Moscou*, abandonna volontairement sa charge parce qu'il
ne voulut pas endurer, pendant ses leçons, les interrup-
tions continuelles du successeur de Skogonow. Ce fut
en menaçant de quitter ses fonctions et de se retirer à
l'étranger que Pirogow, le célèbre professeur d'anatomie et de chirurgie (il fut appelé de Dorpat à Pétersbourg vers 1840) se débarrassa de la tutelle accablante
du curateur de Leibe.

L'Université de Dorpat elle-même, malgré sa situation plus indépendante, voyait son personnel ensei-

gnant en butte à ces tracasseries policières. Klinger et
Liven n'eussent pas supporté de tels scandales pendant
leur administration. En 1842, le professeur de théologie Ulmann (1), sur une plainte formulée par le général Crafftström, curateur, fut révoqué parce qu'à l'occasion d'une sérénade aux flambeaux que le corps
des étudiants lui avait donnée à la fin de son rectorat, il avait prononcé ce cri séditieux : « Vivent les
étudiants ! » et avait accepté une coupe qu'ils lui
offraient. La même peine atteignit de Bunge, le célèbre auteur de l'*Histoire du droit*, ainsi que les professeurs Volkmann et de Madai qui avaient pris fait et
cause pour leur collègue. En 1850, le professeur de
droit Osenbruggen et l'agrégé Hehn furent traînés par
les gendarmes jusqu'à Pétersbourg parce qu'ils entre-
tenaient une correspondance avec une dame de leurs
amies, madame Kinkel.

Cela se passait à Dorpat et cependant l'université de
cette ville ne ressemblait aucunement sous le rapport
de l'organisation et des usages aux hautes écoles de
l'intérieur. Ici au moins avait-on la liberté de s'instruire à sa guise et de suivre les cours qu'on voulait ;
une solidarité étroite unissait les membres du person-

(1) Sous le gouvernement actuel, l'honorable professeur a été
nommé vice-président du consistoire général luthérien. Ce fut
une brillante réhabilitation.

Pendant son rectorat, Ulmann s'était acquis les sympathies et
le respect de la jeunesse en aidant à la création d'un jury d'honneur pour les étudiants afin de réprimer l'abus du duel.

nel enseignant ; il y avait moins de désordre dans les examens pour l'obtention des grades ; les étudiants, en dépit des interdictions insensées des règlements, jouissaient de la faculté de se réunir et de s'associer.

A Pétersbourg, Moscou, Kiew, etc., toute réunion particulière même scientifique était interdite aux élèves ; on leur prescrivait les cours qu'ils devaient suivre ; les cahiers des professeurs et les manuels d'étude se trouvaient soumis à une censure sévère ; l'introduction de livres non approuvés ou l'affiliation à une société pouvait, selon les circonstances, vous faire perdre la vie. Chaque année, l'étudiant devait subir un examen dans lequel il rendait compte des cours qu'il avait suivis ; et ce n'est qu'après avoir satisfait à cette exigence qu'il était admis à continuer ses études. Si le professeur s'avisait de contrôler la fréquentation de son cours et de signaler à l'inspecteur les élèves irréguliers, ceux-ci étaient punis disciplinairement.

Les professeurs, demeurés fidèles à de respectables traditions d'indépendance scientifique et au principe d'une liberté nécessaire dans les hautes études, devaient s'attendre à être exclus de tout avancement et privés de toute récompense ; l'exercice pour lequel ils avaient été nommés arrivant à son terme, étaient-ils réélus, ils ne pouvaient espérer voir se confirmer leur élection (1).

(1) La Russie s'est approprié une organisation scolaire d'après laquelle professeurs et maîtres, après vingt-cinq ans de fonctions,

On comprend que dans de semblables conditions
l'attrait des fonctions académiques diminue d'année en
année; le savant qui refuse d'abdiquer son caractère,
donne la préférence à un genre de vie plus modeste,
mais plus digne. Aussi est-il arrivé que, malgré la création de cours spéciaux, les secours financiers offerts, les
efforts tentés en vue de favoriser les agrégations, les
chaires demeurèrent de plus en plus désertes ou ne
furent plus que provisoirement occupées par des professeurs sans titre ni grade. Dans les facultés de médecine
et de sciences naturelles on pouvait à la vérité faire
appel au concours des Allemands de Dorpat ou du
dehors. S'ils ne parlaient pas correctement la langue
russe, ils connaissaient du moins les sciences qu'ils
enseignaient. Mais l'enseignement du droit russe, de
l'histoire nationale, de la philologie, de l'archéologie
était ou abandonné dans plusieurs écoles ou confié
à des lecteurs et à des adjoints qui, à la première occasion, optaient pour un autre emploi.

Jusqu'à un certain point le manque de professeurs
se rattachait aux difficultés que présentent l'obtention

peuvent prendre leur retraite sans rien perdre de leur traitement. Ce premier terme écoulé, pour rester en charge, ils sont
assujettis à une réélection qui est renouvelée encore après cinq
ans ; dans ce cas, le professeur jouit à la fois du traitement et de
la pension. Après trente-cinq ans de services, la retraite est obli
gatoire. On ne saurait nier qu'une organisation de ce genre donne
beau jeu à l'intrigue ; elle n'a cependant pas occasionné de scandales violents.

du grade de docteur et l'accès des emplois élevés dans le personnel enseignant. Les médecins exceptés, personne n'arrivait au doctorat qu'après avoir fait un stage de candidat, puis de magister. On n'était candidat qu'après avoir suivi une série complète de cours, passé un examen assez difficile, mérité la note «très bien», et écrit sur un sujet scientifique une composition approuvée par la Faculté. La durée de la candidature était d'un an ; ce temps écoulé, il fallait subir un nouvel examen pour toutes les branches principales, écrire et soutenir une seconde thèse. On devenait alors magister. Même succession d'épreuves pour le doctorat. Le nombre des jeunes gens qui se reconnaissaient des aptitudes suffisantes pour remplir avec avantage des conditions aussi compliquées était naturellement fort restreint. La recherche exclusive de l'idéal, le dévouement platonique aux intérêts de la science se rencontrent plus rarement dans la race slave que chez les autres peuples ; on y est davantage entraîné vers un froid réalisme, et même maintenant que l'abord des fonctions académiques s'est dépouillé des rigueurs excessives qui l'entouraient et que de plus grands avantages pécuniaires sont assurés aux professeurs, bien peu de gens songent à embrasser cette carrière.

Dans la vieille Russie de Nicolas, c'eût été faire preuve d'un vrai fanatisme pour la science que de consacrer son temps et son argent à l'étude d'une profession qui, sans vous procurer un profit matériel suffisant, vous rendait suspect et vous plaçait pour toute votre vie sous la dépendance d'inspecteurs ignorants, auxiliaires serviles de toutes les méfiances gouvernementales. Dans l'enseignement et l'étude des sciences naturelles, on pouvait il est vrai, se distinguer par quelque découverte et s'attirer les hommages du monde savant. Mais aucune perspective souriante ne s'ouvrait devant l'historien, le jurisconsulte, l'économiste. S'inclinaient-ils devant le système dominant, leur génie s'éclipsait, leur influence propre était perdue. Cherchaient-ils à se frayer librement un chemin, ils devaient tomber, tôt ou tard, victimes des dénonciations secrètes. On comprend dès lors que les membres les plus éminents des conseils universitaires (et en particulier ceux dont l'entrée en fonctions datait du temps où le statut libéral de 1804 était encore en vigueur) devinrent les adversaires des idées dominantes et formèrent un parti de mécontents, tandis que les jeunes professeurs n'offraient plus que des rangs clairsemés où se rencontraient à peine les aptitudes requises. De plus en plus fréquemment, on vit les titulaires des chaires académiques, pris de dégoût, résigner leurs fonctions pour entrer dans les services administratifs, et l'Etat retenir de force dans les emplois pour lesquels ils avaient été désignés les jeunes savants qui lui devaient leur instruction (1). Il arriva de la sorte que les cours échurent à

(1) L'organisation récente des bureaux de l'octroi a été particulièrement fatale aux Universités et aux écoles supérieures. De

des maîtres inférieurs chez qui la routine remplaça le talent et que seule la faveur des curateurs et des inspecteurs maintenait en charge. Dans un tel état de choses, la protection et la corruption ne devaient pas moins présider à la distribution des grades ; les professeurs les plus dignes et les mieux pensants se virent ainsi bientôt entourés d'un cercle d'espions et eurent à redouter non plus seulement l'hostilité de leurs surveillants ordinaires, mais encore l'envie et les désirs d'avancement de leurs nouveaux collègues. Il faut remarquer qu'à ce point de vue les petites universités se trouvaient le plus mal loties. L'influence toute-puissante des curateurs y avait ouvert un champ immense à l'intrigue et aux expédients d'une basse servilité. Mentionnons aussi la jalousie et la haine des professeurs russes à l'égard des professeurs d'origine étrangère. Ceux-ci étaient traités d'hérétiques et d'intrus, bien que les services qu'ils rendaient fussent reconnus indispensables vu le manque de savants nationaux.

L'opposition du personnel enseignant aux tendances du gouvernement se retrouvait plus vive encore, plus profonde dans la jeunesse des écoles. Tout semblait avoir été prémédité pour accabler les étudiants de l'Université sous l'impression d'une injustice souve-

nombreux jeunes gens, heureusement donés sans aucun doute sous le rapport des aptitudes pour l'enseignement des sciences, ont quitté la carrière académique pour aller occuper une position plus lucrative dans cette branche nouvelle des services administratifs.

raine. Leurs instincts d'égalité étaient prodigieusement blessés. Eux, les privilégiés de l'éducation et du savoir, on les maintenait dans un état d'infériorité qui les révoltait. Ils se heurtaient aux préjugés qui entourent d'un nimbe de gloire et de puissance les castes dirigeantes. On comprenait que dans les rapports sociaux l'étudiant fût placé après l'officier, même après l'élève du corps des pages et de l'école des nobles, et qu'il fût traité comme un simple « schkolnik » (écolier). Mais dans l'échelle des services de l'Etat, ce n'était pas d'un degré d'avancement, c'était de deux que les étudiants d'origine noble se trouvaient favorisés. En effet les examens passés par eux étaient notoirement plus faciles que ceux des universitaires. De plus, leurs cours achevés, les premiers de plein droit prenaient le rang de conseillers titulaires et s'acheminaient vers les bureaux des ministères. L'étudiant universitaire parvenu au grade de candidat ne pouvait entrer, lui, que dans un secrétariat de collège et devait avoir servi trois ans en province avant de pouvoir espérer un emploi dans un ministère ; encore était-il certain de se voir préférer, le cas échéant, un élève de l'École de droit. Les élèves de cette école avaient alors une réputation de souplesse et « d'incorruptibilité » à laquelle on attribuait la faveur dont ils étaient l'objet.

A ces humiliations venaient se joindre les causes internes d'un véritable état morbide dans le groupe même des universitaires. Les plus pauvres d'entre eux,

que l'Etat soutenait de ses subventions, ne jouissaient
que d'une liberté d'action limitée et étaient assujettis
à un lourd contrôle, lorsqu'on ne les parquait pas
dans un internat. Echouaient-ils dans leurs examens,
ils couraient le risque d'être enrégimentés comme
chirurgiens militaires ou même en qualité de simples
soldats.

On réservait les égards pour les jeunes gens de condition plus noble et de meilleure fortune. La suspicion
continuelle qui pesait sur les études et la vie sociale de
la jeunesse, avait naturellement le don de provoquer en
elle une insurmontable aversion pour les policiers qui
la surveillaient, et, comme on réprimait avec plus de
ménagement les désordres qui avaient pour auteurs
les jeunes gens des écoles nobles, la conscience de
cette injustice venait encore aggraver des sentiments
d'hostilité et de rébellion déjà si impérieux. Aussi en
plus d'une université, le joug de la discipline parut-il
si lourd que beaucoup de jeunes gens, renonçant au
titre d'étudiant, se firent inscrire en qualité d'auditeurs
libres, et, malgré les railleries de leurs camarades, suivirent les cours sans être immatriculés, à l'égal des
vieux employés et des braves bourgeois qui hantent
les salles des séances.

Toute comparaison avec l'étranger faisait paraître
cet état de choses plus insupportable encore. Bien qu'il
fût presque impossible de savoir ce qui se passait
dans l'Europe occidentale et de connaître la différence

qui existait entre l'organisation russe et les systèmes
appliqués au dehors, l'étudiant le plus borné de Kasan
ou de Charkow ne l'ignorait pas. Il parlait de la plus
grande liberté accordée aux Universités de Dorpat et
d'Helsingfors, des faveurs que les étudiants allemands
et français devaient au libéralisme de leurs gouvernements; il comparait les avantages du statut de 1804
aux prescriptions détestables du règlement qui l'a suivi.
L'autorité impériale elle-même se chargea de révéler
les origines des mesures restrictives qu'elle fit entrer
dans l'organisation des hautes études. Les professeurs
les plus éminents ne dissimulèrent jamais le mépris
que leur inspiraient les pratiques mises en œuvre
contre eux et leurs élèves. Ce ne fut également un
secret pour personne, depuis 1848, que l'empereur avait
renoncé avec beaucoup de peine à son projet de fermer
tous les établissements universitaires. De même on
savait quelle haute influence avait présidé à la réduction du nombre des étudiants à trois cents par université, le comte Uvarow, jusque-là ministre docile des
volontés impériales, ayant abandonné son portefeuille
parce qu'il considérait comme contraire à son honneur
d'exécuter cette mesure ainsi que d'appliquer aux
lycées l'ordonnance qui supprimait l'enseignement de
la langue grecque.

Il semblait que l'on prît plaisir à provoquer à tout
propos de la part des universités une éclosion de haine
contre le gouvernement. Celui-ci ne tolérait les hautes

écoles scientifiques que comme un mal nécessaire, et plus d'une fois il fut tenté de réaliser à leur égard la réforme dont parle Skalosub dans la comédie de Gribojedow :

> Si je pouvais agir à ma guise
> Je ferais maison nette.
> On fermerait collèges et lycées,
> On chasserait les professeurs.
> Au lieu de la cantilène écolière,
> On entendrait le commandement des chefs,
> Et seulement les jours de fête
> Je permettrais qu'on lût un livre.

II

L'auteur de ces pages ne croit pouvoir mieux compléter le tableau de la situation faite aux Universités russes sous le régime de l'édit de 1849, qu'en relatant les impressions qu'il éprouva lui-même lorsqu'il était étudiant à l'Université de Pétersbourg, l'année de la prise de Sébastopol (automne 1855).

Quelques traits caractéristiques marquèrent son admission dans cette école. Ils annonçaient pour celle-ci l'heure d'une décrépitude prochaine.

« A l'Université de Dorpat, où les cours se faisaient en allemand, on exigeait des élèves une certaine connaissance de la langue russe que je ne possédais pas alors. — A Pétersbourg, le russe, qui était cependant la langue usuelle dans l'enseignement et les examens, n'était pas considéré comme obligatoire et les jeunes gens qui sollicitaient leur admission pou-

vaient se tirer d'affaire en se servant du français. En ce
qui concerne la philologie, l'épreuve n'aurait pas dépassé les forces d'un élève de troisième dans un gymnase allemand. Le grec n'était pas obligatoire pour les
juristes et lorsque je demandai à être interrogé sur les
auteurs de cette langue, la traduction que je fis des dix
premiers vers de l'*Odyssée* produisit un si heureux effet sur l'examinateur qu'il crut pouvoir m'annoncer la
cinquième boule (c'est-à-dire le meilleur témoignage).
Quant au latin, il suffisait d'expliquer quelques passages de César ou de Tite-Live; vous aviez le choix de
l'auteur. On ne paraissait attacher quelque importance
qu'aux sciences mathématiques et à l'histoire russe.
L'examen de cette dernière branche était confié à
M. Ustrælow, historiographe de l'empire et panégyriste
du tzar Nicolas, un vieux pontife que chacun détestait
à cause de son orgueil et de sa courtisanerie. Il avait
publié un manuel que l'élève était tenu de lui réciter
mot à mot. Du reste son seul souci était de veiller à ce
que personne ne se départît du respect qui était dû à
sa qualité de conseiller secret. L'étiquette exigéait que
l'on restât debout. Nous vîmes un moment apparaître
le recteur Plesnew. Ce savant aimable, l'ami et l'exécu-
teur testamentaire du poète Puschkin, ne fut honoré par
aucun des assistants d'une attention particulière. Il ne
venait là que pour la forme. Tout le monde savait que
la haute direction de l'Université était ailleurs, qu'elle
appartenait toute à Alexandre Iwanowitsch, l'inspecteur

général, le favori du curateur Mussin-Puschkin. C'était un homme ignorant, mais d'un bon naturel malgré son apparente brutalité. Il devait son influence à l'énergie avec laquelle il maintenait la discipline et soumettait professeurs et élèves aux formalités despotiques du règlement. Coupe de la barbe, largeur du fauxcol, aucun détail du costume n'échappait à l'œil du maître. Il semblait que ce rigorisme renfermât tout l'esprit, toute la portée sociale de l'établissement. Aussi lorsque, après nos trois jours d'examens, Alexandre Iwanowitsch nous en annonça l'heureuse issue par ces mots : « *Prikashite sebjœ formu schitj*, faites-vous faire un uniforme », la formule nous parut-elle classique et exactement appropriée aux circonstances.

» La société au milieu de laquelle j'appris cette bonne nouvelle était si mélangée et si bizarrement composée, qu'elle mérite bien une description. Nous étions quatre jeunes gens; nous nous étions rendus dans la salle où Alexandre Iwanowitsch et ses collègues estimaient les résultats de l'examen. Il s'agissait pour eux d'une opération toute mécanique. Chaque examinateur plaçait un chiffre en regard du nom de chaque candidat. On additionnait les chiffres et on en divisait le total. Il fallait une moyennne de trois boules ou de trois points pour être agréé.

» J'avais pour compagnons les personnages les plus divers; un prince géorgien, à la taille élancée comme un jeune arbre; il portait le bonnet de peau de mouton des

Tcherkesses, et la robe rouge de l'Arménien. On voyait plusieurs poignards à sa ceinture. Il s'exprimait fort mal en russe ; son voisin, un juif caraïte, superbement drapé dans son manteau violet, était non moins ignorant et se servait du français pour se faire comprendre. Tous deux entendaient se vouer à l'étude des langues orientales. Le troisième portait un nom allemand. Il avait voulu étudier la théologie, mais n'était pas parvenu à réaliser ce projet. Fils d'un employé des cuisines impériales, il appartenait à une catégorie de sujets que le tzar Nicolas avait expressément écartés des études académiques. Les universités de Dorpat et d'Helsingfors lui avaient été fermées. Mais sur les bords de la Néva, il y eut de tout temps, selon le mot de Tartufe, des accommodements avec le ciel. On pensa qu'il y aurait quelque avantage à se montrer bienveillant pour un jeune homme dont le père approchait la personne du souverain. On l'immatricula sans difficulté en faisant cette remarque que deux de ses frères étaient déjà de l'Université et qu'il serait injuste d'en interdire l'accès au cadet.

» Notre entrée dans les classes universitaires s'effectua solennellement. Elle coïncidait avec l'ouverture d'une Faculté nouvellement créée pour l'étude des langues orientales. Devant une assemblée où l'islamisme comptait plus de fidèles que tout autre culte et où des professeurs venus des frontières de l'Asie tenaient le premier rang, un chœur de popes et de des-

servants entonna le « *gospodi pomilui* (*kyrie eleison*) ».
Puis ce fut un discours célébrant la louange de tous
les hauts protecteurs de l'école; une prière pour la famille impériale; finalement une aspersion d'eau bénite
dont mes deux voisins, le Caraïte et le Géorgien eurent
leur large part.

» Le jour suivant commencèrent les cours. Lorsque
pour la première fois je traversai les longs corridors
sombres où les étudiants se tenaient pendant les intervalles des leçons, je demeurai fort surpris à l'aspect de
deux pièces de canon montées que manœuvraient quelques jeunes gens sous la conduite de plusieurs sous-
officiers. Un camarade me demanda si je ne pensais pas
prendre part à la *Marschirowka*, ajoutant que cela
n'était obligatoire que pour les élèves des cours supérieurs. Je m'informai alors et j'appris que l'empereur
ayant visité l'école peu après le commencement des
hostilités et voulant témoigner de la satisfaction que
lui avait causé la bonne tenue de l'établissement,
avait envoyé ces deux canons avec l'ordre de s'exercer
à leur maniement en vue d'une participation possible
de la jeunesse universitaire à la défense nationale. Ces
exercices que dirigeaient deux vétérans de la garde furent tout d'abord l'objet d'un empressement extraordinaire; mais après la catastrophe du 19 février, l'activité se ralentit et seuls les élèves des cours supérieurs
furent appelés à prendre part à la manœuvre. Cette
circonstance exceptée, pendant les huit mois que je

passai à Pétersbourg, nous n'éprouvâmes jamais le moindre contre-coup des événements qui se précipitaient sur la frontière sud. Les nouvelles de Crimée étaient accueillies par les étudiants avec la plus complète indifférence. Le 16 août, « nous » étions battus à la Tschernaja, le 8 septembre Malakof était emporté d'assaut, deux jours après les Français occupaient le côté sud de Sébastopol...

» Tout cela nous laissait insensibles.

» Nous avions bien autre chose à faire que de nous occuper des désastres subis par nos armes. La chronique scandaleuse de la ville, les petits faits de la vie d'étudiant, nos querelles avec les professeurs et les inspecteurs, mille histoires de brasseries et de femmes, tels étaient nos soucis habituels. Nous vivions comme en pleine paix. La nouvelle de la prise de Sébastopol ne changea rien à nos plaisirs accoutumés.

» La partie de billard chez Dominique fut jouée comme à l'ordinaire, les paris s'engagèrent avec la même désinvolture que la veille; on déjeuna chez Wolf et l'on prépara une escapade pour le soir. Il s'agissait de se rendre en secret à un bal public. Lorsque par hasard la causerie effleurait les événements politiques, on regardait autour de soi s'il n'y avait pas quelques écouteurs, puis l'on se répandait en sarcasmes contre les dépositaires de l'autorité. Nul élan patriotique; la défaite de l'armée russe ne soulevait aucune émotion dans nos âmes. Il n'y avait pas de haine contre l'ennemi de la patrie, pas d'amertume contre la fatalité qui nous accablait. Quelques mots sur l'incapacité des chefs et la supériorité d'organisation de l'armée française; c'était tout. La conversation reprenait bientôt son cours habituel.

» La Russie recueillait ainsi les fruits du système de pression introduit dans les écoles. On avait à ce point réussi à étouffer toute aspiration libérale et généreuse que, dans ces jours de deuil et de danger. pour l'empire, le nouvel amant de mademoiselle Mila, le succès de Fanny Cerito dans son dernier rôle, une piquante anecdote sur l'ignorance de l'inspecteur général en matière de science, quelque brutalité du curateur Mussin-Puschkin à l'égard des étudiants civils, préoccupaient plus la jeunesse que l'histoire et la gloire du pays pour le service duquel elle se préparait. La science et les arts étaient tout aussi bien exclus des conversations que la politique. Terre-à-terre absolu; les seules sources où l'on puisait étaient les manuels et les vieux cahiers que les générations se transmettaient; la vie intellectuelle ne trouvait pas à s'alimenter autre part.

» C'est à peine si un livre défendu venait parfois éveiller des instincts de curiosité trop endormis, par le récit d'un scandale de cour ou par des attaques épileptiques dirigées contre les classes dirigeantes. Les étudiants pauvres étaient seuls studieux et suivaient les cours avec régularité. Les autres se contentaient de venir de temps à autre faire acte de présence dans les corridors et de passer sous les yeux des inspecteurs afin de se rappeler à leur souvenir et d'obtenir plus tard un témoignage de fréquentation.

» L'Université comptait alors 399 élèves qui se divisaient en trois catégories. Il y avait d'abord les jeunes gens de condition ; la plupart demeuraient dans leur famille ou chez des parents. On les rencontrait le matin dans les *traktirs* de l'aristocratie, le soir dans les salons ou au théâtre. D'élégants traîneaux les conduisaient ou venaient les prendre à la porte de l'Université.

» Il y avait ensuite le groupe des provinciaux où se mêlaient les fils d'employés ou de gens de métier de Pétersbourg. Ceux-ci ne fréquentaient pas une société choisie. Ils passaient à fumer et à boire une vie obscure dans les brasseries et les bals interlopes. Quelques semaines avant les examens seulement, on les voyait s'inquiéter des études universitaires.

» La troisième catégorie était celle des malchanceux qui vivaient péniblement du produit de leçons particulières. Leur conduite était exemplaire et rien ne ralentissait leur zèle. Naturellement ils se trouvaient sous la dépendance des maîtres et des inspecteurs qui leur accordaient une fréquentation gratuite des cours ou leur faisaient obtenir une pension de la couronne.

» Mentionnons aussi une petite coterie d'irréguliers, quelques Allemands qui, agrémentés d'une douzaine d'élèves de l'Ecole de chirurgie, menaient selon les usages de leur pays une joyeuse vie d'étudiants dans les repaires à volets clos du quartier de Wiborg, buvant sec, chantant des « lied » et jouant de la rapière, le chef orné d'une casquette aux couleurs éclatantes. Ils ne dédaignaient pas non plus de prendre part aux frasques des autres étudiants et aussi bien que les Russes ils savaient tenir leur rang dans les rondes des bals publics.

» Les rapports avec les professeurs n'étaient admis que dans des circonstances tout à fait exceptionnelles. L'autorité les voyait de mauvais œil. Il fallait donc se montrer prudent. Les membres les plus âgés du personnel enseignant étaient en général des hommes fort instruits qui avaient fait leurs études à Dorpat ou à l'étranger. Ils étaient suspectés de libéralisme et devaient avoir recours pour se préserver de tout désagrément aux plus minutieuses précautions. Les plus jeunes avaient subi les fatales influences du système. Leur société était sans charme ; c'étaient des gens d'allures timides sur le caractère desquels on ne pouvait compter.

» Le professeur qui cherchait à se faire bien valoir auprès du curateur et aspirait à une carrière plus brillante devait affecter à l'égard de la jeunesse des airs sévères et une rudesse toute militaire. Ce curateur était un vieux béquillard qui avait perdu sa jambe à la bataille de Culm. Il avait abandonné l'uniforme de général pour revêtir l'habit bleu du ministère de l'ins-

truction publique. J'appris à le connaître dans les circonstances suivantes :

» Un jour que nous nous étions attardés dans une
des salles de l'Université, un vacarme épouvantable se
fit entendre du côté de l'entrée. Nous vîmes alors
apparaître devant la porte un vieillard, la poitrine
constellée de décorations ; la bouche pleine d'invec-
tives, les yeux fulgurants, il agitait contre nous sa
béquille avec de grands gestes menaçants. Nous nous
esquivâmes. C'était le curateur. Il était venu sans se
faire annoncer et avait été scandalisé des libertés que
prenaient les élèves dans les intervalles des leçons.
C'étaient des rires, des appels, des courses, toutes
choses contraires à une bonne tenue de l'école. Ef-
frayés, le recteur, l'inspecteur général, les quatre
surveillants accoururent. Ils croyaient à un incendie.
Ils parvinrent à grand peine à calmer le vieux digni-
taire. Ils lui promirent d'ouvrir une enquête sévère
sur les causes et les auteurs du scandale. Le lendemain
Alexandre Iwanowitsch nous tint un grand discours
où pour la centième fois il nous menaçait des mesures
les plus rigoureuses. L'affaire en resta là. On l'oublia.
Les principaux coupables n'eurent pas à expier par la
prison le flagrant délit dans lequel ils avaient été surpris.

» Comme je vivais d'une manière très retirée, je ne
puis citer qu'un fait d'expérience personnelle en ce qui
concerne les conflits avec les autorités universitaires.

Lablache venait de débuter à l'Opéra et je résolus d'aller l'entendre. Mon uniforme de grande tenue ne m'avait pas encore été apporté et comme le costume de l'école était sévèrement interdit dans les établissements impériaux des beaux-arts, je m'habillai en civil. Je ne fus pas plus tôt installé dans mon fauteuil que je remarquai, assis non loin de moi, un de nos inspecteurs. Un surveillant de l'Université est en effet spécialement chargé du service des théâtres. Il est tenu de passer toutes ses soirées à l'Opéra afin de surprendre toute infraction aux articles du règlement qui concernent la tenue. Pendant l'entr'acte, on m'engagea à rentrer prudemment chez moi. Le lendemain, je fus appelé par Alexandre Iwanowitsch : « Si cela se répète, me dit-il, je vous ferai arrêter. » Cet arrêt me fut notifié en allemand. L'inspecteur général daignait prendre en considération ma qualité de compatriote.

» Telle était la liberté dont nous jouissions en 1855 à l'Université de Pétersbourg. Il me reste à dire maintenant quel profit scientifique pouvait nous offrir la faculté de droit de cette résidence impériale.

» Les leçons du premier cours comprenaient seulement l'encyclopédie du droit, la logique, l'histoire du droit russe, et le droit public national ; nous écrivions nos cahiers sous la dictée des professeurs. La logique nous était enseignée par un gros ecclésiastique russe au visage enflammé. L'approbation du saint synode dirigeant était pour lui le centre autour duquel rayonnait toute philosophie. On riait de ce maître, mais aussi on le craignait. Dans les examens, « ce gredin » (comme me l'affirma mon voisin le Géorgien) s'attaquait de préférence aux étrangers afin de les forcer à suivre son cours.

» Le professeur de droit russe était un jeune agrégé à la physionomie blonde et ascétique, M. Andrelewski ; son entrée en fonctions datait de la veille. Son attitude strictement correcte cachait mal l'ambition qui le poussait aux emplois supérieurs et l'on voyait qu'il s'imaginait porter un uniforme brillamment chamarré sous la tunique modeste du débutant.

» Son discours d'ouverture nous fit sourire. Il exhorta d'abord ses auditeurs à le suivre avec un complet dévouement dans la voie ardue des recherches scientifiques et à ne reculer devant aucune fatigue pour arriver à la connaissance de la vérité. Ce préambule tombait à pic sur un exposé de la constitution des pouvoirs politiques en Russie et de l'origine divine des lois existantes ! Le cours était divisé en deux parties. La première, consacrée à l'étude du droit public russe, ne fut qu'une mosaïque de préceptes et de règlements relatifs à l'organisation bureaucratique la plus défectueuse du monde entier. La seconde comprenait les droits politiques des diverses classes de sujets ; et cet enseignement était conçu dans un esprit si large que nul ne pouvait espérer obtenir la cinquième boule s'il ne connaissait exactement et par le menu le cercle d'opérations de chaque bureau ministériel.

» Comme le droit romain et son histoire ne se trouvaient pas compris dans le programme de première année, l'enseignement théorique se résumait dans une sorte d'encyclopédie du droit, et dans l'histoire du droit russe. Cette dernière branche était confiée à M. Kalmykow, un professeur de talent. Ses leçons offraient un véritable intérêt, surtout dans la partie relative au droit primitif. Mais elles laissaient une lacune entre le vieux droit des Russes et la législation du tzar Nicolas; les deux époques n'étaient pas liées. De plus le maître semblait ignorer la « Prawda Russkaja » et les hypothèses formées sur son origine, tandis qu'il portait notre attention sur une masse de faits moins importants qui devenaient la terreur des examens. Quant à l'encyclopédie du droit, si elle ne devait en aucune façon augmenter notre bagage scientifique, la faute n'en était pas à nos professeurs.

» Toute excursion dans le domaine du droit public européen était formellement interdite; aucune révélation sur l'influence du droit romain ne devait nous être faite. Les étudiants des premiers cours étant ainsi condamnés à ignorer les Institutes et l'histoire du droit romain, les connaissances qu'ils pouvaient acquérir n'avaient plus qu'une portée toute secondaire. Les promoteurs de cette belle « éducation nationale » savaient déjà cependant, il y a vingt-cinq ans, que le sol sacré de la Russie est toujours resté vierge de l'influence du code de Justinien et du droit canon, et que ce n'a pas été une cause d'infériorité pour les nations de l'Est d'avoir subi cette influence.

» Ajoutons que les trois quarts des publications littéraires, historiques, scientifiques, étaient frappées par la censure et défendues, que le petit nombre des journaux tolérés se composait du *Nord* (de Bruxelles), de la *Gazette de la Croix* (de Berlin) et d'une demi-douzaine de feuilles étrangères analogues, des journaux officiels et de deux organes russes soi-disant indépendants : l'*Abeille du Nord* et le *Fils de la Patrie;* voilà de quoi se faire une idée suffisamment juste de la vie littéraire et scientifique de notre école supérieure.

» Et cependant il était universellement reconnu que les étudiants de l'Université de Pétersbourg étaient mieux partagés sous le rapport du développement intellectuel que leurs collègues de Charkow, de Kasan et de Kiew. Cela tenait évidemment à la situation moins favorisée de ces villes (il n'y avait pas encore de chemins de fer) et à leur nombre plus considérable d'élèves dépourvus de ressources personnelles (1). »

(1) En 1855, l'Université de Pétersbourg comptait 399 élèves; celle de Charkow, 483 ; celle de Kasan, 340 ; celle de Kiew, 616.

En 1848, c'est-à-dire peu avant la promulgation de l'édit de restriction, le nombre des étudiants de l'Université de Saint-Pétersbourg était de 731 ; Kiew en comptait 663 à la même époque.

III

Quelques années s'écoulèrent et de la situation que nous venons de décrire, comme des personnages qui la remplissaient de leur importance, il ne resta plus rien. Dès le premier souffle d'air renouvelé qui se répandit sur la vieille plaine sarmate et prépara l'émancipation les serfs, le système universitaire s'affaissa comme un château de cartes.

Au printemps de 1858, le plus libéral des curateurs, Kowalewski, de Kasan, prit, à la place de Norow, la direction du ministère de l'instruction publique. La seule nouvelle de ce changement produisit un effet immense. Un abîme s'ouvrit sous les pieds de Mussin-Puschkin et de ses congénères ; la puissance si redoutée des Aléxandre Iwanowitsch s'effondra ; les popes appelés aux fonctions de professeurs de philosophie furent rendus à leurs dignités premières ; on réinstalla dans leurs chaires les professeurs de droit public ; les sciences proscrites refleurirent ; maîtres et élèves virent tout à coup leurs situations respectives absolument changées. Avant même que le nouveau Statut qui se préparait sur les ordres du ministre fût achevé, on abrogea l'édit de 1849 ; les prescriptions limitant le nombre des élèves dans les Universités furent rapportées ; on rendit aux conseils académiques le droit d'élire librement les recteurs ; la contrainte de l'uniforme fut abandonnée ; les abus bizarres qui s'étaient glissés dans les examens d'admission disparurent.

Tous ces usages surannés étaient devenus impossibles depuis que le gouvernement avait rendu aux Russes la liberté de voyager à l'étranger et que la censure et son *Index prohibitorum* se trouvaient rélégués au rang des vieilles armes rouillées ; depuis que la presse périodique pouvait adresser ses encouragements même au radicalisme le plus avancé ; depuis surtout que le *Kolokol* (la *Cloche*) de Herzen était devenu dans l'État une puissance que l'on redoutait plus que celle de la troisième section (la police de sûreté). Tout ce qui jusqu'alors avait été en faveur était tombé en discrédit. Ce que l'on refusait hier encore d'apprécier était aujourd'hui entouré d'une haute considération. On portait maintenant aux nues l'étudiant que l'on regardait autrefois avec dédain. C'est sur lui, disait-on, que repose l'avenir. L'opinion ne cessait de lui prodiguer des flatteries et des encouragements. En foule les jeunes gens se pressaient dans les Universités ; ce fut,

non pas les vétérans de l'ancien ordre de choses, mais
cette ardente jeunesse qui fit entendre dans les conseils
la libre parole. Et sans qu'une protestation osât s'élever,
de toutes les chaires descendaient des doctrines qui
niaient audacieusement les idées d'autorité acceptées
jusqu'à ce jour.

Dans l'espace de quelques années le nombre des
étudiants de Pétersbourg, Moskou et Kiew doubla (1); c'étaient maintenant la classe moyenne et les
couches inférieures de la société qui fournissaient aux
Universités leur principal appoint. Les écoles ecclésiastiques se virent notamment abandonnées par un
fort contingent d'élèves. Toute cette masse flottante
de jeunes hommes manquait en général de moyens
d'existence et d'études préparatoires, mais elle apportait une bonne volonté évidente, obéissait à des sentiments dont on ne pouvait méconnaître le caractère.
Jusque-là, la jeunesse universitaire ne s'était guère
préoccupée des affaires publiques ; à présent, l'on ne
devenait quelqu'un qu'en s'exerçant dans les discussions politiques, et chacun cherchait où était son devoir
dans la solution des questions du jour. Des sociétés
d'étudiants se formèrent à la manière allemande ; on
organisa des conférences politiques, des cabinets de
lecture, des caisses de secours pour les étudiants
pauvres, des sociétés scientifiques et philanthropiques ;

(1) Le nombre des étudiants en 1860 était de 1 278 à Pétersbourg;
de 1,653 à Moscou et de 1,062 à Kiew.

on négligea les cours de danse pour fréquenter le club
des joueurs d'échec où se trouvait le quartier général
du parti radical. La lecture des journaux et les débats
de la politique avaient ainsi pris une place importante
dans l'éducation des citoyens.

Toutes ces entreprises obtinrent non seulement l'appui sympathique du nouveau personnel enseignant,
mais le public y applaudissait lui-même et s'efforçait
de multiplier les preuves de l'esprit libéral qui l'ani-
mait.

Le premier rôle, dans cette brillante rénovation,
appartint à l'Académie de médecine et de chirurgie.
D'école de dressage pour la servitude, comme on l'appelait précédemment, elle devint le foyer où s'allumait
l'esprit de la « race nouvelle », le centre de l'action
nihiliste sur tout l'empire, telle que l'a si admira-
blement décrite Tourgueneff.

L'exemple donné par cette école fut aussitôt suivi
par les autres établissements de la résidence et par les
Universités de province. Le directeur de l'Académie
de médecine et de chirurgie était cependant le général
Milioutine, ministre de la guerre. C'était le plus libéral
et le plus populaire des conseillers du tzar. De tous
côtés (excepté dans les Universités de Dorpat et d'Helsingfors que l'on tenait autrefois pour suspectes), la
jeunesse, impatiente de secouer le joug, se révoltait
contre les actes de l'autorité ; la mode était aux émeutes scolaires petites et grandes : collégiens, cadets,

écoliers de tout grade trouvaient bon d'imiter l'allure de leurs aînés.

Le malheur voulut que le paroxysme de cette agitation coïncidât avec l'achèvement du nouveau statut universitaire ; le parti réactionnaire encore puissant à la cour s'empressa de mettre cette circonstance à profit et de présenter le ministre de l'instruction publique Kowalewski comme le principal instigateur de tous ces désordres. Dans son rapport, le ministre proposait l'adoption d'un système semblable à celui qui fonctionnait en Allemagne et appuyait l'introduction dans le statut d'un certain nombre de clauses libérales. Ce projet fut rejeté en grande partie. M. Kowalewski dut abandonner son portefeuille et l'amiral Putjätine, qui revenait du Japon, fut désigné pour lui succéder. Cette tentative de faire rentrer les choses dans l'ancienne ornière eut des conséquences déplorables. En automne 1861 des révoltes éclatèrent à Pétersbourg et à Moscou ; les cours furent suspendus pendant plusieurs mois ; plusieurs professeurs distingués quittèrent l'Université et continuèrent, dans des conférences suivies par un nombreux public, l'enseignement que l'autorité scolaire avait cru devoir proscrire.

Putjätine s'était laissé séduire par un projet de réforme renouvelé du système universitaire anglais dans lequel l'Eglise et l'Etat s'accordaient un mutuel appui. L'application de ce projet entraînait pour les étudiants la perte de leurs droits d'association et la dissolution des sociétés de secours qu'ils avaient fondées avec l'assentiment personnel de l'empereur. Cette mesure insensée provoqua les plus vives colères ; elle poussa au désespoir les malheureux auxquels elle arrachait leurs moyens de subsistance ; le public instruit s'émut d'une si grande injustice et se fit l'allié de l'Université dans ses réclamations contre le pouvoir.

Alors seulement l'on se rendit compte du prodigieux changement qui s'était réalisé dans les idées depuis quelques années. L'opinion se prononça avec une si énergique décision pour la cause des étudiants persécutés que le comte Putjätine, le curateur Philippson et le recteur Sresnewski se virent obligés de prendre leur retraite, et que le ministère dut promulguer un statut répondant à toutes les exigences de l'époque. La direction de l'instruction publique passa alors aux mains d'un libéral connu, le secrétaire d'état Golownine. Comme pour rendre plus significative encore l'issue de cette crise, le général Ignatiew (le père du diplomate de ce nom), qui s'était montré le complaisant dévoué du conseiller Putjätine, donna sa démission de gouverneur de la résidence, poste où il fut remplacé aux applaudissements de tous par le prince Suwarow que son humanité avait fait aimer.

L'histoire de cette révolution de palais est trop connue pour qu'il soit nécessaire de s'y arrêter. Il s'agit d'événements analogues à ceux qui presque chaque année provoquent des troubles dans les hautes écoles de

la Russie, y compris les établissements nouvellement
fondés de Varsovie et d'Odessa. C'est l'éternelle histoire de l'esclave qui brise ses chaînes. On voulait
enlever à la jeunesse des droits qui lui étaient acquis
depuis soixante ans, on cherchait à la ramener sous
un joug odieux, incompatible avec l'esprit de la civilisation moderne. D'incessantes et incohérentes réformes bouleversaient l'Université ; tantôt tel système
philosophique l'emportait, tantôt le système contraire;
un jour c'était des maximes libérales que procla-
maient les hommes d'État chargés de la direction des
hautes études ; le lendemain le rigorisme et une discipline brutale renaissaient de leurs cendres. Une situation aussi tendue devait immanquablement aboutir
à quelque fatale extrémité.

Le statut impérial du 1/13 juin 1863 stipula d'assez
importantes concessions faites à l'esprit nouveau ; il
rendit plus indépendante l'administration des Universités, assura dans une certaine mesure la liberté de
l'enseignement, augmenta les ressources, doubla presque les honoraires des professeurs, accorda de nouveaux privilèges aux élèves. Trente ans auparavant,
une réforme aussi considérable eût été accueillie par
une explosion de joie et d'enthousiasme. Aujourd'hui
l'on ne se montre qu'à demi satisfait; on trouve trop
puissante encore l'influence des curateurs ; on constate
que les étudiants ne possèdent pas un droit formel de
réunion et d'association, qu'ils restent placés sous la

dépendance d'une police universitaire et qu'aucune garantie réelle n'a été en somme obtenue pour le maintien des droits si péniblement conquis.

L'esprit d'association si vivace parmi les professeurs et les étudiants allemands ne se retrouve pas dans le même milieu en Russie. Les étudiants russes gravitent isolément autour du faisceau de leurs droits, réclamant pour ceux-ci une sauvegarde que seul un gouvernement constitutionnel pourrait leur accorder. La plus légère atteinte portée à ce qu'ils considèrent comme des droits établis, la moindre déviation du régime de tolérance où s'enferme l'autorité à leur égard, prend aussitôt les proportions d'un attentat. On y voit une tentative faite pour restaurer le vieux système exécré. Et l'on y répond en affirmant des prétentions évidemment inconciliables avec l'état politique actuel.

Ces défiances de la jeunesse universitaire ne sont pas toutefois absolument injustifiées, comme l'a prouvé une circonstance récente.

D'un trait de plume, l'Académie de médecine et de chirurgie de Pétersbourg s'est vue dépouillée de toutes ses libertés, réduite au rang d'un internat militairement discipliné, et restreinte au tiers de ses élèves. Et cela parce que les étudiants de cette école avaient hasardé quelques observations au sujet du régime auquel se trouvaient nouvellement soumis les élèves de l'école vétérinaire de Charkow.

On remarquera par cet exemple qu'une sorte de

solidarité d'intérêt unit entre eux les étudiants russes quel que soit l'établissement dont ils relèvent. C'est que la même épée de Damoclès les menace tous. Il est naturel qu'une même crainte les ait amenés à adopter la devise du : « Tous pour un un, Un pour tous. »

Il est question aujourd'hui de placer tous les établissements d'instruction supérieure sous la dépendance unique du ministère de l'instruction publique. Les répressions, s'il y a lieu, pourront être ordonnées dès lors partout avec une égale énergie.

Ce but sera-t-il atteint ?

Le mouvement scolaire de ces dernières années ne le fait pas prévoir, et il ne nous paraît pas possible qu'on puisse rétablir le vieux système de tutelle. Les projets du ministère, loin d'aboutir, aggraveront les difficultés.

Pas plus que les étudiants eux-mêmes, les pouvoirs publics ne semblent comprendre les véritables conditions de l'ordre et d'une bonne législation sur la matière.

Aux désordres incessamment répétés de la gent écolière répondent avec non moins de fréquence les actes arbitraires de l'administration.

Il en résulte que chaque année des centaines de pauvres étudiants sont expulsés des cours et jetés sur le pavé des grandes villes. Privés de toute ressource, ces malheureux exploitent la pitié qu'ils inspirent ou les haines sourdes qui travaillent les populations. Ils deviennent ainsi les prolétaires de l'intelligence. Ils poussent leurs anciens camarades dans de folles équipées, organisent de petites conspirations, se font les intermédiaires des révolutionnaires et nihilistes émigrés en Suisse et « vont dans le peuple », selon leur expression, c'est-à-dire ils se livrent à une active propagande, inculquant leurs doctrines sinistres et obscures aux mécontents des classes laborieuses, aux jeunes filles émancipées et aux petits écoliers que stimule l'ambition des hautes destinées.

Tourgueneff a mis dans tout son jour ce monde de faméliques et de conspirateurs ; il l'a étudié en suivant patiemment la longue série des procès criminels. Ses romans « *Pères et enfants* » et « *Terres vierges* » sont le fruit de cette observation consciencieuse des faits.

Les débats de l'affaire Solowieff, le traître et le régicide, ne sont pas moins riches en révélations curieuses sur ces tristes dessous de l'état social russe. Les trois quarts des révolutionnaires avec lesquels ce fanatique se trouvait en relations, étaient, de l'aveu même de Solowieff, d'anciens étudiants qui n'avaient pu achever leurs études, soit parce qu'ils manquaient de ressources, soit parce qu'ils en avaient été empêchés par des mesures disciplinaires.

Cette classe des étudiants pauvres est depuis vingt ans la plus nombreuse dans les établissements universitaires.

Vainement on chercherait à en diminuer l'importance par des moyens de coercition.

C'est sans succès qu'on a rendu plus sévères les conditions d'admission, enlevé aux élèves des séminaires le droit d'entrée dans les Universités, et soumis les écoles moyennes, les collèges, les lycées à un système de discipline particulièrement sévère. Le flot humain ne s'est pas un instant détourné de son cours. L'agitation intellectuelle n'a rien perdu de sa puissance et de sa vigueur.

Aussi longtemps que l'insécurité actuelle durera et que les élèves des hautes écoles se considéreront comme les victimes d'un pouvoir hostile, ils se réuniront, se grouperont pour la défense commune et formeront une grande conjuration contre l'ordre établi.

L'activité prodigieuse de Solowieff s'est exercée jusque dans les provinces du Volga. Il a parcouru les villes et les gouvernements de Moscou, de Nowgorod, de Nischni-Nowgorod, de Wladimir, de Saratow, y passant des semaines entières, poursuivant et exposant son plan, rencontrant partout des amis et des partisans ; ses relations lui donnaient accès dans toutes les classes de la société ; on subvenait à ses besoins, on lui prodiguait les encouragements et les conseils, on lui procurait de faux passeports. Et de tant de personnes qu'il rencontra et avec lesquelles il s'entretint, pas une qui le signalât à la police et dénonçât son entreprise !

Partout où Solowieff se faisait connaître comme membre de l'association secrète, il était chez lui. Et partout des étudiants déclassés devinrent les associés naturels de ce régicide.

A l'en croire, il existait à Pétersbourg une quantité de cercles ou de clubs radicaux dont les adhérents tenaient des assemblées périodiques ; à Nischni-Nowgorod une association de ce genre affectait les allures d'une société de bienfaisance ; sur le domaine de Boromino, les révolutionnaires se réunissaient sans être inquiétés ; une forge était le lieu de rendez-vous des étudiants et des étudiantes affiliés ; ces assemblées étaient nombreuses et communiquaient régulièrement entre elles.

On ne peut encore prévoir le terme de cette situation déplorable, aussi dangereuse pour l'Etat que pour les Universités. De même on ne sait quelle sera l'issue de l'antagonisme suscité entre les différentes classes du peuple russe. Selon une expression nationale que Haxthausen recueillit il y a déjà trente-cinq ans : « On s'est éloigné du rivage sans réussir à aborder l'autre rive. »

Le gouvernement n'a rien obtenu ni par ses concessions ni par ses mesures de répression.

Les premières, faites sans largeur d'idées, ont été régulièrement méconnues ; aux secondes, toujours intempestives, qu'elles fussent rigoureuses ou modérées, on répondait par des actes de rébellion que l'Etat n'était plus maître d'empêcher. Il n'y avait de tran-

quillité que dans les Universités allemande et suédoise
de Dorpat et d'Helsingfors. Une pratique constante de
la liberté et l'habitude d'une autonomie relative per-
mirent à ces établissements de franchir sans encombre
cette époque de transition et de réforme.

A Pétersbourg, Moscou, Kiew, Charkow, Kasan et
Odessa, la situation est aussi inquiétante aujourd'hui,
si ce n'est plus, qu'au moment où se déclara la banqueroute du vieux système. Il n'y sera porté remède
que lorque la Russie nouvelle aura, au moyen de
règlements sages et fermes, non seulement refréné
l'esprit d'insubordination des gouvernés, mais encore
mis un terme à l'arbitraire des gouvernants.

C'est cet arbitraire où l'on croyait, à chaque instant,
voir poindre une velléité de retour à l'ancien ordre de
choses, qui a été la cause primordiale de tous les
troubles universitaires de ces derniers temps.

Une organisation ferme, sérieusement respectée et
garantie par la loi, voilà ce qu'il faut ; aussi longtemps
qu'on la retardera, la Russie officielle gardera ses ré-
pugnances à l'égard des Universités et considérera
comme incompatible avec l'ordre, la liberté de l'enseignement supérieur.

LA DÉCADENCE DES MŒURS

LA DÉCADENCE DES MŒURS

Jusqu'à Pierre le Grand, qui abandonna la vieille Moscou pour sa nouvelle capitale européenne des bords de la Néva, les tzars vécurent très simplement. Ce qui reste de leurs anciens palais de bois nous montre combien peu leur cour était fastueuse. Leurs appartements se composaient de sept ou huit pièces. L'oratoire servait de salon de réception. La salle à manger était de dimension moyenne, car le nombre des boyards admis à s'asseoir à la table impériale était fort restreint. Les grandes fêtes se donnaient au Kremlin. Le tzar couchait avec la tzarevna dans un lit commun. La chambre voisine de la leur était réservée aux enfants. Quand ils étaient grands, on leur donnait un logement particulier composé de deux ou trois pièces : l'oratoire, la chambre à coucher et l'antichambre. Peu de décorations et de meubles. C'était se permettre un luxe inusité que d'orner les portes de découpures de bois faites à la scie, d'avoir des fauteuils recouverts de

drap ou de velours, et quelques images accrochées aux
cloisons. Les lits à baldaquins et à rideaux étaient in-
connus. Ce ne fut que plus tard qu'on construisit des
chapelles privées dans l'intérieur du palais.

La table était des plus frugales. On mangeait dans
des assiettes d'étain. Les services d'argent étaient
réservés pour les repas de gala. Le bœuf, l'agneau,
le porc, les coqs d'Inde, les canards composaient les
menus ordinaires et extraordinaires. Le veau était rare,
ainsi que les poulets. Servir du jambon enveloppé de
papier doré, c'était se montrer splendide. Les poissons
n'étaient pas non plus de choix, on ne songeait pas à
les faire venir de loin, on les pêchait dans les domaines
du tzar, dans la Moskova et dans les autres rivières.
Au dessert, on voyait des raisins de Corinthe et des
gâteaux au miel, des babas, et, dans les grandes circonstances, des melons qu'on tirait d'Astrakan. On buvait du *kvass*, de la bière, de la limonade gazeuse,
de l'eau-de-vie, du vin grec qu'on appelait « vin de
France ».

Les petits appartements du tzar n'avaient pas besoin
de beaucoup d'éclairage. On y allumait deux ou trois
bougies de cire.

En été, les tzars et les boyards sortaient à cheval; en
hiver, dans des traîneaux couverts. Quand le tzar était
malade, il se promenait en traîneau, même aux mois de
juillet et d'août. Les chevaux étaient superbes, leur
harnachement tout scintillant de perles, d'or et de

pierreries ; mais on faisait rarement étalage de ce luxe asiatique ; le même harnais servait pendant deux siècles.

Les enfants du tzar sortaient dans de simples chars à bancs. Les carrosses fermés n'étaient pas en usage. Sous Pierre le Grand, le riche boyard Michel Ivano-vitch Loukoff, bourgmestre d'Archangel, possédait l'unique carrosse de tout l'empire. Ce véhicule en noyer, décoré de sculptures et muni de vitres, était un objet de convoitise pour tout le monde, bien qu'il n'eût coûté que mille roubles. Le prince Menchikof voulut l'avoir, et comme Loukoff le lui refusa, il se vengea en empêchant ce dernier de toucher un héritage qui lui revenait de sa femme.

Les boyards et les hauts fonctionnaires, en vrais courtisans, se seraient bien gardés de paraître plus magnifiques que leur maître. Ils affectaient une extrême simplicité ; ils s'en tenaient aux anciennes modes ; le vêtement que les grands-pères avaient acheté, les petits-fils le portaient sans honte. La *zolota*, — la tunique en drap d'or, — ne se mettait que dans les circonstances exceptionnelles et pour aller à la cour.

Les boyards plaçaient leur orgueil dans le nombre de serviteurs qu'ils traînaient après eux, car en temps de guerre, ces gens formaient leur garde du corps et leur suite. Un boyard qui se rendait à la ville était toujours accompagné d'une cinquantaine de serfs. Sa femme n'eût pas osé se montrer avec moins de vingt à trente valets. Cette domesticité coûtait peu cher ; on la nourrissait et on lui donnait de quoi s'acheter des bottes, voilà tout. Les livrées n'existaient pas. Les domestiques portaient le cafetan de paysan.

L'hospitalité n'ouvrait pas, comme aujourd'hui dans les campagnes, ses portes à tout venant. On n'hébergeait et on ne régalait que ses amis, ses connaissances et ses proches.

Quant à l'éducation, elle était toute religieuse. Dans les familles, on ne trouvait pas d'autre livre que la Bible. Le boyard ne s'occupait que de l'administration de ses villages. La soumission aux parents maintenait la pureté des mœurs. Les familles vivaient sous le même toit, ce qui fortifiait leurs liens. Et comme le déshonneur d'un seul retombait sur tous les autres, la surveillance était plus rigoureuse. Sous Ivan le Terrible, — bien que leur démarche pût leur faire encourir la mort, — des familles vinrent solliciter la grâce de leurs parents condamnés au dernier supplice. L'obéissance envers les vieillards était obligatoire. Les jours de fête, les jeunes gens devaient aller présenter leurs hommages aux membres plus âgés de la famille.

Elevés dans ces principes et ces règles sévères, les boyards étaient les serviteurs dévoués et loyaux du tzar. Athanazi Nagir, ambassadeur en Crimée, fut sommé un jour par le khan de quitter le pays. Jugeant que sa présence était nécessaire aux intérêts de son maître, il répondit : « Je ne sortirai de tes États que garrotté ou mort. »

Ces boyards avaient cependant su conserver vis-à-vis de leur souverain des allures hautes et indépendantes. Boris Petrovitch Cheremeteff refusa de signer le jugement que Pierre Ier porta contre son malheureux fils. Il déclara qu'il était là pour servir son empereur et non pour mettre à mort son fils.

Pierre ne se borna pas à introduire dans son empire les sciences, les arts, les métiers, les institutions militaires et commerciales de l'Occident; il y fit aussi entrer les mœurs, le confort, le savoir-vivre, le luxe, qu'il avait admirés chez les peuples civilisés. Les Russes étaient grossiers, barbares; il voulut en faire des gens policés. Il leur ordonna de raser leur longue barbe, de remplacer leurs vêtements nationaux par l'habit européen. Puis il émancipa la femme. Jusqu'alors, elle avait vécu prisonnière au fond de son triste logis, comme la femme des harems orientaux. Il la fit participer aux plaisirs de la vie sociale, il exigea qu'elle se parât pour augmenter ses charmes. Auparavant, elle ne voyait que le jour de sa noce l'homme qu'on lui destinait; elle le rencontrait maintenant dans les réunions, dans le monde, et le mariage fut comme embelli d'une douce préface d'amour.

La femme, comprenant la puissance de la beauté, chercha à l'augmenter par la parure et le luxe. Il n'y avait à cette époque qu'une seule coiffeuse à Moscou;

quand il y avait quelque fête, elle commençait à coiffer les dames trois jours à l'avance. Celles qui avaient passé les premières par ses mains dormaient trois nuits consécutives dans un fauteuil, de crainte de déranger, en se couchant, l'échafaudage de leur coiffure.

Le tzar qui n'aimait pas la simplicité dans son entourage était cependant lui-même très simple. Il portait l'uniforme ; ce ne fut que pour son mariage qu'il se fit faire un cafetan brodé d'argent. Quelquefois, il s'habillait du costume du peuple. Il ne mettait jamais de manchettes, comme on le voit par ses portraits. Il n'avait pas d'équipages, il se promenait à travers la ville en cabriolet et voyageait en litière. Le nombre de ses domestiques et de ses courtisans était peu considérable.

S'il exigeait de la dépense chez ses sujets, c'était uniquement pour en faire bénéficier le commerce, les fabriques, les industries qu'il avait implantées et qu'il favorisait. Ce fut lui qui imposa un uniforme aux fonctionnaires. Ceux que les bienfaits du tzar avaient enrichis, — les Troubetzkoï, les Cheremeteff, les Menchikof, se commandèrent des uniformes somptueux, tout en brocart et en passementerie d'or; leurs carrosses richement décorés, parcoururent les rues de la capitale en construction. Les domestiques furent affublés d'habits à l'allemande ; l'argenterie étincela sur les tables et les dressoirs; on fit venir des cuisiniers de l'étranger, des boissons chères, des liqueurs de Hollande, des vins hongrois.

Le tzar voyait avec satisfaction que l'aristocratie marchait au luxe, au plaisir, donnait des fêtes, se répandait, ne regardait pas à la dépense, prenait l'habitude du faste et des grandeurs de l'Occident.

Le favori de Pierre, le prince Menchikof, menait un train du diable. Quand le bruit de ses réceptions arrivait jusqu'aux oreilles du tzar, il disait en souriant : « Danilitch s'amuse ! » Les grands seigneurs se piquaient d'imiter Menchikof et de donner des soirées et des festins aussi somptueux que les siens. On se laissa aller à mille folies, des familles se ruinèrent en peu d'années. Le prince Ivan Vassilievitch Odoievski fut obligé de vendre son palais, ses villages, ses serfs; il ne lui resta que quelques domestiques qui étaient jadis ses musiciens. Il les loua au public et se fit entretenir par eux jusqu'à sa mort.

Cette soif de paraître, cette fièvre de jouissances, exigeaient des revenus inépuisables; la cupidité, l'amour de l'or envahirent bientôt la haute société et corrompirent les mœurs. Le tzar ne se doutait pas que l'avidité, l'espoir de s'enrichir par un coup de sa faveur, fussent devenus le mobile du dévouement et de l'obéissance à sa personne.

Une fois, un jeune officier s'écria dans une soirée donnée au palais : « Quant à moi, je suis toujours prêt à mourir pour le tzar. »

Pierre, qui l'entendit, lui répondit : « Tu sais que ce n'est qu'au moment du péril suprême qu'il est nécessaire de sacrifier sa vie à la patrie. »

— Sire, répliqua l'officier, c'est à l'instant même que je voudrais mourir pour vous!

Le tzar l'amena près d'une table :

— Étends, lui dit-il, ta main sur la flamme de cette bougie.

Le jeune homme obéit, mais il retira vivement son bras.

— Tu viens de m'offrir ta vie; il me semble que tu en es bien économe, fit l'empereur en lui tournant le dos.

Pierre I⁰ʳ introduisit le divorce, si contraire aux anciennes coutumes patriarcales du peuple russe. Dès qu'il se fut séparé de sa première femme pour épouser la belle Catherine, son exemple trouva une foule d'imitateurs. Les liens de la vie de famille, jadis si solides, se relâchèrent, et les ménages dissolus ne furent plus de rares exceptions.

A la mort de Pierre le Grand, Menchikof qui connaissait les faiblesses de l'impératrice dont il était l'amant, et Tolstoï, qui craignait la vengeance du tzarevitch, — il avait été cause de la condamnation de celui-ci, — décidèrent la garde impériale à proclamer Catherine souveraine, bien que le petit-fils de l'empereur fût l'héritier légitime du trône, et qu'on regardât l'épouse en secondes noces de Pierre comme une femme à peine légitime et une étrangère.

La nouvelle autocrate devint une espèce de fantoche entre les mains de l'aristocratie ambitieuse. Son règne ne dura que deux ans, mais il fut un des plus funestes aux mœurs. Elle déploya un luxe excessif, écrasant ; on eût dit un paon au milieu d'une basse-cour. Elle se livrait aux magnificences extravagantes d'une reine de Saba ; elle se parait de diamants, de colliers de perles, de manteaux d'hermine ; il était défendu aux dames de l'aristocratie et de la cour de l'imiter. Elle seule avait le droit de suspendre des diamants à ses deux oreilles.

Le rêve de son amant, Menchikok, était de s'unir par le sang à la famille impériale. Dans ce but, il chercha à bâcler un mariage entre sa fille et le petit-fils de Pierre Iᵉʳ, Pierre Alexiveitch. Mais les droits au trône de celui-ci étaient contestés, l'impératrice ayant deux filles ; Menchikof glissa alors 70,000 roubles à madame Kramer, camérière de Catherine, pour qu'elle décidât sa maîtresse à désigner le jeune prince comme son successeur légitime.

Alexiveitch prit la couronne sous le nom de Pierre II, et tint sa cour dans le palais même de Menchikof, son futur beau-père. Celui-ci était parvenu à éloigner Zennin, le gouverneur du tzar, et son ennemi personnel. Mais Menchikof avait un autre ennemi, tout aussi puissant, Dolgoroukof, qui accompagnait l'empereur

8.

dans toutes ses chasses et qui n'eut que trop d'occasions de nouer ses intrigues.

Un beau jour, Pierre II défendit à Menchikof de jamais revenir à Peterhof. Il ordonnait en même temps à la cour de quitter le palais du favori tombé en disgrâce. En vain la fille de Menchikof, la fiancée du jeune empereur, implora pour son père la faveur de se pouvoir justifier lui-même; le tzar ne voulut rien entendre et ne revit pas son ancien ministre.

Pierre II s'éprit pour Dolgoroukof d'une si vive affection, qu'ils couchaient ensemble dans le même lit. Le tzar épousa plus tard une de ses cousines.

Le prince Alexis Dolgoroukof avait tous les vices d'un jeune homme riche mal élevé. L'ivrognerie, la luxure, la violence devinrent les hôtesses choyées de la maison du tzar. Pierre II avait pour maîtresse la femme du prince N. L. Troubetzkoï. Celui-ci occupait un grade élevé dans l'armée, et souffrait sa honte sans ouvrir la bouche. L'empereur venait s'installer dans sa maison, en compagnie de ses amis; il s'y enivrait et s'y livrait à la débauche. Une fois, il battit le mari de sa maîtresse. Une autre fois, il le menaça de le jeter par la fenêtre.

Bientôt il se lassa de n'avoir qu'une seule maîtresse; mais si la femme convoitée avait le malheur de lui céder de suite, il n'en voulait plus. Pour éveiller et émoustiller ses sens, il fallait les coquetteries et tout l'appareil de la pudeur et de la résistance. Il entraî-

nait chez lui les femmes honnêtes et leur faisait violence. Ses amis et ses compagnons se livraient aux
mêmes excès. L'honneur des femmes fut moins respecté en Russie, à cette époque, que dans une province
envahie par les Turcs.

Le jeune empereur s'en allait quelquefois passer un
mois entier à la chasse. Il se faisait suivre par une armée de veneurs, foulait sans pitié les champs de blé
des pauvres moujiks, et le soir, quand il rentrait dans
les villes ou les villages, la princesse Dolgoroukof l'at-
tendait, entourée d'une foule de dames et de filles
vouées d'avance aux plaisirs de ce pacha.

Tant d'excès conduisirent Pierre II à une fin préma-
turée.

Il n'avait pas de fils, le trône était vacant, quelques
boyards furent d'avis que, puisque la seconde femme
de Pierre le Grand avait régné, il était juste que
la première régnât à son tour. Depuis son divorce,
la veuve du tzar avait été enfermée dans un couvent.
D'autres proposèrent une des deux filles de Pierre Ier,
la princesse Anna, femme du prince de Holstein, ou la
princesse Élisabeth qui avait eu des enfants avant son
mariage, mais qui avaient été légitimés.

La première l'emporta.

Cruelle et voluptueuse, elle répandit à flots le sang
de ses sujets.

Ce fut d'abord Pierre Mikhalovitch Besoutchef qui
jouit de ses faveurs; puis Biren, un Allemand qui avait

commencé sa carrière dans une écurie, étant simple écuyer, et qu'elle fît duc de Courlande et prince du Saint-Empire.

La forteresse de Saint-Pétersbourg devint trop petite pour la foule de prisonniers qu'on y entassait, sous les prétextes les plus futiles. Les Dolgoroukof qui avaient voulu fixer des limites à l'autorité souveraine et doter leur pays d'une constitution, furent exilés en Sibérie, détenus à Schlusselbourg, ou même mis à mort. Dimitri Galitzine fut banni, son fils Sergei éloigné de la cour, et le prince Dimitrievitch Galitzine, qui occupait le rang de conseiller d'Etat, envoyé comme sous-officier à Kizliar. On enferma à Vyborg Téofilakte Lopatinski qui avait osé écrire un livre antiallemand. Volynski qui avait froissé le brutal amant de l'impératrice eut la tête tranchée après avoir subi les plus affreuses tortures.

Toute la cour tremblait devant Biren qui n'avait pu se défaire de sa grossièreté native. Un jour qu'il voyageait en Courlande, sa voiture se trouvant prise sur un pont trop étroit, il ordonna aux sénateurs qui l'accompagnaient de la dégager et d'élargir le pont.

Ils obéirent. On les vit travailler la hache à la main, comme des ouvriers charpentiers.

Biren se vantait publiquement de son origine étrangère. Il avait attiré à la cour quantité de ses compatriotes. Les Russes étaient dédaignés, chassés et exclus des emplois. Il n'y avait de faveurs impériales que pour les Allemands. On appela ce régime *Birenovch-tchina*, comme on avait appelé la domination des Tatrs *Tatarchtchina*. Une chanson populaire invoquait Pierre le Grand dans sa tombe et le suppliait de revenir pour « châtier Biren, le maudit Allemand ».

Il avait pour compagnon le prince Alexis Borisovitch Kourakine qui s'enivrait avec lui et tenait des propos obscènes en présence de l'impératrice qui riait aux éclats. Un fonctionnaire, Tchikirine, fut réprimandé par le gouverneur de Moscou, parce que « oubliant qu'il était dans la maison de Sa Majesté, il avait refusé de s'enivrer ».

Anna régla à l'allemande l'étiquette de la cour. Elle donna des livrées chamarrées de galons à sa valetaille. Elle fit venir des comédiens italiens et allemands; et ce qui l'égayait le plus, c'étaient les coups de bâton qu'ils se distribuaient dans leur rôle. Autour de son trône, les bouffons grimaçaient. On jouait un jeu effréné; le palais impérial était livré aux fêtes extravagantes et aux mascarades. La fortune publique et celle des particuliers se fondait dans les folies d'un luxe inouï. En deux ou trois ans, les marchands de modes devenaient de gros rentiers. Les seigneurs, entraînés par l'exemple de l'impératrice, mettaient tout leur patrimoine sur leur dos. « Mais, nous dit Manstein, il y avait là un mélange de barbarie antique et de mauvais goût allemand, les femmes étaient ridicules dans leurs toilettes à la dernière mode. Les hommes, avec un habit

richement brodé, portaient une perruque mal fait
et mal peignée. » Biren aimait les couleurs voyantes
tout le monde imitait son goût. Des vieillards en che
veux blancs arrivaient au palais costumés comme de
Amours, — en rose tendre.

Anna avait un faible pour les beaux uniformes
plus ils étaient brillants, surchargés de passementerie
et de galons, plus elle appréciait la valeur militaire de
ceux qui les portaient Elle créa deux nouveaux régiments de la garde, et en distribua les emplois de colo-
nels et de lieutenants-colonels à des aventuriers allemands. Elle méprisait les Russes, et, « comme pour
humilier la nation, dit M. Rambaud, elle réduisit à
recevoir des croquignoles ou à couver des œufs de
poule, deux princesses russes, Nastasia et Anicia, et
deux princes russes, un Volkonski et un Galitzine. »

Ce fut sous son règne que l'aristocratie prit l'habitude dispendieuse des grands dîners arrosés de vins
du Rhin et de vins de Champagne. Les boyards se
construisirent d'immenses palais remplis de meubles
de prix, et dont les murs et les plafonds resplendissaient
de miroirs. Dans les rues, on croisait d'énormes carrosses à vitres, dorés devant et derrière, semblables
à des châsses roulantes.

« Les villes gouvernées par des femmes ne durent pas,
les murs bâtis par les femmes ne s'élèvent pas bien
haut », dit le proverbe russe. Anna mourut en 1740,
après avoir signé la nomination de Biren à la régence,

pendant la minorité d'Ivan de Brunswick. Mais un complot ourdi par deux Allemands, Ostermannn et Münich, débarrassa le peuple russe de ce maître insupportable; Biren fut enlevé de son lit par une froide nuit de novembre, et envoyé en Sibérie; sa femme, la duchesse de Courlande, jetée presque nue hors du palais. Elisabeth Petrovna qu'un coup de main militaire avait portée au trône, essaya de réformer les mœurs, d'arrêter la décadence, mais le mal était trop profond, il avait pénétré dans le sang, et des mesures de simple police furent des palliatifs inutiles. On cassa les ivrognes par les verges, on les chargea de chaînes; on confisqua les tabatières de ceux qui prisaient; on distribua des catéchismes; on interdit dans les grandes villes les bains publics, communs aux hommes et aux femmes. Ces ukases n'empêchaient pas le brigandage de se développer et de rendre Saint-Pétersbourg et Moscou aussi dangereux qu'un bois mal famé.

L'impératrice était si ignorante qu'au dire de son secrétaire Volkof, elle ne savait pas seulement que l'Angleterre est une île. Elle était si indolente et si paresseuse que beaucoup de documents relatifs à des affaires intérieures urgentes ne furent signés qu'après des années. Elle poursuivait ses adversaires d'une haine implacable, s'enrageant après eux. Les boyards effarouchés avaient, dans leur éternelle angoisse, perdu toute fierté, toute dignité personnelle. Quand le comte

Pierre Semenovitch Soltoukof fut arrêté et conduit enchaîné devant Elisabeth, il tomba à genoux. Son cousin s'écria :

— Te voilà aux pieds de l'impératrice, toi qui hier encore conspirais contre elle !

Elisabeth ne fut pas plus difficile qu'Anna ne l'avait été, dans le choix de ses favoris. Fedorovitch Apraxine qu'elle prit pour premier amant, n'était qu'un homme cupide et borné, mais un libertin connaissant son affaire ; Bestouchef, un peu plus désintéressé, était toujours ivre.

Apraxine déployait un luxe de satrape. Dans sa garde-robes s'entassaient par centaines de riches habits ; il possédait plus de 500 chevaux de labour et 500 chevaux de selle et de trait, de race anglaise. Le commis Tchernichew jetait l'or par les fenêtres. Il pouvait se permettre les plus folles dépenses, car il avait trouvé un moyen bien simple de s'enrichir; il acheta, par exemple, une fabrique de l'État pour 90,000 roubles et après l'avoir exploitée et ruinée, il la revendit à l'État pour 900,000 roubles.

Pierre Ivan Chouvalof, le favori le plus célèbre de l'impératrice, avait une manière à lui de gagner les faveurs de la souveraine, manière qui n'était pas originale, mais qui fut toujours couronnée de succès : il flattait sa maîtresse.

Quand, au Sénat, on parlait des plaintes du peuple écrasé d'impots, Chouvalof répondait que pour le plaisirs de Sa Majesté on devait toujours trouver de l'argent.

Il afferma le monopole des tabacs, ainsi que les pêcheries sur la mer Blanche et sur la mer Glaciale; et il exila en Sibérie plus de 15,000 personnes pour confisquer leurs biens à son profit. Il augmenta le tarif des douanes, le prix du sel, amoindrit la valeur intrinsèque des monnaies. Le peuple souffrit par lui de dures misères, de cruelles maladies ; le commerce subit d'irréparables pertes. Chacune de ses réformes n'avait des conséquences bienfaisantes que pour sa poche. Il s'associa à son cousin Ivan Ivanovitch à qui il avait conseillé de devenir l'amant de l'impératrice, et, à eux deux, ils firent des gains considérables lorsqu'il fallut vendre les anciens canons pour-en fondre de nouveaux. Grâce à un ancien ukase de Pierre Ier qui ordonnait de céder les mines à l'industrie privée, il put acheter de l'État, pour 40,000 roubles, des mines évaluées à 190,000; il en acquit d'autres pour 200,000 roubles, qui furent rachetées par l'État, à sa mort, pour 750,000 roubles. Il fonda des banques auxquelles il emprunta des millions. Il entretenait un corps d'armée de trente mille hommes, qui ne relevait que de son autorité et de son commandement.

Autour de lui s'agitait toute une bande de hauts fonctionnaires avides et pillards, qui faisaient main basse sur les deniers publics et écorchaient le peuple jusqu'aux os. La justice s'achetait comme on achète une livre de viande au marché. Quiconque était protégé par une des nombreuses maîtresses de Chouvalof pouvait impunément commettre tous les crimes et se livrer aux plus odieuses exactions. Le Sénat se taisait ; — la peur le rendait complice de Chouvalof et des siens.

Un jour, le favori d'Elisabeth voulut acheter un village de la comtesse Golovkine qui était séparée de son mari. D'après la loi, la comtesse ne pouvait rien vendre sans le consentement de son époux. Celui-ci refusa. Chouvalof obtint alors de l'impératrice qu'elle signât un ukase abrogeant la loi existante, et il acheta le village. Cet ukase ne tarda pas à avoir les plus déplorables conséquences. Beaucoup de femmes en profitèrent pour quitter leur mari, par pure fantaisie, et allèrent gaspiller avec d'autres l'héritage de leurs enfants.

Le comte Chouvalof mit à la mode les chevaux et les meubles anglais, les maîtresses et les cuisiniers français ; on donnait à ces derniers jusqu'à 1,300 roubles par an.

Dans ce milieu gâté poussa l'adultère, fleur encore rare, qui croissait à l'ombre, et qui maintenant s'épanouissait en pleine lumière.

Anna Semonovna, épouse d'Ivan Buturlin, quitta son mari pour vivre publiquement avec Ouchakof. La comtesse Borisovna Apraxine, née princesse Galitzine, abandonna également le foyer conjugal ; on tint son époux en prison jusqu'à ce qu'il eût consenti à céder la moitié de ses biens à son épouse infidèle.

Pierre III qui succéda à Élisabeth, était un admirateur fanatique de Frédéric II et un ami des Allemands, comme l'avait été Catherine. Il affectait de se considérer et d'agir comme un étranger, étant fils d'Anna Pétrovna et de Charles-Frédéric, duc de Holslein-Gottorp. Sans esprit, sans moralité, sans éducation ni instruction, il avait, à trente-quatre ans, tous les vices et tous les goûts d'un vieux débauché. « La vie que l'empereur mène, écrivait l'ambassadeur français Breteuil, est la plus honteuse ; il passe les soirées à fumer, à boire de la bière et ne cesse ces deux exercices qu'à cinq ou six heures du matin et presque toujours ivre-mort. Il a redoublé d'égards pour mademoiselle Voronzof ; il faut avouer que c'est un goût bizarre ; elle est sans esprit, quant à la figure, c'est tout ce qu'on peut voir de pis ; elle ressemble en tout point à une servante d'auberge de mauvais aloi. »

Chtckerbatof nous dit cependant que, quelques années après son avènement, Pierre ne voulut plus d'elle. Il avait prit l'habitude d'inviter à sa table des officiers et des dames, et là, entre deux vins, on causait des choses les plus indécentes.

Toutes les jolies femmes qui frappaient les regards de l'empereur et allumaient en lui la flamme du désir, devaient tomber dans ses bras. On assure qu'Alexandre

Ivanovitch Gliebof, procureur général, qui acheta plus tard le titre de général commissaire de la guerre, amena au tzar sa propre belle-fille, la femme d'Alexandre Nikitzagriaski.

Une autre fois, c'est Parouchkine qui conduit dans la chambre à coucher de l'empereur la belle princesse Hélène Stephanovna Konradine. Le lendemain matin, on la pria de descendre par un escalier secret, mais elle ne voulut pas être dérobée aux yeux des courtisans, et exigea qu'on la reconduisît par le grand escalier « pour que tout le monde sût qu'elle avait passé la nuit avec le tzar (1). »

Comme l'empereur voulait cacher à sa favorite, la comtesse Romanovna, son intrigue avec la princesse Hélène, il avait dit la veille à son secrétaire Volkof, le protégé et l'ami de sa maîtresse :

— Rédigez-moi d'ici à demain le document dont nous avons parlé.

Là-dessus il sortit et enferma son secrétaire dans son cabinet de travail.

Volkof ne se souvenait pas que le tzar lui eût jamais parlé d'un document quelconque.

Il chercha, se creusa la tête, ne trouva rien ; enfin, il crut se rappeler que le comte Roman Vorontzof avait maintes fois demandé au tzar une loi règlant les privilèges de la noblesse.

(1) Chtcherbatof assure qu'il tient cette anecdote de Parouchkine lui-même.

« Tiens, c'est une idée », s'écria-t-il ; et il passa la nuit
à rédiger le fameux manifeste, encore en vigueur aujourd'hui, sur les privilèges de l'aristocratie qui fut
affranchie de l'obligation de se consacrer au service de
l'État (1). Les boyards reconnaissants voulurent élever
à Pierre III une statue d'or.

Ce n'était pas le tzar seul qui abusait ainsi des dames
de la cour. Chaque gentilhomme avait sa maîtresse
attitrée. Et les femmes ne se gênaient point, même devant leur mari ou leurs parents, pour chercher un
amant. Chtcherbatof nous dit que c'est par égard pour
ses contemporains qu'il ne cite pas les noms de leurs
grand'mères adultères.

On sait comment le faible Pierre III fut détrôné
par sa femme Catherine II. Quand il débarqua à Cronstadt pour se mettre à la tête de la garnison, il cria à
Talysin : « Je suis le tzar ! » — « Il n'y a plus de tzar ! »
lui répondit l'amiral. Et Pierre abdiqua, « comme un
enfant qu'on mène se coucher », a dit Frédéric II.

Catherine avait ourdi le complot avec les Orlof qui se
chargèrent quatre jours plus tard, de faire trépasser
l'empereur d'une « colique hémorrhoïdale », compliquée d'un « transport au cerveau ».

1) Chtcherbatof assure que cette anecdote lui a été racontée par
Volkof. On la trouve reproduite, — comme authentique, — dans
l'*Histoire de Russie* de Solovioff, le grand historien mort il y a
deux ans.

« Il était bien triste, disait Alexis Orlof neuf ans plus tard, pour un homme qui avait autant d'humanité que moi, d'avoir été contraint de faire ce qu'on a exigé de mon obéissance. »

Quelque temps après le dénouement de· cette tragédie de famille, Catherine II écrivait à un diplomate français, Bérenger (23 juillet 1762) : « Quel tableau pour la nation elle-même, jugeant de sang-froid ! D'un côté, le petit-fils de Pierre Iᵉʳ détrôné et mis à mort; de l'autre, le petit-fils du tzar Ivan V languissant dans les fers, tandis qu'une princesse d'Anhalt usurpe la couronne de leurs ancêtres en préludant au trône par un régicide (1). »

Catherine était une Messaline. Elle avait toutes les curiosités impudiques, toutes les recherches obscènes de la nymphomanie. Les Orlof, d'humble origine, gagnèrent ses faveurs par l'étalage de leur force physique. Ils étaient taillés comme des hercules, incomparables au pugilat, à l'escrime, dans tous les jeux de nerfs et de muscles. Il n'y avait qu'un seul homme, Chvanvitch, qui pouvait leur tenir tête, quand il les rencontrait séparément.

Un soir, il trouva Fédor Grigorievitch Orlof dans un cabaret, où il jouait et buvait avec des femmes. Chvanvitch lui ordonna de lui céder la place et de déguerpir,

(1) « Je sais, écrivit plus tard Voltaire, qu'on lui reproche (à Catherine II) quelques bagatelles au sujet de son mari; mais ce sont là des affaires de famille dont je ne mêle point. »

mais à ce moment, le second des Orlof entra... Chvanvitch ivre, fut saisi à bras-le-corps et jeté dans la rue.
Il attendit les deux frères à leur sortie, s'élança sur
Alexis et le blessa grièvement d'un coup de sabre à la
nuque. Celui-ci en guérit, et ne se vengea pas. Chvanvitch fut nommé commandant de la forteresse de Cronstadt; et son fils condamné à mort pour avoir pris part à
l'insurrection de Pougatchef vit sa peine commuée,
grâce à l'intervention des Orlof.

Grigorievitch Orlof, qui devint l'amant favori de Catherine II, haïssait les flatteurs et les éloignait de son
entourage; il ne déployait pas personnellement beaucoup de luxe, mais il poussait la passion des femmes
jusqu'à courir après toutes comme un chien après les
chiennes. Pas une des demoiselles de la cour ne put
résister à ses amoureuses fureurs.

Il viola sa propre cousine, Catherine Nikolovna Zino-
vief, jeune fille de treize ans. Il l'épousa plus tard
pour la réhabiliter, et ne se cacha jamais d'avoir eu
des relations avec elle.

Les femmes mariées le poursuivaient sans honte ni
vergogne. Se donner à Orlof, n'était-ce pas le plus
court chemin pour arriver aux bonnes grâces de l'impératrice?

Après l'éloignement de son favori, Catherine trôna
au milieu de sa cour comme un sultan en robe. Elle ne
compta plus ses amants. Ils passaient, pareils à des gens
qui se succèdent dans une salle d'auberge; et, chacun

d'eux, comme pour rembourser les millions extorqués au pays, laissait quelques vices nouveaux à la Russie. Zaritch introduisit les jeux de cartes, Potemkin la basse cupidité, les ignobles tripotages financiers, les maquignonnages inavouables, Lavadovski les infâmes employés petits-russiens, Korzakof l'effronterie de la débauche, Lanskoi la cruauté, Mamonof le népotisme, le trafic des places et des honneurs, la corruption des fonctionnaires.

L'impératrice était vaniteuse ; pour la flatter, Betzkoï fonda, en les plaçant sous les auspices de la souveraine, des couvents de femmes qui devinrent des lieux de dévergondage, où l'on apprenait à jouer la comédie. Il fit élever le phare de la Néva, et graver sous les plaques d'albâtre qui le recouvraient le nom de Catherine, « afin, dit-il, que la postérité s'inclinât devant la grande impératrice, quand l'albâtre se détacherait. »

L'aristocratie s'endettait pour donner des fêtes à cette courtisane couronnée, avide de bruit et d'ostentation. Catherine punit le comte Ivan Grigovievitch Tchernichef pour s'être présenté au palais impérial avec un habit non brodé.

L'âge, au lieu d'éteindre ou de calmer les ardeurs lubriques de sa jeunesse, les ravivait. Elle s'achetait des hommes, elle leur offrait des récompenses ; elle eut même recours à la force pour se procurer des mâles. Elle ne connaissait pas d'autres lois que sa passion et son plaisir. Elle se moquait du Sénat, et lui renvoyait à la face ses jugements déchirés. Elle trafiquait des emplois. Le comte Roman Larionovitch Vorontzof se faisait donner beaucoup trop de cadeaux, elle le nomma gouverneur de Vladimir. Comme Vorontzof continuait ses petits tripotages, l'impératrice lui expédia une bourse vide, qu'il lui retourna pleine. Les Mémoires de l'époque fourmillent de traits de ce genre.

L'argent tenait lieu de tout : de l'honnêteté, du savoir, de la bravoure. Lorckine qui avait donné à des établissements publics 8,000 roubles qu'il avait volés, fut promu au grade de capitaine. Prokop Demidof qui avait été attaché au pilori pour avoir écrit un pamphlet, et qui avait battu le secrétaire du Collège de justice, reçut le titre de général en échange de quelques milliers de roubles abandonnés à des écoles et à un orphelinat.

Les marchands et les fournisseurs qui s'étaient enrichis des deniers de l'Etat, obtinrent de hauts emplois. Loguinof, convaincu de vol, fut fait conseiller. Jadieyef qui demandait huit fois le prix des travaux et des entreprises qu'on lui confiait, fut anobli et ses associés nommés officiers.

Quand les grands voleurs étaient récompensés, pouvait-on exiger des subalternes plus de désintéressement et d'honnêteté que des supérieurs?

La corruption si souvent reprochée aux employés et

aux fonctionnaires russes, date de cette époque funeste.

Ces exemples qui partaient du trône, détruisirent le sens moral, ébranlèrent dans les cœurs les plus droits tout sentiment noble et élevé

La cour et l'aristocratie s'étaient corrompus mutuellement. Prise de vertige, celle-ci roula aux abjections; perdant toute idée d'honneur, de justice, de loyauté, d'indépendance et de courage.

Quel spectacle que le règne de ces empereurs et de ces impératrices, dans leur nouvelle capitale de Saint-Pétersbourg, ouverte à toutes les imitations malsaines de l'étranger, à tous les aventuriers allemands qui y apportaient le goût de leurs grossières orgies tudesques !

En haut, des gens qui s'amusaient, qui pillaient et paillardaient ; quelque chose comme les bacchanales de la royauté.

Et, en bas, des têtes humiliées et prosternées :: le peuple, dont les chefs ne s'inquiétaient pas plus qu'un riche fermier ne s'inquiète de son troupeau confié à la garde de ses bergers et de leurs chiens.

QU'EST-CE QUE LA RUSSIE ?

QU'EST-CE QUE LA RUSSIE ?

En tête de son livre aussi acerbe qu'agressif, le prince Dolgorouki répond de la sorte à cette question : « La Russie est un immense édifice à extérieur européen, orné d'un fronton européen, mais, à l'intérieur, meublé et administré à l'asiatique. La très grande majorité des fonctionnaires russes, déguisés en costumes plus ou moins européens, procèdent dans l'exercice de leurs fonctions en vrais Tartares. Aucun pays, ajoute le prince Dolgorouki, n'est plus riche que la Russie en lois, ordonnances et règlements de toutes sortes ; le code russe est le plus volumineux de la terre ; il contient quinze gros volumes de plus de mille pages chacun ; tous les ans paraissent des suppléments. Mais ce code, si utile à la prospérité des fabriques de papier, est une lettre morte pour le pays. Le premier article du premier volume, en plaçant l'empereur au-dessus de toutes les lois, transforme tous les quinze tomes, si épais, en la plus volumineuse des plaisanteries. »

En Russie, rien ne ressemble à ce qu'on voit ailleurs.

C'est le pays des contrastes. Contrastes dans les mœurs, dans le paysage, dans tout. Le voyageur qui visite cet immense empire parcourt en chemin de fer, en bateau à vapeur ou en tarentasse, des steppes sans fin, de grandes plaines monotones et à demi désertes, çà et là mouchetées de forêts de sapins ou de bois de bouleaux; il arrive rapidement dans des centres brillant du vernis de la civilisation européenne; puis, le lendemain, s'il se remet en route, c'est dans un traîneau attelé de rennes ou de chiens qu'il traverse d'affreux déserts de neige, muets et mornes; ou bien, c'est à dos de chameau qu'il s'enfonce dans des Saharas aussi brûlants que ceux de l'Afrique, dont la nappe immense se déroule jusqu'aux racines de l'Altaï.

« En Europe, a dit un géographe, on considère le granitique Oural, qui couvre 30 millions d'hectares, comme la barrière entre la Russie d'Europe et la Russie d'Asie, mais les Russes n'acceptent pas cette distinction. Pour eux, deçà, delà, s'étendent également la patrie moscovite, l'empire un et indivisible du tzar, et les limites administratives franchissant sans respect, d'Europe en Asie, d'Asie en Europe, cette rangée nommée en russe *Kamennoï Poïas*, la ceinture de pierre, et aussi *Zemnoï Poïas*, la ceinture de terre, deux termes traduisant les mots turcs Oural-Taou, la chaîne de ceinture. Nos ancêtres furent un peu du même avis, jusqu'à Pierre le Grand et plus tard, eux qui mettaient les Moscovites en Asie, terminaient l'Europe avec le royaume de Pologne. »

Les plaines de la Russie d'Europe ne sont qu'un prolongement, une continuation des plateaux asiatiques. Et les mers russes, fermées à la navigation pendant six à huit mois de l'année, ont elles-mêmes dans la confor_mation de leurs rivages quelque chose d'inabordable, d'inhospitalier, d'antieuropéen.

Les saisons marquent encore mieux la différence qu'il y a entre la Russie et le reste de l'Europe. A Saint-Pétersbourg, la capitale la plus septentrionale du monde entier, il y a des jours sans nuit, et des jours presque sans jour, ne comptant que 5 heures 47 minutes de lumière.

Malgré ces contrastes si marqués, aucune barrière intérieure, aucun obstacle ne divise entre eux les peuples qui forment la Russie ; le sol a partout le même caractère d'égalité et d'uniformité, il est plat et uni comme la mer. Dans le nord, ce sont les forêts, les marais, les fleuves et les lacs qui dominent ; dans le sud, la plaine est plus fertile, plus riche, mieux cultivée. Peu de sables et peu de bois. Le pays de la « terre noire » est le grenier, la corne d'abondance de la Russie. Au milieu des larges plateaux qui forment le gouvernement de Nowgorod et de Twer, respire et bat le cœur de l'empire. C'est là qu'est le berceau de la nation russe ; de là sortit la robuste race qui s'assimila toutes les autres et implanta dans le reste du pays les premiers germes de la civilisation.

La superficie de la Russie d'Europe est de 5,421,246 hectares ; mais un tiers seulement de ce terrain dont l'étendue est comme dix à douze fois la France, est cultivable. La production des céréales, devenue aujourd'hui le commerce le plus important de la Russie, est concentré tout entière dans les huit gouvernements du centre. Le rendement annuel de l'agriculture ne dépasse pas 350 à 380 millions de roubles ; en Angleterre, il est bien plus considérable. L'économie rurale est mal comprise. Les paysans sont indifférents et routiniers, leurs instruments primitifs.

Mais aucun pays d'Europe n'est aussi riche en chevaux, en mines d'or, d'argent, de platine, de fer, de cuivre, de plomb, etc., que la Russie. Et aucun pays n'a des fleuves plus grands, des cours d'eau aussi nombreux, un système de canalisation aussi complet.

Relativement à son étendue, la Russie est très peu peuplée. En Europe, elle ne compte que 15 habitants par kilomètre carré, et 9 en Asie. L'Allemagne en a 78 par kilomètre et l'Angleterre 114. La fécondité de la race est cependant remarquable.

Les villes ne sont ni nombreuses ni populeuses. On

dirait que les Russes ont conservé leurs instincts no-
mades et qu'ils ont de la peine à se fixer. A part Saint-
Pétersbourg, toutes les villes russes perdues dans des
espaces sans limites, ont un aspect champêtre. A
côté des maisons en style italien de quelques riches
particuliers, s'élèvent des cabanes de bois, avec leur
toit élevé en pointe, leur cour entourée d'un mur de
planches. Quatre villes seulement, sauf Pétersbourg
et Moscou, comptent 100,000 âmes ; dix-sept, plus de
50,000; il n'y en a que vingt-cinq qui aient 25,000 habitants.

Le même contraste qui existe entre les *isbas* des
paysans, les maisons de pierre de Saint-Pétersbourg
et les tentes de feutre des Kalmouks, se retrouve dans
les races et les religions. On ne parle pas moins de
quarante dialectes ou idiomes différents d'un bout de
la Russie à l'autre. La statistique officielle de la Nouvelle-Russie nous montre que dans ces provinces (1),
que Catherine II ouvrit à l'immigration, il y a non
seulement des Grands et des Petits-Russes, mais des
Polonais, des Serbes, des Monténégrins, des Bulgares,
des Valaques, des Allemands, des Suédois, des Suisses,
des Français, des Italiens, des Grecs, des Arméniens,
des Tatars, des Juifs et des Égyptiens.

Les Slaves considérés comme Russes se divisent
en Russes-Blancs, trois millions ; Petits-Russiens,

______

(1) On a donné le nom de *Nouvelle-Russie* à la Crimée.

douze millions et Grands-Russes, quarante et un
millions. En tenant compte des Polonais, des Bulgares, et des pays nouvellement conquis en Asie,
la population de l'empire russe dépasse aujourd'hui
quatre-vingt-huit millions d'habitants, dont soixante
et onze millions dans la Russie d'Europe, se répartis-
sant de la façon suivante : environ un million de
nobles (1), six millions de soldats, cinquante-sept millions de paysans, sept millions de marchands, de fonctionnaires, de gens fixés dans les villes ; six cent trente-
trois mille prêtres et moines. Les paysans figurent
pour le 70 0/0 de la population. Comme on le voit, ce
qui manque à l'état social de la Russie, c'est une
forte et solide bourgeoisie, une classe moyenne, intermédiaire et trait d'union entre le peuple et l'aristocratie.

Le système de centralisation des tzars a fait des villes
de province de simples préfectures de Saint-Pétersbourg, sans importance, sans influence aucune sur la
masse de la nation.

Cette absence, ce défaut de bourgeoisie parque
la société russe en castes pleines de réserve et de
défiance les unes vis-à-vis des autres. Le paysan, le
citadin, le prêtre, le gentilhomme et le fonctionnaire

(1) Une partie de la noblesse est pauvre et ignorante. En 1860,
parmi 485,000 gentilhommes, il n'y en avait que 120 à 130 mille
qui fussent propriétaires.

diffèrent entre eux non seulement par le costume, la
manière de porter la chevelure et la barbe, mais encore
par le maintien, l'expression du visage, la façon de
parler et de s'exprimer.. Seuls, le noble et le fonctionnaire se traitent sur un pied d'égalité. On sait que tout
emploi accordé par l'État équivaut presque à une lettre
de noblesse. Le gentilhomme n'est d'ailleurs qu'un
fonctionnaire de l'Empire. Sous le rapport social, on
peut dire que la nation russe se divise en deux parties
opposées, en deux mondes distincts : en haut, la partie
impériale, le monde officiel, gouvernemental; en bas
la partie populaire, — le troupeau, masse inerte et
silencieuse, qui se laisse mener et diriger, et aux dépens duquel vit la classe privilégiée.

Avant les révolutions despotiques de Pierre le Grand
et de Catherine II, ces deux mondes n'étaient séparés
que par une simple ligne de démarcation; aujourd'hui
il y a entre eux un abîme large et profond. Et sur un
des bords de cet abîme, nous voyons la famille impériale avec tout son parti, la camarilla de Saint-Pétersbourg, la noblesse, l'avide bande des fonctionnaires et
des employés, c'est-à-dire tout ce qui a été élevé dans
les gymnases de la couronne, au corps des Cadets,
dans les académies ecclésiastiques du gouvernement,
tout ce qui dépend de celui-ci, et qui, sans lui, n'aurait
aucune importance, aucune valeur, aucune ressource.
La soumission de ces gens est basse et servile ; leur
obéissance, aveugle.

De l'autre côté de l'abîme, le peuple, — paysans et citadins, — vaste débordement d'hommes, jouets des caprices d'en haut ; puis, à côté, le clergé blanc, abruti et pauvre, opprimé par le clergé noir, dédaigneux et puissant.

C'est le gros de la nation ; soixante-cinq millions d'hommes environ, conduits, menés, tondus, exploités, rançonnés et mangés par trois ou quatre millions, plus intelligents et plus forts.

Vu à vol d'oiseau, ce gigantesque continent asiatico-européen, d'une étendue double de celle de l'Europe, présente une bizarre confusion de peuples et de races. Les Slaves sont en majorité, mais ils se subdivisent en Grands-Russes, en Petits-Russiens ou Ruthènes, en Polonais, en Lithuaniens, en Courlandais, en Bulgares et en Serbes. Puis viennent les Finnois, les Lapons, les Tchermisses, les Tchouvaches, les Permikans, les Kalmouks, les Samoyèdes, les autres petites peuplades de l'extrême nord, les tribus du Caucase, les Grecs, les Arméniens, les Juifs, les Roumains, les Tatars et les Mongols.

Quelle est la force d'homogénéité de cette étrange agglomération ? En Occident, les avis sont partagés. On a dit de la Russie que c'est le « colosse aux pieds d'argile ». Napoléon, dans son exil à Sainte-Hélène, croyait au contraire à l'avenir de ce peuple vierge ; il prédisait à l'Europe qu'elle serait républicaine ou cosaque.

En Russie, on rencontre beaucoup de Russes qui
ont cette orgueilleuse présomption de conquérir un
jour le reste du continent. L'Europe est vieille, disent-
ils, sa décadence rapide : il faut qu'elle se régénère
par le sang de nations plus jeunes, plus vigoureuses.

« L'Europe, écrit le prince Odojewski, présente un
spectacle singulier et attristant. Les opinions y luttent
contre les opinions, les pouvoirs contre les pouvoirs,
le trône contre le trône. La science, l'art et la religion,
ces trois principaux moteurs de la vie sociale, ont
perdu leur puissance. L'Europe occidentale est entrée
dans la voie de la décadence et de la décrépitude. Nous
autres Russes, au contraire, nous sommes jeunes et
forts, et nous n'avons jamais trempé dans les crimes
et les turpitudes de l'Occident. Il nous reste une grande
et noble mission à remplir, déjà notre nom est inscrit
sur les tables de la Victoire, car notre génie est appelé
à prendre sa place dans l'histoire de l'humanité. La
victoire nous attend sur les ruines de l'Occident qui
s'écroule... »

Si folles que soient ces théories ultra-patriotiques, il
serait encore plus fou de n'en pas tenir compte. Ne
croyons pas que nous n'ayons affaire qu'à un simple
ramassis de races et de peuples : la Russie est une
nation, une grande et puissante nation. Les trois
quarts de ses habitants sont Slaves, les trois quarts sont
de vrais Russes ; ils parlent la même langue, ils appartiennent à la même religion, et ils se tiennent groupés au

centre de l'empire, formant un seul noyau, de sorte que les éléments étrangers, polonais, allemands, caucasiens, ukrainiens, finnois, ne se trouvent qu'à la lisière, sur les bords extrêmes.

Dans un de ses livres, M. Franzos compare les Russes à des malades imaginaires. « Ils font, dit l'écrivain autrichien, de la poésie, au crépuscule d'une vie civilisée maladive. A peine dégagée de la naïve rudesse de l'enfance, la société dans laquelle ils se meuvent semble déjà vieille, épuisée par le travail, la fatigue et les jouissances. De là leur penchant pour les poètes de la tristesse, les philosophes du désespoir, Byron, Musset, Heine, Schoppenhauer, Hartmann. »

Mais n'oublions pas que la masse de la nation, fort peu éclairée, est étrangère à ces idées toutes modernes et européennes.

Le peuple russe a beaucoup d'intelligence native. Pierre le Grand, qui connaissait bien son peuple, répondit aux juifs qui sollicitaient de lui le droit de séjourner dans l'empire :

— Il n'est pas encore temps de vous accorder ce que vous demandez; votre position en Russie serait vraiment par trop misérable : vous avez la réputation de tromper tout le monde; eh bien, ce sont mes Russes qui vous tromperaient

La civilisation d'un peuple se reconnaît à la manière dont il traite la femme. Dans la cabane du paysan russe, la femme n'est qu'une esclave. Pas de vie de famille ; l'existence s'écoule triste et monotone, sans intérêt d'aucune sorte. La femme est assimilée à la bête de somme, courbée sous les plus durs et les plus pénibles labeurs, maltraitée et battue. On est plein de dédains pour ses facultés ; les proverbes populaires disent d'elle : « Longs cheveux, jugement court. » — « La femme n'a pas d'âme ; elle n'a que de la vapeur, de la fumée. » — « Il n'y a qu'une seule âme en dix femmes. »

Toute sa vie la femme russe est en tutelle. D'abord, sous la tutelle de son père, ou d'un autre membre de la famille, et plus tard, sous celle du mari. On lui apprend à obéir à l'homme comme l'esclave obéit au maître ; à se regarder comme la propriété, la « chose » de l'homme ; à ne pas permettre qu'on l'appelle maîtresse (gospoja), à ne voir dans son mari qu'un maître. Une paysanne russe qui n'est pas de temps en temps rossée, se plaint d'être négligée de son époux. Le proverbe dit : « Je t'aime comme mon âme et je te bats comme ma pelisse. »

Ce qui fait défaut à ce peuple, c'est l'individualisme. Il a des penchants à se gouverner lui-même, mais les règlements de police entravent la liberté de ses mouvements. Nous voyons les ouvriers russes former entre eux des associations, des *artels* partout où ils se rencontrent. Ils élisent le chef de leur communauté et lui obéissent aveuglément. La personnalité s'efface et se fond dans ces associations où le travailleur isolé cherche un appui. Le Russe manque absolument d'initiative personnelle, d'activité privée, d'esprit d'indépendance. Cinq ans après l'abolition du servage, des milliers et dès milliers de paysans n'en continuaient pas moins à vivre avec leurs anciens seigneurs comme par le passé. 514,710 serfs seulement se rachetèrent sans le secours de l'Etat.

Un journaliste français écrivait jadis : « Les fêtes, qui réduisent l'année à 130 jours de travail, et l'ivrognerie qui abrutit le peuple, sont les deux plaies sociales qui perdent la Russie. » Rien de plus vrai; de même que cet autre jugement porté par le même auteur :

« Tout travail de reconstruction, se traduit par des ordonnances et des circulaires, qui vont se heurter contre le mauvais vouloir des fonctionnaires et l'ignorance de la masse administrative qui ne considère la liberté que comme un droit au repos et au vice, à toutes les immunités de charges et d'impôts. »

Le servage, l'eau-de-vie et les verges ont atrophié le peuple.

Miskiewickz a dit des hommes qui grandissent sous le knout russe : « Leur visage est plat comme leur pays, — une plaine plate, — muette et sauvage ; leur œil est vide. »

Mais ce qui fait du paysan un homme de servitude, c'est moins son intelligence peu cultivée, que sa paresse de corps et d'esprit, et l'isolement dans lequel il végète. Entre lui et les classes supérieures, aucun rapport, aucun lien, pas la moindre relation. Ce sont deux mondes distincts comme l'Europe et l'Asie. L'aristocratie et la petite noblesse suivent les modes de l'Occident, parlent français, affichent des idées libérales. Le peuple est immuable. Fidèle à ses anciennes mœurs, à ses vieilles coutumes, il s'habille encore comme aux siècles passés; il regarde tout changement, toute innovation comme « une chose mauvaise qui porte malheur ». Aussi les hautes classes ressemblent-elles à une race de conquérants qui se serait imposée de force à la nation, avec des intérêts, des tendances, des instincts opposés et contraires.

Ce manque d'entente entre la société éclairée et le peuple, est la cause principale de l'arrêt qui s'est produit en Russie, dans la marche de la civilisation. Il est vrai que Catherine II disait qu'il ne fallait pas trop donner d'instruction au peuple : « Quand il en saura autant que vous et moi, écrivait-elle, à un de ses maréchaux, il ne voudra plus nous obéir. »

Pétersbourg est la vraie capitale de cette aristocratie cosmopolite qui passe son temps à singer l'étranger. Le poète Miskewickz a dédié ce quatrain à la nouvelle capitale de l'empire :

— Des mains humaines ont construit Rome; — Des mains divines ont créé Venise; — Celui qui a vu Pétersbourg dira : — Cette ville est l'œuvre du diable.

Le comte Sollohub (1) a dit aussi : « Comment vivre dans une ville où les rues sont si humides et les cœurs si secs ? »

« Dix fois par jour, écrit M. de Gagern dans ses *Souvenirs,* on change de programme dans l'entourage de l'empereur, afin que personne n'ait un moment à donner à la réflexion, et ne puisse avoir la libre disposition de soi-même. »

De tout temps, la vie à Pétersbourg fut une vie de domestiques et de laquais ; une vie sans orgueil, sans fierté, insignifiante, plate, sans but, pleine de fatigue et d'ennui, donnée tout entière aux fêtes, aux cérémonies, aux réceptions et aux visites. Il suffit de rappeler le fait suivant pour montrer jusqu'où va le servilisme de cette population de nobles, de soldats et de fonctionnaires : Sous Nicolas, le gouvernement, dans sa sagesse, s'occupait avec un soin tout particulier de régler de quelle manière les employés et les militaires devaient couper leur barbe et s'habiller. Il leur fut défendu, — les gens du peuple ne se seraient pas soumis à ces prescriptions, — de porter la barbe entière et le costume national russe ; toute la société pétersbourgeoise s'empressa de se montrer en habit à la française, on ne rencontra plus que des hommes avec un visage glabre, rasé de frais tous les matins. Quand ces

(1) Un Allemand. — Mais comment se fait-il, puis qu'ils s'y trouvent si mal, qu'il y ait tant d'Allemands à Saint-Pétersbourg ? (*Note du traducteur.*)

Russes-là allaient à l'étranger, ils se faisaient une joie de laisser de nouveau pousser leur barbe. Or, il arriva un jour que les Parisiens trouvèrent le costume russe si original et si pittoresque, qu'ils l'adoptèrent pour leurs enfants ; et voilà les Pétersbourgeois, par esprit d'imitation et pour suivre la mode, habillant aussitôt, dans leur propre pays, leurs enfants à la russe !

L'auteur des *Tableaux de la société de Saint-Pétersbourg* a dépeint la jeune génération de ce monde de la capitale, dont l'apparence seule est distinguée : « Plus on s'élève, dit-il, plus est effrayante la barbarie morale et esthétique qui, dans ces dernières années, a pris la place des anciennes traditions de bon goût, et les a ébranlées, sinon déracinées. »

Il y a chez ces jeunes gens aussi peu de sens moral, d'indépendance de caractère et d'enthousiasme pour ce qui est beau et grand, que chez les hommes de l'ancien régime. Même les phrases ronflantes des « nationaux » enragés ne cachent que l'abaissement et l'avilissement des esprits, la vieille paresse et l'ancienne corruption des mœurs. Et ce qu'il y a de comique dans ces vantardises de sentiments héroïques pour leur patrie et leur nationalité, c'est la frayeur enfantine qu'ils ont de cet Occident qu'ils méprisent.

— Nous l'appelons pourri, dit un des personnages de Tourgueneff, nous le haïssons et le méprisons, mais nous sommes sans cesse préoccupés de savoir ce qu'il pense de nous ; nous ajoutons beaucoup d'importance à son opinion, surtout à celle des cocottes parisiennes.

Au lieu de parler russe, ils parlent français. Le général Yermolow disait après un dîner : « Il n'y avait là
que des étrangers ; tous parlaient français. »

Aujourd'hui encore, dans chaque famille russe de la
noblesse, on trouve une bonne allemande (1), une gouvernante anglaise et un précepteur français.

Celui qui veut étudier la vie russe ne doit pas s'en
tenir à la nouvelle capitale. Pétersbourg est de toutes
les villes d'Europe la plus cosmopolite. Il n'y a pas de
lien qui la rattache organiquement au reste du pays,
pas plus qu'il n'y a de lien social entre les nationalités diverses qui se coudoient dans les rues de cette ville
qu'on a justement comparée à la Rome des Césars, capitale des trois parties du monde. « On y rencontre,
dit l'auteur des *Tableaux de la société russe*, des échan-
tillons de toutes les provinces et de toutes les races
que les douze souverains russes des cent cinquante dernières années ont soumises à leur sceptre. Les Tatars
de Kasan, les Adighes du Caucase, les Suédois de Finlande, les Allemands des provinces baltiques, les Polonais du royaume, de l'ancienne Lithuanie et de
l'Ukraine, sont représentés sur les bords de la Néva,
car tout ce qui veut vivre à la mode, tout ce qui veut

(1) L'auteur allemand qui a écrit ces lignes a vraiment peu de
grâce de reprocher aux Russes de prendre des bonnes allemandes.
(*N. du tr.*)

gagner de l'argent, et défendre les intérêts de sa nationalité et de son Église, doit venir dresser sa tente dans
la grande capitale. Joignez à cela des étrangers de
toutes les professions et de tous les pays, des Persans
rusés, des Arméniens subtils, accourus pour échanger
leurs produits, des Anglais, des Américains, des Hollandais, des Allemands, des Français, qui se chargent
du travail mercantile et technique, qui sont confiseurs,
cuisiniers, pâtissiers, tailleurs, barbiers, ou banquiers,
architectes, ingénieurs, constructeurs de chemins de
fer, la plupart repartant après avoir fait rapidement
fortune, et vous aurez une idée de cette mosaïque de
nationalités diverses qui composent la population de
Saint-Pétersbourg. »

On compte dans cette ville 191 églises russes, chapelles et couvents; 6 églises catholiques, 10 temples
protestants, 2 églises arméniennes, 1 synagogue pour
les Juifs « protégés »(1), et 1 mosquée. Sur les 670,000
habitants de Saint-Pétersbourg, il y a 60,000 Allemands, 15,000 Français, 4 à 5,000 Anglais et Américains, 2 à 3,000 Juifs et autant de Mahométans.

La vraie Russie est à Moscou. La vieille et sainte
capitale est restée le cœur et l'âme de l'empire. C'est
le foyer de la vie nationale, c'est la « mère » comme le

(1) Les Juifs, à l'exception de quelques centaines de familles
protégées, n'ont pas le droit de fixer leur résidence à Saint-Pétersbourg. Le séjour de la capitale est également interdit aux criminels politiques, aux estropiés, ainsi qu'aux invalides militaires de
la classe inférieure.

Russe l'appelle, et quand son regard découvre les coupoles d'or du Kremlin, il se signe, s'agenouille et prie.

La nouvelle Russie est l'œuvre de Pierre le Grand ; son histoire est encore à son début, mais elle se développe rapidement, car la diplomatie russe montre partout sa supériorité sur celle de l'Occident. Napoléon Ier lui trouvait déjà des affinités byzantines. — Les hommes d'Etat russes apprennent vite les langues, observent avec finesse ; ils sont adroits, prompts à saisir et à débrouiller les questions les plus entortillées ; ils ont assez de pouvoir sur eux-mêmes pour se dominer et dissimuler leurs impressions ; et ce sont d'ardents patriotes qui travaillent avec zèle à la gloire et à la grandeur de leur pays.

Ce qui fait la force de la politique russe, et ce qui devient un danger pour la tranquillité de l'Europe, c'est que cette politique ne se laisse jamais détourner de son but et de ses propres intérêts. Ses représentants ont sans cesse devant eux l'objectif que tous les souverains qui se sont succédé depuis Pierre le Grand, n'ont jamais perdu de vue. Or, l'objectif de la Russie est d'arriver à la domination sur la Baltique, et, par la prise de Constantinople, d'être maîtresse de la mer Noire, du Bosphore et des Dardanelles. — « La Russie à Constantinople, écrivait-on à Napoléon III, c'est la botte du Cosaque sur la nuque de l'Europe. »

Le programme de la politique de domination de la Russie, connu sous le nom de *Testament de Pierre le*

Grand ne serait, d'après Berkholz, qu'une invention de Napoléon Ier. Que nous importe? Ce qui est évident, et ce qui ne saurait être indifférent à l'Europe, ce sont les agrandissements constants de la Russie depuis Pierre Ier. Sa marche est lente, mais combien elle est sûre et envahissante! Que de provinces, que de territoires conquis en quelques siècles!

II

Les événements de 1812 à 1815 ont amené d'importantes modifications dans l'esprit et l'existence du peuple russe. Pouschkine nous dit que les vieillards prétendaient que, depuis ce temps-là, tout était gâté en Russie ; que le climat était devenu plus mauvais, que tout avait renchéri, que le blé ne poussait plus si bien. Les Russes eurent à cette époque des rapports fréquents avec les peuples de l'Occident ; ils ne purent échapper à la contagion des idées libérales qui se répandirent bientôt chez eux sous l'égide même du pouvoir. Alexandre·Ier caressait le projet de faire de la Pologne un État constitutionnel qui répandrait son influence civilisatrice sur la Russie.

Au retour des armées russes de l'étranger, il s'était formé des sociétés politiques si peu secrètes que les noms de leurs membres étaient connus de l'empereur, et que divers projets de constitution furent soumis par elles au souverain.

Dans les années qui suivirent la chute de Napoléon, tous ces beaux rêves de libéralisme et de réformes s'évanouirent. L'Europe s'abandonnait de plus en plus au système réactionnaire inauguré par Metternich. Le successeur d'Alexandre, Nicolas, affirma son autocratie en punissant par la potence et par l'exil les fauteurs de l'émeute du 14 décembre 1825. Il fut désormais défendu de penser. Nicolas se fit le geôlier de son empire. Et la société de Saint-Pétersbourg, comme pour oublier et s'étourdir, se jeta dans le tourbillon des plaisirs faciles, dans les amusements et les fêtes. L'étude des questions sociales fut remplacée par le quadrille français. La futilité des occupations monta à un degré de folie sans exemple. Jeunes et vieux passaient leurs journées à faire des bulles de savon, comme des enfants; et celui qui avait introduit à Saint-Pétersbourg ce nouvel amusement devint le héros du jour.

Le régime de Nicolas fut celui de l'intolérance religieuse, de la censure, de la police secrète, de la division entre les classes; le régime du silence, de l'isolement et de l'ignorance. De 1825 à 1855, l'empire des tzars ressembla à un sépulcre blanchi. Un seul rouage fonctionnait dans l'ombre : la police.

Les classes productives étaient obligées de se soumettre en silence aux vols d'une bureaucratie dépravée et aux vexations d'un militarisme brutal, tandis

que l'aristocratie, groupée autour du souverain, dissimulait dans les folles orgies le séntiment de sa nullité.
« Obéissance et soumission aux supérieurs »; telle était la réponse qu'on faisait à toutes les questions. La sévérité de la police rendit impossible la formation d'un parti de l'opposition. Il y avait bien quelques « libéraux », mais c'étaient de pauvres honteux; tant que le tzar leva son sceptre de fer, ils firent les morts.

Le despote rétablit la police secrète, — « l'inquisition politique » abolie par Paul Ier. Sous le titre anodin de « *Chancellerie privée de Sa Majesté Impériale, troisième section* », la police fut placée à la tête du gouvernement. Cette époque rappelle les jours heureux, où, selon le mot d'un homme d'esprit, l'empereur de Russie n'avait qu'à éternuer pour que, en Espagne, les poules allassent se coucher une demi-heure plus tôt.

Le colonel Tschadajew nous dépeint cette situation dans une lettre fameuse, publiée en 1836 dans le *Télégraphe de Moscou;* en voici la fin : « Le passé de la Russie est vide, son état présent insupportable, son avenir sans issue. La Russie, ce hiatus dans l'histoire de l'humanité et de la civilisation, est un exemple plein d'enseignement pour les autres peuples qui peuvent voir où conduisent l'isolement et l'obéissance servile. »

Le poète Lermontow n'écrivait pas des choses plus gaies : « Je considère, disait-il, notre génération avec douleur; sombre et vide est son avenir. — Notre génération vieillira dans l'inaction, elle sera paralysée par le doute, et sa science sera stérile. Nous ressemblons à des fruits qui ont poussé trop vite, et qui tombent au moment où ils devraient mûrir. Nous nous avançons sans gloire vers notre tombe, et avant d'y descendre, nous jetons à notre passé un regard de mépris. Nous traversons la vie comme une masse silencieuse et morne qui sera bientôt oubliée ; et nous ne laisserons à nos successeurs ni une idée utile, ni une œuvre de génie. Ils insulteront à nos cendres par des vers méprisants et par des sarcasmes de fils ruinés contre leurs parents dissipateurs. »

A la mort de Belinski, en 1851, Granowski s'écriait : « Que Belinski est heureux d'être mort à temps ! Des forts sont tombés dans le désespoir et regardent avec une muette indifférence ce qui se passe autour d'eux. Oh ! comme on réduirait ce triste monde en poussière ! De sourds murmures se font partout entendre, mais où est la force ? Combien est lourd le fardeau de notre vie ! »

Ceux qui souffraient le plus étaient les penseurs, les écrivains, les professeurs. Les uns mouraient de désespoir, les autres s'en allaient comme des vagabonds à travers le monde, sans argent et sans pain. Quelques-uns devinrent de plats valets dans les bureaux du gouvernement. La plupart furent persécutés, emprisonnés, exilés.

Un jour, au conseil supérieur de censure, un haut fonctionnaire déclara que « tout écrivain est un ours qu'il faut tenir enchaîné » ; et au conseil des ministres on entendit de la bouche de l'un d'eux tomber cette phrase : « Tout littérateur cache un conspirateur. »

La censure se livrait à des excès de zèle incroyables. Tous les livres qui avaient paru sous les prédécesseurs de Nicolas ne purent être réimprimés qu'avec des retranchements. Il était défendu de dire que Ivan le Terrible avait été un tyran. Dans un manuel d'histoire ancienne à l'usage des écoles, on dut, par ordre, imprimer cette phrase :

« Les Romains vécurent en république parce qu'ils ne purent avoir le bonheur de vivre plus longtemps sous l'autocratie d'un seul souverain. » La censure ne tolérait pas qu'on racontât la véritable origine allemande des Romanoff. Il n'était pas permis non plus de désigner la maison régnante sous le nom de la maison Holstein-Gottorp. On devait expliquer que les Romanoff avaient hérité du trône d'une branche de la dynastie de Yurik régnant à Moscou.

Mais la censure ne faisait pas de difficulté pour laisser imprimer que « pendant la guerre de Sept ans, les Russes ayant remporté une grande victoire sur les Prussiens, imposèrent à ceux-ci les conditions d'une alliance russo-prussienne ».

En 1848, Nicolas institua en outre une commission spéciale chargée de surveiller les livres et les journaux à leur apparition, ou à leur entrée en Russie. La *Gazette des Tribunaux* (de Paris) fut interdite. En 1860, sous Alexandre, cette défense n'avait pas encore été révoquée.

Cette surveillance et cette sévérité excessives n'empêchaient pas la circulation des écrits prohibés. A cette époque, la *Cloche* de Herzen devint une seconde puissance dans l'Etat.

Il était défendu sans une autorisation spéciale du gouvernement de voyager en Russie pour recueillir des renseignement statistiques et ethnographiques.

La permission de sortir de l'empire ne s'obtenait qu'avec peine et contre le payement d'une taxe annuelle de 500 roubles (deux mille francs). La Russie était hermétiquement fermée. En prohibant les livres imprimés en Occident, on empêchait à dessein les professeurs des universités de se tenir au courant des progrès scientifiques modernes. Nicolas, quand on lui parlait de sciences, se laissait aller à des railleries de caporal. La princesse Galitzine lui annonça un jour avec joie que son fils venait d'être reçu docteur en médecine à l'université de Moscou :

— C'est très bien, répondit le tzar, il pourra donner des lavements à mes grenadiers !

Quelle fut la conséquence de ces trente ans de régime de fer? La jeunesse, désespérant de sortir de l'oppression par les moyens légaux, rêva le salut par l'anéantissement et la destruction de ce qui existait. Elle se jeta dans les doctrines nihilistes. Elle proclama, avec Bakounine, le triomphe du néant et du chaos.

11

La guerre de Crimée vint enfin tirer la nation de son sommeil. La défaite fut pour la Russie un bienfait. Le gouvernement dut, bon gré mal gré, entendre de dures vérités et entrer dans la voie des réformes.

« Réveille-toi, ô Russie, s'écriait dans une brochure un auteur anonyme. Déchirée par les ennemis extérieurs, ruinée par l'esclavage, humiliée par la stupidité des fonctionnaires et des espions, sors de ton long engourdissement de paresse et d'ignorance! Nous avons assez longtemps courbé la tête sous le joug des khans tatares. Lève-toi, avance-toi tranquillement devant le trône du despote et demande-lui compte du désastre qui pèse sur son peuple. Dis-lui que son trône n'est pas l'autel de Dieu, et que Dieu ne nous a pas condamnés à demeurer esclaves à jamais. La Russie, ô tzar, t'avait confié la suprême puissance, et tu étais comme un dieu sur la terre! Qu'as-tu fait? Aveuglé par la passion, tu n'as voulu que la puissance, tu as oublié le pays. Tu as consumé ta vie à passer des revues, à modifier des uniformes, à signer des projets de lois. Tu as créé la méprisable race des censeurs de la presse afin de ne pas entendre les murmures de ton peuple et la voix de la vérité. La vérité, tu l'as ensevelie et tu as roulé contre son sépulcre une grosse pierre, tu as placé une forte garde auprès de sa tombe, et tu as dit dans la joie de ton cœur : « Pour elle, » plus de résurrection! » Or le troisième jour, la vérité est ressuscitée d'entre les morts. Avance, tzar, comparais devant le tribunal de Dieu et de l'histoire! Tu as foulé aux pieds la vérité, tu as opprimé la liberté, ton orgueil et ton obstination ont épuisé la Russie, tu as armé le monde contre elle. Incline ton front devant tes frères, courbe la tête dans la poussière, demande pardon. Jette-toi dans les bras de ton peuple; il ne te reste pas d'autre voie de salut! »

Le successeur de Nicolas, Alexandre II était rempli de bonnes intentions; il commença son règne par d'importantes réformes. Le prince Gortschakoff venait de dire son fameux mot : « La Russie se recueille. »

Les serfs furent émancipés par ordre du tzar. Et il réforma les impôts, l'administration ecclésiastique et les tribunaux ; il revisa la loi sur la presse, il améliora les écoles, il en créa de nouvelles. Le réseau des chemins de fer fut complété ; l'armée réorganisée.

On entrevit une première lueur de liberté. Mais elle s'évanouit bientôt. La politique qu'Alexandre adopta dans la suite fut en contradiction complète avec les idées libérales qu'il avait professées au commencement de son règne. Dès 1863, un système de répression pesa sur le pays. La révolution de Pologne, les incendies de Saint-Pétersbourg attribués aux socialistes, opérèrent ce revirement subit. Le fanatisme national demanda la destruction de tout ce qui n'était pas russe. Les populations allemandes des provinces baltiques furent opprimées, persécutées. On interdit l'emploi des caractères latins en Lithuanie. Le mot d'ordre était donné par la presse de Moscou. La *Gazette de Moscou*, à l'apogée de sa puissance, exerçait un véritable terrorisme ; elle réclamait la russification générale de l'empire, par la force. « Ce qui est bon en Occident, écrivait Aksakow, ne vaut rien en Russie ; nous allons nous émanciper du reste de l'Europe ; et notre production sera aussi nationale que notre éducation. » Tout pour la Russie et par la Russie, telle était la devise des slavophiles.

Une ère de prospérité devait s'ouvrir pour l'immense empire ; une période de gloire pour son histoire.

Hélas ! ces espérances ne se sont pas réalisées. De l'aveu même des Russes, jamais l'économie rurale n'a été dans un aussi pitoyable état qu'aujourd'hui; la production diminue partout ; la banqueroute est suspendue sur la tête des propriétaires ; les paysans, plus débauchés et plus pauvres (1) qu'au temps du servage, se débattent sous les griffes des usuriers, de la misère et de la faim. L'administration et la justice rurale présentent une confusion voisine du chaos.

Et ce n'est pas seulement le paysan qui est à plaindre ; les autres classes ne sont guère plus heureuses. Koschelew, dans son petit livre intitulé « *Notre situation* » (1875), commence par cet aveu : « Notre situation présente est dure et précaire. Il n'y a que ceux qui en

(1) En 1865, on comptait en Russie un cabaret par 310 habitants.

tirent profit qui n'en conviennent pas. Des choses si surprenantes se passent sous nos yeux, nous assistons à de telles chutes morales, qu'involontairement notre âme s'emplit de tristesse. »

En Russie, le gouvernement le mieux intentionné se verra toujours entravé dans l'exécution de ses réformes et de ses lois par la masse croissante de ces employés et de ces fonctionnaires corrompus jusqu'aux moelles. Ce sont eux qui mettent à la toute-puissance du tzar des bornes invisibles. Un enfant demandait un jour à son grand'père :

— Qu'est-ce que le diable, qu'on dit si méchant et si laid ?

— Mon enfant, c'est le chef de tous les tchinowniks (fonctionnaires), répondit le père.

— Il n'y a qu'un seul employé honnête dans mon empire, disait Nicolas. C'est moi !

La hiérarchie des tchinowniks, divisée en quatorze classes par Pierre Ier, ressemble à la hiérarchie des mandarins chinois. Un docteur en philosophie admis dans la huitième classe, a le rang de major. Le cocher de l'empereur Alexandre avait le rang de colonel ; des demoiselles de la cour ont le rang de capitaine, et les évêques celui de général. Cette organisation assure le triomphe de la médiocrité, de la nullité et de la vénalité, car pour occuper une position quelconque dans l'État, il faut être parvenu dans le *tchin*, à un grade correspondant.

Le peuple déteste et méprise cette innombrable race de fonctionnaires avides qui le vole et qui le pille. « Monde de singes en uniforme, s'écriait Pouschkine, monde d'esclaves fiers de leurs fers, écume de la société, marais où s'embourbe l'honneur ! »

« Le tchinownik, d'après le conseiller Wigel, est un voleur civilisé qui n'a pas le courage nécessaire pour exercer son métier au grand jour. » Le comte Bludow disait qu'on devrait écrire sur la porte de certains ministères : « *Lasciate ogni conscienza, voi chi entrate* » (1).

Quand un fonctionnaire travaille, il travaille tout au plus trois ou quatre heures par jour. Le nombre d'employés inutiles est incalculable. Il y a une légion de fonctionnaires pensionnés qui ne rendent aucun service à l'État et ne contribuent qu'à l'épuisement plus rapide du trésor public.

La bureaucratie, le fonctionnarisme, voilà l'ulcère, le chancre qui dévore le pays; et tant qu'on s'obstinera à faire de la centralisation à outrance, il n'y aura pas espoir de guérison.

(1) Laissez toute conscience, vous qui entrez.

III

Le clergé russe forme aussi, comme les fonctionnaires, une caste à part, mais il n'a jamais eu la
moindre influence sur le développement politique et
social du pays. Le peuple méprise les popes ; dans
les hautes classes, on tourne volontiers les moines en
ridicule. Et entre popes et moines, il y a des désunions
profondes, la haine du pauvre contre le riche, du
faible contre le fort et le puissant. Le clergé noir (1),
jouit seul de la richesse, de la considération, du pouvoir,
bien qu'il soit tout aussi ignorant que le clergé blanc.
C'est à ses monastères qu'affluent les riches offrandes,
les donations en tout genre. Au commencement du
siècle dernier, plus du quart de la population entière
de la Russie appartenait aux moines. Le couvent de
Troïtza avait à lui seul 120,000 serfs et des terres en
proportion.

(1) Les moines.

Le clergé noir a de tout temps été byzantin, tandis que le clergé blanc est national russe. Depuis Pierre le Grand qui supprima le patriarchat et le remplaça par le « saint synode », le tzar est le chef spirituel de l'Église orthodoxe. Soumise au joug officiel, cette Église n'est qu'un simple rouage administratif. Chez elle, tout consiste en pratiques extérieures, en révérences, en inclinations de tête, en signes de croix. Elle entretient parmi le peuple les superstitions les plus grossières. Le moujick croit fermement que rien n'arrive sans le consentement ou la volonté des saints « qui descendent du ciel, à époque fixe, pour voir ce qui se passe sur la terre, récompenser les bons et punir les méchants. » Tel saint guérit de la rage, tel autre vous fait découvrir les voleurs; il y a aussi un saint qui aide les poules à pondre et les paysannes à vendre les œufs; un saint spécial, comme notre saint Antoine, est l'ami et le bienfaiteur des cochons. Les saintes ne sont pas moins occupées. Il y en a qui plantent et soignent les choux, ou qui protègent les oies et les canards; l'une donne des garçons aux filles, l'autre des filles aux garçons. Dans les villes, le clergé conduit auprès des malades, en calèche de gala, l'image miraculeuse de la Vierge, et s'en fait de beaux revenus.

Un brigand tue et pille un voyageur, mais il se gardera bien de toucher à la viande trouvée dans sa voiture, si c'est un jour maigre.

Celui qui médite un « coup », va d'abord à l'église,

se placer sous la protection d'un saint du paradis.

Un voleur qui se dispose à commettre un sacrilège en forçant le tronc d'une chapelle, promet un cierge à son patron si celui-ci l'aide dans sa noble entreprise.

Ce sont les mêmes pratiques superstitieuses qu'en Italie.

En 1791, un concile ecclésiastique prononça l'anathème contre ceux qui ne se signaient pas d'une certaine façon.

— Où seront, au jugement dernier, se demandait un patriarche de Moscou, ceux qui se rasent le menton ? Avec les vieux-croyants ornés de toute leur barbe? Non. Ils seront avec les hérétiques sans barbe.

Le port de la barbe pour les vieux-croyants est comme le dogme de la prédestination pour les calvinistes, — un article essentiel de salut, de félicité éternelle.

Aussi les réformes et les innovations de Pierre le Grand furent-elles regardées comme l'œuvre de Satan. L'introduction du nouveau calendrier qui plaça le commencement de l'année au mois de janvier (1), fut prise pour un blasphème et une hérésie. « Comment, disait-on, le monde a-t-il pu être créé en janvier ? Eve, où aurait-elle pris la pomme? Il n'y en a plus aux arbres. »

Le paysan est très attaché à ses pratiques religieuses.

_____

(1) Anciennement l'année commençait au mois de septembre.

Il va régulièrement à l'église, reçoit la communion, se signe en passant devant toutes les images saintes, observe scrupuleusement les jeûnes et fait des pèlerinages. Mais c'est tout. Sa religion s'arrête à ces formules extérieures.

Le rite grec permet le plain-chant pendant le service, mais sans accompagnement d'aucun instrument de musique. Si les images peintes sont autorisées, les sculptures ne le sont pas. L'art religieux s'est figé dans les vieilles formes byzantines, avec leurs symboles enfantins et surannés.

L'Eglise grecque orthodoxe condamne toute recherche scientifique. Elle n'a pas de théologie et ses dogmes restent étrangers à la masse. Esclave de l'Etat, elle est immobile et stationnaire. Elle ne catéchise pas, elle ne prêche pas, elle n'a ni missions ni missionnaires ; elle n'agit pas, elle est morte. Ensevelie dans sa raide orthodoxie, elle ressemble à une momie entourée de bandelettes sacrées.

Le monachisme, avec son droit exclusif d'arriver aux dignités épiscopales, forme une espèce de bureaucratie ignorante et corrompue, c'est une des institutions les plus nuisibles au pays.

Avant la loi de 1869, les enfants de prêtres devaient tous suivre la même vocation que leurs pères. Les autres carrières leur sont ouvertes aujourd'hui ; mais la demi-instruction qu'ils reçoivent dans les séminaires, les livres défendus qu'ils dévorent en secret, les portent aux revendications révolutionnaires. Leur pauvreté, la vie de misère qui les attend ensuite, achèvent de les gagner au nihilisme.

La liberté de conscience est une bien drôle de chose en Russie. On l'accorde, on la retire, selon le bon plaisir de l'Etat. Les luthériens, les mahométans et les païens ne sont guère molestés. Les Israélites sont libres de pratiquer leur culte, mais ils sont privés du droit de bourgeoisie. Les catholiques sont exposés à de cruelles persécutions. Quant aux sectes de l'Eglise d'Orient, elles accomplissent leur culte en cachette, et sont obligées d'acheter le silence des popes et des fonctionnaires.

On évalue le nombre des dissidents russes à neuf ou dix millions. Ils forment plus de deux cents sectes. La plus nombreuse est celle des *raskolniks*, qui se séparèrent de l'Eglise orthodoxe en 1666, lors de la réforme du patriarche Nikon. Les raskolniks se subdivisent en *bespopowtchina* (sans prêtres), et en *popowtchina* (avec prêtres). Les premiers rejettent tout clergé et tout mariage. Aux seconds se rattachent les *Starowierzi*, ou vieux-croyants, qui ne vénèrent que les images peintes, ne coupent jamais ni leur chevelure ni leur barbe, conservent l'ancien costume russe et s'abstiennent de bière, d'eau-de-vie et de toute boisson. Répandus dans tout l'empire, ils sont particulierement nombreux en Sibérie, sur les bords de la Volga et dans les provinces de l'Ouest. Ils disposent de capitaux considérables, s'entr'aident et se secourent entre eux, et se livrent à un ardent prosélytisme.

Il y a encore les skopski qui se mutilent, les vagabonds qui meurent en plein air, les clystis qui prient et dansent tout nus, les napoleontschini, pour lesquels Napoléon est un saint, les vieux-ritualistes (staro-obriadtsi), qui sont opposés à tout progrès, à toute réforme; il y a des sectaires qui regardent la sainte Ecriture comme la base de leur foi, d'autres qui la rejettent et se laissent guider par leurs chefs; il y en a encore qui croient à une nouvelle incarnation du Christ; enfin nous voyons des sectaires farouches qui confondent la religion avec leurs émotions nerveuses, qui s'entre-tuent, qui égorgent leurs enfants, qui se livrent à des exercices érotiques et à des pratiques obscènes, qui s'infligent des punitions corporelles et invoquent Dieu dans des orgies impies, dont la femme est la prêtresse impudique.

De pareilles aberrations religieuses n'expliquent-elles pas toutes les aberrations sociales et politiques?

IV.

Il ne saurait être question de progrès national chez un peuple, divisé comme l'est le peuple russe, en deux mondes absolument opposés : d'un côté les civilisés, de l'autre les « brutes noires », les *tchorni narod.* Un million de privilégiés en face de 79 millions d'hommes qui ne comptent pas, qui débutent à peine dans la civilisation occidentale et sont mal léchés par elle ! « Un petit nombre de Russes élevés à la française, dit le maréchal de Moltke, vivant dans le luxe, revêtus d'uniformes ornés de décorations, marchent sans se mêler, à côté de cette masse profonde et cent fois plus nombreuse de gens barbus, ignorants, pieux, dociles et robustes... »

Et M. de Moltke ajoute : « Partout les contrastes les plus violents ! Des chaumières à côté des palais, des villes superbes dans des contrées désertes, des chemins de fer qui ne touchent à aucune ville, des ananas

qui mûrissent dans des serres, là où le blé ne pousse
pas ! le raffinement en tête-à-tête avec la barbarie et
la grossièreté ! »

Pas de classe moyenne ; un gouvernement incarné
dans la personne d'un seul : le tzar dont la puissance
est illimitée. L'Etat est une famille agrandie, soumise
à l'autorité patriarcale de l'empereur. « Comment,
disent les Russes, les lois humaines pourraient-elles
restreindre le droit divin du père ? » Le peuple n'a aucune notion politique ; qu'entendrait-il à la théorie de
la constitution représentative ? Le pouvoir absolu
semble une nécessité dans ce pays où rien ne se fait si
l'ordre ne vient d'en haut. L'autocratie basée sur
l'obéissance aveugle, n'est-elle pas une des consé--
quences de ce manque d'activité et d'initiative personnelles qu'on observe chez le Slave ?

L'organisation de l'Etat n'a rien de solide ni de
stable. « Notre gouvernement, dit Herzen, aime les
nouveautés jusqu'à la folie ; rien n'est durable chez
lui, il change, il transforme sans cesse. Chaque nouveau règne met en question ce que le règne précédent a
fait. Aujourd'hui on permet ce qui était défendu hier. »

Des murs de bois !

« Dans la vie russe, s'écrie Tourgueneff, tout est fumée ! On ne voit que des formes nouvelles ou des choses
ébauchées. Tout le monde se presse, se pousse et l'on
n'arrive à rien. Le vent tourne ; on se jette du côté opposé... Vapeur, fumée ! »

La grande réforme judiciaire et législative entreprise par Alexandre II aurait, dans tout autre pays, amélioré les mœurs ; en Russie, elle n'a provoqué aucun progrès, elle n'a produit aucun bien.

Les lois relatives à l'organisation de l'instruction, au rétablissement de l'administration provinciale, à l'organisation des tribunaux ont été cent fois mises en question et constamment changées, modifiées depuis seize ans.

Tout est bâti sur le sable.

Les Occidentaux s'étonnent de ces contradictions, ils ne s'expliquent pas ces phénomènes, parce qu'ils négligent de remonter aux origines, à l'hérédité. Tous les Russes de la seconde moitié du dix-neuvième siècle sont fils et petit-fils de serfs, ou de seigneurs qui traitaient ceux-ci avec une sauvage barbarie. Tous les marchands russes ont eu [pour pères des serfs qui avaient acheté de leurs maîtres le droit de quitter la terre seigneuriale et de venir se fixer dans les villes. Sous l'officier élégant et poli de la garde se cache le despote asiatique ; grattez l'adroit marchand de Moscou et de Pétersbourg, vous trouverez le fanatique, le fou religieux qui se livre à des mutilations et à des pratiques sans nom ; des sentiments de sauvagerie bien plus cruels que chez le Tcherkesse et le Turc se réveillent de temps en temps chez le moujik, d'apparence si placide. Aussi se passe-t-il sur les bords de la Néva, du Volga et de la Moskva des choses qui seraient impossibles dans le reste de l'Europe

Le nihilisme est une doctrine tout à fait russe. Les aspirations de la révolution démocratique sociale dans l'Ouest n'ont rien de commun avec cette théorie de l'universel anéantissement. Rien de plus absurde, de plus insensé, mais l'esprit russe trouve cela magnifique. Dans nul autre pays un livre aussi faux et aussi pervers que le roman de Tchernichevski (*Que faire?*) (1) n'aurait pu ainsi bouleverser les têtes.

L'ébranlement est partout : dans les principes, dans les idées, dans le gouvernement, dans l'administration, dans l'armée. On voit des jurys qui acquittent des assassins politiques; des parents de l'empereur qui conspirent avec la révolution nihiliste; l'autorité est mise en doute, la dissolution générale. Des centaines d'individus sont encore envoyés en Sibérie sans jugement, « par voie administrative »; les punitions corporelles sont publiquement abolies, mais on ne les inflige pas moins dans l'ombre et le silence des prisons.

Le gouvernement s'épuise en mesures réactionnaires, comme si les ukases despotiques de Nicolas avaient opposé une digue aux flots montants des revendications sociales !

Agitée et bouleversée comme elle l'est, tiraillée d'un côté par l'autocratie, de l'autre par la révolution, la Russie doit choisir entre les deux voies qui s'offrent à

(1) Une traduction de ce curieux ouvrage doit paraître prochainement à la librairie Dentu.

elle : celle du progrès ou celle de la réaction. Si elle s'abandonne aux rêves slavophiles, si elle repousse toutes les idées de l'Occident, elle se condamne à rester stationnaire, à la manière mongole-chinoise. Elle ne sera plus qu'une île solitaire, détachée du monde civilisé.

Mais il est bien difficile, à une époque de chemins de fer et de télégraphes, de se mettre complètement à l'écart, de se tenir en dehors de tout mouvement. Bon gré mal gré, dans la guerre ou dans la paix, il faudra que le colosse semi-asiatique se courbe et se plie devant la civilisation allemande !

L'ARMÉE RUSSE

L'ARMÉE RUSSE

I

L'ensemble des impôts qui pèsent sur le peuple russe se chiffrait, il y a quatre ans, pas une somme de 570 millions de roubles.

La part contributive des paysans comprend les deux tiers de cette somme.

A lui seul, le budget de l'armée absorbe près de la moitié de la recette générale.

Il y a dans ces chiffres une disproportion sur laquelle il n'est pas nécessaire d'insister. Le pays est pauvre, dénué de ressources. Son organisation militaire épuise toutes ses forces vives. La Russie doit donc être une nation guerrière de premier ordre. Est-elle vraiment si redoutable que les apparences nous la montrent?

Sur le papier elle peut aligner un nombre énorme de bataillons, quelque chose comme 2,617,000 soldats,

le 3 0/0 d'une population de 88 millions et demi
d'âmes.

Mais cette armée est répandue sur un territoire immense, dépourvu de moyens de communication suffisantes, tandis qu'un réseau de voies ferrées l'enveloppe
du côté de l'Allemagne.

Aussi les Russes se trouvent-ils en présence d'une
alternative fâcheuse. S'ils commencent par construire
des chemins de fer, ils ne disposeront plus des ressources nécessaires pour soutenir une grande guerre.
S'ils entrent en campagne dans leur situation actuelle,
les troupes leur feront défaut. Sans de grandes lignes
de chemins de fer reliant le centre aux extrémités de
l'empire et formant aux frontières une ceinture de
défense, la mobilisation de l'armée russe ne s'effec-
tuerait qu'avec une perte de temps considérable et
après de longs mois de marches fatigantes. Jamais cette
armée ne pourrait se concentrer sur un point donné
pour repousser victorieusement une attaque. La Russie
n'est donc point une puissance militaire et la moindre
imprudence belliqueuse serait expiée chèrement par
elle. D'autre part, si elle organise son réseau de voies
stratégiques elle devra engager et immobiliser ses
ressources dans une œuvre qui occupera tout un
cycle d'années, sans même oser espérer que les lignes
en construction lui soient jamais d'un rendement quelconque. Leur situation reculée leur enlève en effet
toute importance commerciale.

Que dirons-nous de l'effectif? Il s'agit de troupes disséminées dans de vastes déserts; une grande partie de ces soldats ne franchissent jamais la frontière européenne. Les données nous manquent. Nous ne nous arrêterons pas davantage aux frais énormes que nécessiterait le transport d'une armée à travers des étendues aussi prodigieuses. Nous constaterons seulement quelques faits que l'histoire contemporaine a mis en relief; ils parlent plus haut que les meilleures statistiques.

Quelles sont les forces militaires que la Russie a mises en ligne pendant ce siècle, d'abord dans ses guerres contre Napoléon Ier, dans sa première campagne de Turquie, pendant la première révolution polonaise, puis en Crimée et dans la dernière campagne contre les Turcs? Ce fut, dans la première moitié du siècle, à peine le dixième des forces indiquées plus haut et dans la seconde à peine le quart.

Le mémoire par lequel le grand-duc Nicolas (on le lui attribue du moins) a répondu aux attaques dirigées contre lui dans la *Revue nouvelle* est à ce sujet particulièrement instructif. Ce sont des chiffres en quelque sorte officiels qu'il renferme.

En novembre 1876, l'armée du Danube comptait 188,000 hommes, tandis que 59,000 combattants se dirigeaient vers Kars et la Turquie d'Asie.

En avril, l'armée principale comprenait 246,000 soldats, encore faut-il faire entrer dans ce chiffre les

troupes auxiliaires de Serbie et de Roumanie, ces dernières au nombre de 40,000 hommes et les 6,000 de la
milice bulgare. L'armée d'attaque du côté de l'Asie
atteignait le chiffre de 79,000 hommes.

Lorsque enfin la Russie dut engager l'arrière-ban de
ses troupes, l'armée du Danube se composait de
554,000 combattants, y compris les auxiliaires, et l'armée d'Asie de 112,000. 73,411 hommes restaient échelonnés sur les rives de la mer Noire.

Tel fut le plus grand déploiement de forces de la
Russie. En février 1871, l'Allemagne avait jeté sur le
sol français une armée d'invasion de 1,350,000 hommes;
et l'on rencontrait cependant encore des jeunes gens
le soir dans les cafés et les brasseries de la blonde
Germanie.

Le soldat russe, il est vrai, est intelligent; il se distingue par une grande force de volonté; les fatigues
et les privations ne lui coûtent guère. Il pousse jusqu'à l'héroïsme l'esprit de discipline. Mais ces qualités
individuelles ne se perdent-elles pas dans la lenteur
des mouvements d'ensemble?

Pas de stratégie, pas d'action véritable. Pas d'officiers
capables, pas de bons généraux. Une administration
et une intendance toujours embourbées dans la vieille
ornière.

Il serait difficile, avec la meilleure volonté du monde,
de reconnaître dans une organisation aussi défectueuse, des pronostics de succès futurs et de victoire.

II

La comparaison de l'organisation militaire de la Russie avec celle des grandes puissances européennes n'avait laissé aucun doute sur la supériorité de la France, de l'Autriche et de l'Allemagne. Ces pays possédaient évidemment une armée mieux organisée et mieux commandée.

Mais quelle ne fut pas la honte et la déception des patriotes russes lorsque l'expérience leur apprit, à leurs dépens, hélas! que la Turquie, cette nation barbare courbée sous le fatalisme oriental, elle aussi, distançait la Russie par une plus savante organisation de ses troupes!

Avant la guerre, la situation financière de l'empire russe était relativement bonne, florissante même s'il fallait en croire les assurances officielles, tandis que la banqueroute menaçait la Porte. On avait de plus persuadé au peuple russe que l'armée turque n'avait

à sa tête que des officiers ignorants et incapables,
tandis que la Russie avait pu largement mettre à profit toute la science militaire des peuples d'Occident.

Les événements révélèrent tout à coup du côté des
Russes, une infériorité écrasante. Les fusils turcs portaient à 3,000 pas et pouvaient tirer 16 coups à la mi-
nute. Les fusils russes ne portaient qu'à 6 ou 800 pas.
Quant au tir, ce fut une circonstance heureuse qu'il ne
put être rapide, car le plus souvent les soldats russes
manquaient de munitions avant la fin du combat.
Seule la garde était armée du fusil Berdjanki auquel
elle dut de grands avantages. Mais elle donnait plus
rarement que les autres troupes et c'est le reste de
l'armée qui tint la campagne de juin en septembre.

Comment l'état-major russe a-t-il pu ignorer les
causes d'une infériorité aussi grave ? Comment est-il
excusable de n'avoir pu assurer à l'armée un approvi-
sionnement normal de cartouches et de munitions?
Ce sont des questions auxquelles il n'a jamais été répondu. Les plaintes cependant étaient universelles;
officiers et soldats se rencontraient pour signaler cette
négligence coupable.

Pendant toute la campagne, l'armée russe se vit
obligée de ménager avec le plus grand soin la poudre
et les balles, et, en dépit d'une stricte économie, ses provisions restaient insuffisantes. Les Turcs, eux, pouvaient, au dire de leurs officiers, prodiguer les cartouches et les coups de feu, tandis que chez les Russes

des jours se passaient avant que les gibernes vides se remplissent à nouveau.

Les Turcs étaient suivis d'un nombreux équipage de guerre destiné au transport des munitions ; les soldats russes devaient se charger eux-mêmes de leurs munitions sans pouvoir jamais s'alléger de ce lourd fardeau sur aucun véhicule. La guerre franco-allemande avait cependant démontré la nécessité d'épargner au soldat pendant les marches un tel excès de charge.

Les Russes n'étaient pas plus favorisés sous le rapport du vêtement ; les « croyants au vrai Dieu » se trouvaient réduits à envier les solides tuniques et les excellentes chaussures des « infidèles ». Au début de l'hiver de 1877, lorsque l'armée eut à franchir la chaîne couverte de neige des Balkans, les soldats n'avaient plus de bottes ! Ils durent marcher pieds nus, déchirés par les aspérités du chemin. On compta par milliers les victimes du froid. Les fournisseurs avaient livré aux troupes des semelles de carton. Quelques-uns d'entre eux, dont la fraude fut surprise à Moscou, se virent assaillis par des vétérans et laissés pour morts sur place.

Il y a encore d'autres exemples d'imprévoyance. Au moment de l'investissement de Plewna, les travaux du siège furent retardés faute de pelles et de pioches. Il fallut demander ces outils à Bucharest ! Et ce n'était point là une exception. Toujours les Russes manquaient de matériel. Les Turcs s'étaient-ils emparés d'une position, immédiatement ils creusaient des fossés et se retranchaient derrière des remparts et des redoutes. Les soldats russes les regardaient faire. On avait oublié les pelles!

Lorsque les Allemands entrèrent en France, ils étaient abondamment pourvus de renseignements géographiques; des cartes du pays envahi avaient été distribuées à tous les sous-officiers. C'est un fait qui est resté dans toutes les mémoires. Pas un journal russe qui ne le mentionnât. Il ne paraît pas cependant qu'il ait attiré l'attention de l'état-major. On s'avisa, seulement vers le milieu de la guerre, de distribuer quelques cartes, *six par régiment*, et ce fut tout!

Le service des postes en campagne donna lieu à un immense désarroi. Des centaines de mille lettres adressées aux soldats bien peu arrivèrent à destination; et si elles arrivaient, c'était avec un retard de quatre ou cinq mois!

A Kasanlyk, un officier avait réussi à mettre la main sur une sacoche destinée à son régiment. Il réunit aussitôt ses hommes pour leur faire part de sa trouvaille et distribuer les précieuses lettres. Mais presque personne ne répondit à l'appel des noms. La sacoche avait erré longtemps d'un corps d'armée à l'autre. Elle arrivait trop tard. Les soldats étaient morts!

Les officiers et les généraux n'étaient, sous ce rapport, pas mieux traités que les soldats. Quant aux envois de valeurs, ils disparaissaient le plus souvent. Le désordre grandit à un tel point qu'on refusait de se servir de l'entremise du bureau militaire et qu'on faisait porter les lettres (avec l'adresse en français ou en allemand) au bureau de poste autrichien le plus rapproché.

Le service télégraphique n'était pas mieux organisé. Aucun moyen de communication ne reliait entre eux les divers corps, de sorte que leurs chefs n'avaient pu combiner des mouvements d'ensemble et ignoraient absolument ce qui se passait hors du rayon de leurs propres opérations. C'est ainsi que le colonel Kossitsch, chef d'état-major du 12ᵉ corps, stationné près de Roustchouk, n'apprenait que par des journaux vieux de deux ou trois semaines les événements qui se produisaient sur les autres points du théâtre de la guerre. On dira que l'éloignement et les circonstances topographiques empêchaient de remédier à cet état de choses. Mais voici un autre exemple qui enlève aux faits signalés toute apparence d'excuse. A Plewna, des détachements qui devaient agir de concert restèrent des semaines entières sans communications télégraphiques bien qu'ils fussent à peine éloignés de dix verstes les uns des autres. La négligence tenait du système et il en résultait une grande méfiance à l'égard des chefs.

L'administration supérieure, qui avait oublié de pourvoir l'armée de pelles, de pioches, de cartes et d'appareils télégraphiques, devait oublier également

12.

les lunettes. Aussi est-il arrivé plusieurs fois que de-
officiers, faute de connaissances géographiques et ne
possédant aucun moyen de s'orienter, conduisirent les
troupes qu'ils commandaient à une véritable bou-
cherie. Il advint également que des corps russes se
rencontrant et croyant avoir affaire à l'ennemi, dirigè-
rent les uns sur les autres des feux meurtriers.

Les Allemands avaient assez montré l'avantage qu'il
y a de connaître le pays que l'on veut envahir. Six mois
avant la déclaration de guerre on savait qu'on aurait à
franchir le Danube. Et cette terre que l'armée russe
allait conquérir, restait pour elle un monde inconnu !
On ne pensait qu'à une chose, la délivrance d'un
peuple. Qu'importait la route qu'il fallait suivre, les
gens qu'on pouvait rencontrer; les Russes, disait-on,
n'ont qu'à paraître, les Turcs se laisseraient sans résistance coiffer du bonnet des Cosaques.

Et l'intendance ? Elle se créa pendant la guerre de Cri
mée une réputation détestable. Mais les fraudes qui se
commirent à cette époque se réduisent à peu de chose si
on les compare à la gigantesque série d'escroqueries qui
marqua la campagne du Danube. Si les entrepreneurs
qui en 1854-1855 étaient chargés de la fourniture des
vivres volaient et s'enrichissaient aux dépens de l'État,
du moins ne faisaient-ils pas souffrir l'armée de leurs
déprédations. Ce qu'ils ne volaient pas trouvait un
emploi utile; les soldats s'en nourrissaient.

En 1877-1878, l'incapacité des agents fut encore plus

grande que leur mauvaise foi. Ils livraient de la farine moisie, du pain gâté, des fourrages avariés. Et cependant la difficulté des communications était moindre ; les vivres passaient par moins de mains ; l'on pouvait utiliser les chemins de fer que l'on ne connaissait pas en Crimée.

L'intendance avait fait avec les entrepreneurs Greger, Horwitz et Kohan un contrat si maladroit que la qualité des vivres dépendait exclusivement de la bonne volonté de ces industriels. Il était sans doute stipulé que les fournitures devaient être de premier choix; mais une autre clause admettait une exception à cette règle. La première qualité n'était plus exigible au-delà des frontières de l'empire. Or, comme toute la guerre se fit sur le sol ennemi, l'exception prévalut si bien que les exigences du contrat restèrent lettre morte.

On reprocha surtout à l'intendance de ne jamais chercher, lorsque l'occasion s'en offrait, à se dégager des traités passés avec ces fournisseurs, d'identifier sa cause avec celle de cette société commerciale et de considérer toute attaque dirigée contre elle comme un attentat à sa propre dignité.

Pendant la première, ainsi que pendant la seconde marche du général Gourko à travers les Balkans, nul agent de la Compagnie ne se montra dans toutes ces opérations, et l'armée fut obligée de réquisitionner des vivres pour ne pas mourir de faim.

Le même fait se renouvela à Sistowa. Lorsque le général Sotow, commandant le 4ᵉ corps, atteignit cette ville, toute alimentation vint à manquer. Il avait cependant annoncé le jour et l'heure de la marche en avant de ses troupes. Les dépêches expédiées aux représentants de la Compagnie demeurèrent sans réponse. Il fallut s'adresser au gouverneur civil, le prince Tscherkasski, qui mit à la disposition de l'armée les provisions et les champs des familles turques.

En juillet 1877, le commandant de deux corps stationnés près de Tirnowa, adressait au quartier-général le télégramme suivant :

« Je suis sans intendance, sans un morceau de pain. Je vous prie de me venir en aide de suite. »

Les griefs les plus graves s'accumulèrent contre l'administration militaire.

On dénonça la complicité des juifs et des plus hauts personnages de la noblesse; on signala les prix excessifs qu'avait atteints la vente de marchandises sans valeur.

Si l'intendance avait rempli son devoir et exercé une surveillance active, il est évident que les duperies qui ont eu lieu n'auraient pu se produire.

Les malheureux paysans qui se laissèrent engager pour le transport des vivres en Roumanie et en Bulgarie, non seulement ne furent pas payés; mais maltraités, pillés, victimes de toutes les privations, les uns moururent de faim, les autres regagnèrent en mendiant les villages qu'ils avaient quittés à la tête de leurs cha-riots et de leurs chevaux, et fiers du traité qui leur con-fiait leur mission.

Voici un autre fait qui peut donner une idée de la manière dont les vols de toute nature se commet-taient.

En juillet 1877, un industriel passa une convention pour livraison de voitures de transport. Le prix fixé par jour et par voiture était de vingt francs payables en or. Deux mois plus tard, MM. Kaufmann et Bara-now passèrent un contrat analogue, mais en consen-tant à une réduction du prix à seize francs. Notre industriel n'en réussit pas moins à renouveler son mar-ché en avril 1878 dans des conditions presque identi-ques aux premières, et le traité Kaufmann-Baranow fut abandonné par l'intendance. Or en multipliant la différence des deux chiffres par le nombre des jours et celui des voitures, on arrive à constituer une somme de près de *six millions de francs.*

Parmi les employés subalternes de l'intendance, il y eut des escrocs qui exploitèrent avec une audace inouïe la confiance que l'on avait placée en eux. Le journal *la Molwa* a donné les plus curieux renseignements sur l'af-faire Chwoschtschinski. Cet employé était préposé aux fourrages et surveillait le dépôt de Kotroceni en Rou-manie. Sa position était modeste. Il trouva moyen ce-pendant de commettre des détournements s'élevant à 340,000 roubles et laissa se gâter pour 2 millions de conserves de fourrages. Ces vols eussent peut-être passés inaperçus dans le désordre inévitable d'une administration improvisée, qui avait à répondre aux mille exigences d'une situation nouvelle.

Mais le surveillant infidèle s'avisa aussitôt de faire parade de la fortune qui venait à lui. Il afficha un luxe exagéré, une prodigalité insolite (1). Un déjeuner payé 45,000 roubles or (environ 160,000 francs), et sur lequel les journaux de Bucharest glosèrent beaucoup, ainsi que des diamants de grand prix offerts à une demi-mondaine, attirèrent l'attention des autorités qui ordonnèrent une enquête et découvrirent la dilapidation. — Un collègue de cet employé, à qui avait été confiée la surveillance des magasins de Rasdelnaja, fut poursuivi, pour avoir détourné plus de sept millions de livres de fourrage et laissé pourrir 40,000 boisseaux d'avoine. On ne s'étonnera pas que sous l'influence de pareils inspecteurs on ait pu accabler d'exactions les pauvres paysans chargés de la conduite des transports.

(1) On distingue en Russie deux catégories d'employés selon l'usage qu'ils font des produits de leurs vols. Il y a le *poradotschni tschelowck*, l'homme « raisonnable » qui capitalise ; il y a encore le *prekrassni tschelowck*, l'employé « magnifique » qui vole la couronne pour se livrer à une vie dissipée et partager avec d'autres les fruits de son petit travail. Evidemment, Chwoschtschinski cultivait cette seconde manière, la moins considérée. L'une et l'autre ne méritent du reste à leurs auteurs que l'épithète de « malheureux » quand on les traduit en justice.

Les plus graves inculpations contre l'administration avaient cours et trouvaient créance dans le public. Le gouvernement les autorisait du reste par sa conduite. C'est ainsi que le procès intenté à MM. G..., H... et K... devant le conseil de guerre d'Odessa fut écarté par « ordre supérieur », l'affaire étouffée, les sommes contestées payées par le trésor.

Cette attitude du pouvoir était bien faite pour confirmer les soupçons du peuple russe sur l'esprit de corruption qui régnait dans les bureaux officiels.

Le défaut de prévoyance et d'organisation se manifesta avec non moins de force dans le service des hôpitaux et des ambulances. Au début de la campagne, c'est-à-dire avant qu'il y eût des blessés, on put croire à une organisation savante du service médical. On montrait des locaux superbement aménagés, et réunissant toutes les conditions de salubrité désirables.

Après les premières effusions de sang encore, lorsque les hôpitaux commencèrent à se remplir, plusieurs établissements se firent remarquer par l'ordre du service, les qualités de leur personnel, l'abondance des médicaments; une administration intelligente et rapide de tous les secours.

Nous citerons notamment les ambulances de Tirnowa et de Gorni-Stjuden, le quartier général de l'empereur. Mais ce n'était que l'apparence. Ailleurs on manquait de tout.

Un médecin raconte qu'à Sistowa, le service des

ambulances fut installé dans de misérables habita-
tions à demi effondrées où les Turcs avaient laissé des
traces nombreuses de leur séjour. C'était la malpropreté la plus repoussante. Et avec cela pas de nourriture, pas de médicaments, pas d'infirmerie. Vingt
blessés qu'on apporta dans une de ces maisons après
avoir été cahotés trois heures durant, y demeurèrent
deux jours sans recevoir la visite d'un médecin et sans
qu'un aliment pût leur être offert.

Et il ne s'agissait point ici d'une ambulance improvisée à proximité d'un champ de bataille. Non, l'on se
trouvait dans une ville considérable où les meilleurs
secours, avec un peu de prévoyance, auraient facilement été organisés. Des locaux n'avaient été préparés
que pour 4 ou 500 blessés, on y entassa 1,000 et jusqu'à 1,500 malades. Dix médecins presque sans aides
soignaient ces malheureux.

La misère fut encore plus poignante à Simniza. L'hô-
pital qui pouvait abriter 630 blessés en reçut environ 3,000. Ce fut un désordre indescriptible, une sa-
leté et une puanteur horribles. La même scène atroce
se reproduisit au lazareth de Frajeschty ; là, les malades couchaient à la belle étoile sur de la paille, atten-
dant vainement des soins et un peu de nourriture.

Dans les chemins erraient de longues caravanes de
blessés, au nombre de trois ou quatre cents quelquefois, sous la conduite d'un médecin et de deux infir-
miers. Ils se traînaient ainsi des jours entiers avant

d'atteindre une localité où rien n'était préparé pour les recevoir. Il arriva que dans ces circonstances les moyens de transport manquèrent absolument, comme après le troisième assaut de Plewna, où 574 malheureux soldats perdant leur sang et à bout de forces, mirent cinq jours à regagner Simniza sans trouver durant ce lamentable trajet une nourriture suffisante. C'était à croire, rapporte un témoin oculaire, que cette guerre attendue depuis des années avait éclaté inopinément et que tout préparatif avait été impossible.

S'il n'y a eu qu'une voix dans la presse et dans l'opinion pour dénoncer les vices d'organisation de l'armée russe, après les événements de 1877-1878, il n'y a eu qu'une voix également pour célébrer la louange de l'officier et du soldat. Il est évident que depuis l'introduction du service militaire obligatoire et la suppression des châtiments cruels et déshonorants de l'ancien système, l'esprit de l'armée s'est amélioré et que les meilleurs rapports lient les subordonnés à leurs supérieurs.

Le niveau moral s'est élevé.

Les jeunes officiers constituent maintenant un élément humain qui, mieux que la rudesse traditionnelle, entretient la discipline et provoque les dévouements de l'héroïsme.

LA NOUVELLE ALLEMAGNE

ET LA NOUVELLE RUSSIE

LA NOUVELLE ALLEMAGNE

ET LA NOUVELLE RUSSIE

I

L'alliance avec la dynastie des Hohenzollern formait une partie essentielle du système politique du tzar Nicolas. Il avait emprunté à la Prusse cette bureaucratie méticuleuse et ce militarisme fortement discipliné qui lui inspiraient une si vive admiration et de si profondes sympathies.

Ces sympathies étaient réciproques.

A Berlin, un parti puissant et nombreux vouait au tzar un culte sincère, le considérait comme le gardien et le défenseur de l' « ordre moral établi par Dieu ».

Le tzar étouffait toute velléité libérale ; il avait en horreur les institutions constitutionnelles de la France. La proclamation de la République l'exaspéra.

Dans l'empire, l'opposition devenait cependant de plus en plus forte. Le nombre des libéraux russes allait augmentant. Leurs préférences étaient tout indiquées.

Ils prirent en haine la Prusse. A leurs yeux, elle était pour beaucoup dans l'absolutisme du tzar, et elle empêchait la Russie de poursuivre une politique extérieure strictement slave et nationale.

Ces tendances hostiles s'accusèrent ouvertement après la mort de Nicolas. Tous ceux qui, en 1847, guidaient et dirigeaient l'opinion publique, voulaient en finir avec ces relations trop intimes entre Berlin et Saint-Pétersbourg. Ils se moquaient des préjugés absolutistes et des sympathies prussiennes des généraux et des fonctionnaires de Nicolas. La littérature et la philosophie allemandes, qu'on mettait au-dessus de toutes les autres, furent abandonnées pour les œuvres des écrivains français. Les hommes d'État qui avaient fait les réformes de 1859-1863, se déclaraient hautement les partisans de la France libérale. Lorsque la dépêche de Gortchakoff (27 mai 1859) laissa entrevoir la possibilité d'une alliance franco-russe, les journaux de Moscou et de Saint-Pétersbourg soutinrent longtemps la thèse, que la nation russe devait chercher ses vrais amis en France, car la Prusse avait un intérêt trop évident au maintien de l'absolutisme en Russie. Les exemples ne manquaient pas. Le servage volontaire des « mamelouks de l'empire » (on appelait ainsi les Allemands des provinces baltiques) était considéré comme un trait propre à la race germanique, tandis que « français et libéral » passaient pour synonymes. L' « incident fâcheux de 1862 » changea peu de chose à ces dispositions. On attribuait le parti que M. Drouyn de Lhuys prenait pour la Pologne à la tradition napoléonienne et non à la nation française.

De la politique de Nicolas on ne voulait conserver qu'une chose : le ton hautain avec lequel le tzar avait coutume de traiter la Prusse. Herzen et Bakounine se plaisaient à parler du « *pachalik russe de Berlin* ». On regardait la Prusse comme un pauvre petit État, dépendant de la Russie, et son roi comme un pauvre petit roi, vassal du tzar.

En Allemagne on ne fit guère attention à ce revirement de l'opinion publique. On ignorait l'existence d'une presse indépendante russe. On traitait d'enfantillages les manifestations des publicistes de Moscou.

On s'était trop habitué à considérer la volonté du tzar comme l'unique moteur de la politique russe. Et l'on se contentait des dispositions amicales du cabinet de Saint-Pétersbourg. Elles ne faisaient pas défaut.

Le gouvernement russe ne s'émut pas des événements de 1866. Il s'était laissé rassurer par la fameuse mission de Manteuffel au mois d'août 1866 et ne songea qu'à tirer parti de l'affaiblissement de l'Autriche, sa vieille ennemie, et du mécontentement causé parmi les Slaves autrichiens par le compromis austro-hongrois de 1867.

La nation russe pensait autrement. Elle eut le sentiment, que la Confédération de l'Allemagne du Nord constituerait un danger pour les intérêts russes et

slaves, et qu'il fallait essayer de rétablir l'ancien état
de choses en Allemagne. La presse se mit en campagne contre les Allemands de Livonie et de Courlande ; on déclara que le maintien des institutions
allemandes de ces provinces était une honte nationale,
un péril pour la Russie.

Un journaliste prétendit que ces provinces étaient
l'objet des convoitises prussiennes. On se plaignit aussi
vivement dans la presse russe, des torts dont le roi de
Hanovre (le beau-frère du grand duc Constantin Ni-
colaïevitch) était victime. On fit cause commune
avec les radicaux allemands, les Jacoby, les K. Mayer,
les Wuttke. On organisa enfin, comme une manifestation hostile aux Allemands, le Congrès ethnogra-
phique de Moscou, dans le but d'opposer au pangermanisme l'union des nationalités slaves, c'est-à-dire
le panslavisme.

A la veille de la guerre de 1870-71, l'antipathie
contre l'Allemagne devint de plus en plus manifeste et
générale. Pour nous en rendre compte, nous n'avons
qu'à jeter un coup d'œil sur les journaux les plus
influents de cette époque, tels que la *Gazette de Moscou*
(Moskovskija Viedomosti), propriété de l'Université de
Moscou, dirigée par M. Katkow ; la *Gazette russe de
Saint Pétersbourg* (Petersburgskija Viedomosti), propriété de l'Académie impériale des sciences, dirigée par
M. Karche ; la *Voix* (Golos), dirigée par M. Kraïevski ;
la *Gazette de la Bourse* (Birjévaïa Viédomosti), dirigée

par M. Troubnikow et le *Monde Russe* (Rousski Mir),
l'organe des fonctionnaires mécontents, qui comptait
parmi ses collaborateurs le général Fadeïeff.

Les quelques pages que nous allons consacrer aux
manifestations de ces journaux, ne seront pas les
moins intéressantes de notre étude.

Au commencement de l'année 1870, M. Katkow
publia quelques articles en faveur du roi de Hanovre.
M. de Schweinitz, ambassadeur allemand à Saint-Pétersbourg fit demander à M. Katkow, si la *Gazette de Moscou*
ne serait pas disposée à insérer dans le corps du
journal des articles qu'on lui enverrait de Berlin, et
qui contiendraient des informations importantes.
M. Katkow refusa nettement. De plus, il publia une
série d'articles (15 et 28 décembre 1869; 11 janvier 1870), où il dénonça cette tentative et flétrit ce
procédé de falsifier l'opinion publique. La plupart des
journaux approuvèrent hautement la conduite de
M. Katkow. Le *Golos*, dans son numéro du 23 décembre,
dit : « C'est une erreur de considérer la Russie comme
l'alliée de la Prusse; le cabinet du tzar est neutre; le
nouvel ambassadeur français, M. le général Fleury
finira même par le rallier définitivement à la France.
Il est vrai que le tzar a conféré au chef de la Confédération de l'Allemagne du Nord l'ordre de Saint-Georges,
mais c'est un fait purement personnel, tout au plus
militaire, ce n'est pas un fait politique. »

A ce moment parut une brochure : « *L'impasse orien-*

tale ». On y développait l'idée que la Russie ne saurait trancher la question d'Orient qu'avec l'aide de la France. La *Gazette de Moscou* salua cette brochure (18 et 20 février) comme le prélude de l'alliance franco-russe. La *Gazette de la Bourse* (19 et 22 février) se prononçait dans le même sens; elle disait que la première annexion que la Prusse se permettrait, romprait définitivement l'alliance absurde de la Russie avec cet État. Le *Golos* appuyait énergiquement les opinions énoncées dans la brochure que nous avons mentionnée, et ce journal ajoutait que la Russie seule pouvait encore protéger l'Allemagne du Sud contre les violences prussiennes.

Le 5 mars, le même journal conjurait les Français de ne pas ranger les Russes au nombre des amis de la détestable politique bismarckienne. La *Gazette de la Bourse* affirmait que l'amitié entre les cours de Berlin et de Saint-Pétersbourg était une amitié aussi « affectée », que la haine de la Russie contre l'Autriche-Hongrie, dont les sentiments étaient si antibismarckiens.

La brochure du général Fadeïeff : « *Les forces militaires de la Russie* », eut un grand retentissement et un immense succès, précisément à cause du dédain avec lequel on y parlait de la Prusse.

Le ministre de la guerre, M. Milioutine, et son adversaire, le prince Bariatinski, l'inspirateur de la brochure, n'avaient jamais fait secret de leurs préférences pour les institutions françaises et pour l'alliance avec la France.

Lors de la déclaration de guerre, tous les journaux arborèrent le drapeau français et lui restèrent fidèles, sans se préoccuper de l'attitude de leur gouvernement. La *Gazette de la Bourse* déclara qu'une victoire de l'Allemagne « devenue arrogante » ne servirait point les intérêts russes. La *Gazette de Moscou* déplora (21 juillet) l'isolement de la France ; elle demanda catégoriquement, que le cabinet russe évitât même l'apparence d'un appui prêté à la Prusse, et qu'il n'empêchât aucunement l'action de l'Autriche-Hongrie. Après les articles prussophiles du *Times*, le même journal disait (21 juillet), que « l'identité des intérêts allemands et anglais était dores et déjà établie, et que la Russie se laisserait aller à un suicide, en se mettant du côté de la Prusse. »

Le 1ᵉʳ août, le journal de M. Katkow constata avec regret que la France ne pouvait plus compter sur l'Autriche. Le *Golos* écrivait le 2 août : « M. de Bismarck s'efforce en vain d'imputer à la France des projets contre la Belgique ; ce n'est point la France, mais « le voleur des grands-duchés de Hesse, de Nassau, de Slesvig-Holstein » qui est seul capable de convoiter la Belgique. La Prusse fait tout pour brouiller la Russie avec la France, et pour susciter les suspicions de la Russie contre la flotte française envoyée dans la mer Baltique. Mais l'on voit fort bien à Saint-Pétersbourg,

que le russophilisme prussien n'est qu'un acte de tar-
tuferie. » « Il est à prévoir, disait la *Gazette de la
Bourse* du 22 juillet, que si l'Allemagne demeure victorieuse, la prochaine guerre, celle de la Russie pour la
délivrance de ses frères slaves, verra les vainqueurs
d'aujourd'hui du côté des ennemis de la Russie. »

La *Gazette de Moscou* répétait sans cesse, que la per-
fide Albion était l'alliée et l'associée secrète de la Prusse;
que la Russie devait se mettre en garde contre les
conséquences du guet-apens tendu par l'Allemagne
bien armée à la France qui ne s'était doutée de rien
(13 août). — La Russie se trouvait déjà dans une dépendance honteuse vis-à-vis de l'Allemagne; la russification de la Livonie, de l'Esthonie et de la Courlande
avait été arrêtée par M. de Bismarck (2 septembre).

« La victoire des armes allemandes, — disait le *Golos*
au mois d'août, — sera funeste pour toute l'Allemagne, car la cause de la Prusse est celle du « *junkertum* »,
des hobereaux et du militarisme brutal. Il est vrai,
— continuait ce journal, — que la dynastie prussienne,
surtout le vieillard royal qui est à sa tête, a des sympathies, et en mérite de plus grandes que Napoléon III,
mais dans la prochaine guerre, il ne s'agira point
d'une question à vider entre deux dynasties, il s'agira
d'une lutte de deux races : la race slave et la race allemande. »

La *Gazette de la Bourse* (5 et 6 août) était plus énergique. « Il paraît, — disait-elle, — que le *Journal*

officiel de Paris est mieux renseigné sur les intrigues dans les provinces baltiques, que le *Journal de Saint-Pétersbourg*, qui fait semblant de les ignorer. Les politiciens clairvoyants ne doutent plus que l'Allemagne aspire à l'hégémonie universelle, et que les tentatives de la Prusse de rallier les autres États allemands, impliquent un attentat contre l'Europe. M. de Bismarck veut faire du prince Léopold de Hollenzollern un préfet prussien à Madrid, comme son frère l'est déjà à Bucharest.

Les journaux officiels et officieux, tels que le *Messager du gouvernement* et l'*Invalide russe* se tenaient dans une stricte neutralité. La *Gazette* (russe) *de Saint-Pétersbourg* de M. Karche fut le seul journal écrit en langue russe, qui osât manifester quelques sympathies pour l'Allemagne. La *Gazette* ajoutait toutefois que l'Allemagne du Sud étant plus libérale, n'avait rien à gagner à l'union avec le Nord prussien, féodal et arriéré. Ce journal se montra toujours opposé à l'annexion de l'Alsace-Lorraine. La *Gazette* n'en fut pas moins l'objet des attaques les plus violentes de la part de ses confrères. M. Capelmans, rédacteur en chef du *Journal de Saint-Pétersbourg* (français), se déclara aussi pour l'Allemagne. Mal lui en prit. La colonie française de Saint-Pétersbourg et la société russe le mirent au ban. Le malheureux était Belge et avait au fond du cœur un amour sincère pour la France, — mais il obéissait à des ordres supérieurs.

Les tracasseries auxquelles il fut en butte, la nécessité d'écrire contre sa propre conviction, le rendirent fou. Il mourut dans une maison d'aliénés.

La *Gazette* (allemande) *de Saint-Pétersbourg* rédigée par le docteur Meyer et la *Nordische Presse* eurent à subir de la part des partisans de la France des attaques de la dernière violence.

Les Allemands des provinces baltiques, qui montrèrent un zèle ardent à soutenir la politique officielle, furent accusés de rechercher leur annexion à la Prusse.

Les terribles événements d'août et de septembre ne changèrent point les sentiments du peuple russe ; l'opinion publique espérait toujours un revirement heureux. On commençait à ressentir de vives inquiétudes pour la Russie elle-même.

La *Voix* disait que la proclamation de la République susciterait en Allemagne un mouvement révolutionnaire, que les soldats allemands refuseraient de verser leur sang pour des projets d'annexion.

La *Gazette de Moscou* était épouvantée par « la catastrophe de Sedan, plus funeste que celles du Danemark et du Hanovre », et par l'arrogance sans bornes qui s'était emparée de la race germanique. Un jour, le 19 octobre, elle ne publia pas moins de quatre articles contre la Prusse. M. Katkow fit preuve d'une verve égale à celle qui l'avait rendu célèbre à l'époque de ses campagnes les plus violentes contre la Pologne. Il

démontra que M. de Bismarck, dans sa note sur les conditions de la paix, avait ouvertement posé sa candidature
à l'hégémonie européenne. Il publia de véhéments articles contre les trahisons des généraux napoléoniens
et contre le *Journal de Saint-Pétersbourg*, qui avait essayé de défendre l'ex-maréchal Bazaine. M. Capelmans
fut prié de délivrer la Russie de sa fâcheuse présence.

L'alarme était dans les esprits. La *Gazette de la Bourse*
recommandait de rallier toutes les forces vives du panslavisme pour faire face au déluge germanique.

Qu'opposait-on à ces craintes, à ces inquiétudes si
vivement ressenties par tout le public russe? M. Karche
essayait d'établir, — mais sans chaleur, — que l'Allemagne avait eu raison jusqu'au jour de Sedan, et
qu'elle n'avait dépassé les limites de l'équité que lors
de l'annexion de l'Alsace-Lorraine. Le *Journal de Saint-
Pétersbourg* se consumait en arguties diplomatiques.
Les journaux allemands de la capitale et des provinces baltiques s'efforçaient seuls de justifier l'annexion par des considérations militaires.

Les journaux officieux laissaient entendre que les
projets d'annexion déplaisaient au gouvernement russe,
qui jugeait la France républicaine supérieure à la
France impérialiste. MM. Katkow, Krayevski et Troub-
nikoff s'emparèrent de ces vagues indications pour
faire ressortir la différence qu'il y avait entre les intérêts allemands et les intérêts russes. Ils ne se laissèrent pas séduire par le consentement que donna

M. de Bismarck à la dénonciation de l'article du traité de Paris, relatif à la neutralité de la mer Noire.

M. Katkow déclara que dans cette question, la Russie pouvait se passer de l'appui de l'Allemagne et que, du reste, l'affaire n'avait pas d'importance pratique, vu l'absence d'une flotte russe dans la mer Noire. Et il prédit à l'Europe que le nouvel empire romain-allemand serait plus avide de conquêtes que ne l'avait été l'ancien empire romain ; il démontra que la situation était pleine de périls pour la Russie, car l'intrigue ourdie pour séparer ce pays du monde slave de l'Orient, avait déjà réussi à installer le prince de Hohenzollern sur le trône de Roumanie.

M. Katkow fit tous ses efforts pour engager le cabinet russe à intervenir d'une façon quelconque en faveur de la France. Le 12 janvier 1871 il soutenait la thèse que le peuple ne voulait plus du principe de *non-intervention*. Plus tard il écrivit que la nation française avait bien mérité de la civilisation en repoussant les conditions allemandes formulées le lendemain de Sedan.

La *Voix*, qui avait écrit le 13 janvier, la fameuse phrase : « L'Europe est traitée en vassale de Bismarck », fut foudroyée par la nouvelle de la capitulation de Paris. *Consummatum est!* s'écria-t-elle, et elle fit une paraphrase émue de ce mot célèbre : « La France n'est que malheureuse : la honte est pour l'Europe. »

La *Gazette de Moscou* protesta contre les conditions de la paix; elle demanda que l'Europe garantît le payement de la rançon pour empêcher l'occupation de la France.

M. Karche lui-même, déclara que si la France était vaincue matériellement, l'Allemagne l'était moralement. Quelques semaines après, il attaqua vivement le *Journal de Saint-Pétersbourg* qui avait eu pour la ville de Paris une épithète peu gracieuse.

Il était évident que l'Allemagne avait perdu en Russie toutes les sympathies, et qu'il n'y avait plus du côté des vainqueurs de la France que les habitants allemands de la Livonie et de la Courlande.

La presse prussienne ne tint aucun compte de tous ces symptômes. Elle s'en prit à l'Angleterre où quelques petits journaux seulement s'étaient montrés gallophiles, tandis qu'à Moscou et à Saint-Pétersbourg, tous ceux qui portaient le nom de journalistes s'étaient ligués à l'unisson contre l'Allemagne. La presse allemande ne voulut voir que les sympathies du tzar. Elle glorifia sa générosité et feignit d'ignorer les tendances hostiles de l'opinion publique. Ce souverain mépris pour les publiscites russes les blessa davantage que les longs articles des journaux français combattant leurs sentiments antipolonais.

II

Après la guerre, la presse russe ne cessa pas de dénoncer les intrigues de Bismarck, de soutenir tous les ennemis de la Prusse : les fédéralistes autrichiens, les cléricaux belges, les radicaux et les particularistes allemands. Elle somma le gouvernement d'avoir à prendre des mesures pour prévenir les dangers qui menaçaient la Russie du côté de la Prusse et elle revint à maintes reprises à l'idée d'une alliance franco-russe.

Lorsque, au mois de décembre 1871, le comte de Moltke arriva à Pétersbourg à la tête d'une députation de généraux prussiens pour assister à la fête de Saint-Georges, aucun journal indépendant ne lui souhaita la bienvenue.

La *Voix*, en parlant de la fête, ne mentionna même pas les assistants allemands.

La *Gazette de Moscou* consacra au général quelques

mots polis, mais froids, sans faire une allusion quelconque aux relations intimes des deux cours.

Les journaux ne commentèrent ni le toast que le tzar prononça en présence des convives allemands, en l'honneur de son oncle impérial et allié, ni l'article du *Messager du Gouvernement* proclamant officiellement l'alliance russo-prussienne. Seule, la *Gazette de la Bourse*, qui s'était laissée gagner à l'alliance allemande, dénonça d'une manière odieuse le silence de ses confrères sur le toast du tzar.

La *Voix* recommanda aux Français de ne pas attribuer à cette manifestation une tendance antifrançaise.

Au moment de l'entrevue des trois empereurs à Berlin, la *Gazette de Moscou* se préoccupait principalement « du malentendu que cette entrevue pourrait susciter à Paris ».

La *Gazette de la Bourse*, qui s'était aperçue de la mauvaise impression que sa conversion avait faite sur ses lecteurs, dit à cette occasion : « Nous espérons que le prince Gortchakoff ne se laissera pas duper par les antislaves Andrassy et Bismarck. »

A la même époque, M. Katkow dénonça les officiers allemands qui passaient trop souvent leurs vacances en Russie, et qui mettaient un zèle singulier à étudier la langue russe.

En 1873, on commença à se résigner enfin à l'alliance allemande. En avril, lors de la visite de l'empereur Guillaume à Saint-Pétersbourg, la *Gazette de Moscou* parla d' « écarter les malentendus qui avaient troublé les relations entre les deux empires ».

Le *Monde Russe* et la *Gazette de la Bourse* restaient encore sur la réserve.

De temps en temps on répétait pourtant dans les journaux, qu'on nourrissait toujours l'espérance de voir réalisés les désirs de la nation. La *Gazette de la Bourse* salua (9 janvier 1873) le comité littéraire franco-slave de Paris, comme le précurseur de l'alliance franco-russe. Le 2 février le *Monde Russe* se plaignit du préjudice porté au commerce russe par les chemins de fer de la Prusse de l'Est. D'autres journaux dénoncèrent les armements de la Prusse, l'influence envahissante de l'Allemagne, la germanisation à outrance exercée dans les provinces slaves de la Prusse, et l'on répétait à mainte occasion la nécessité de nouer une alliance avec la France.

Nous avons insisté assez longuement sur ces manifestations de la presse moscovite, et pour cause. Cette presse exerce une influence peu commune. Elle compte dans ses rangs un nombre d'hommes de talent bien plus considérable que dans tout autre pays. En Russie, la presse remplace le parlement, les associations et les réunions politiques. On publie peu de livres, on ne lit que les revues et les journaux. La vie intellectuelle est concentrée dans la presse périodique des deux capitales, dont l'influence est d'autant plus grande, que la presse départementale est soumise à une censure préventive tracassière et bête.

Ajoutez à cela que les journalistes les plus énergiques et les mieux doués disposent à la fois de plusieurs journaux. M. A. A. Kraïevski dirige la *Voix* et la revue mensuelle fort répandue, les *Annales de la patrie* (Otetchestvennia Zapiski). M. Katkow rédige la *Gazette de Moscou*, un journal hebdomadaire : les *Annales contemporaines* (Sovremennaïa Zietopis), et la revue mensuelle : le *Messager Russe* (Rousski Wiestnik).

M. Karche, le seul journaliste dévoué à la cause germanique fut renvoyé, en 1875, de la *Gazette de Saint-Pétersbourg*, parce qu'il s'était prononcé contre le système d'enseignement classique cher à M. Tolstoï. Le *Messager de l'Europe* (Viestnik Evropu), revue mensuelle fort modérée, s'occupe surtout de questions économiques. Les journaux officiels sont peu lus et les journaux allemands ou français n'existent pas pour le grand public.

L'influence de la presse moscovite a toujours été fort étendue. Herzen, de 1859 à 1862, et M. Katkow, pendant la révolution polonaise, ont entrepris des campagnes qui ont eu un succès extraordinaire. La guerre de 1876 et 1877 est en grande partie l'œuvre de la presse moscovite qui parvint à vaincre les résistances du tzar.

III

La rupture de l'alliance des trois empereurs a surpris beaucoup d'hommes politiques.

Comment cette rupture s'est-elle faite ? Est-ce que le gouvernement russe ne s'est plus senti assez de sympathie pour l'unité allemande? Est-ce qu'il ne juge pas possible de maintenir une entente durable avec l'Allemagne unie ?

Entre la Prusse et la Russie, il y a cependant eu des relations constantes de bonne amitié. La base sur laquelle ces relations se trouvent établies, sont très clairement exposées dans un mémoire secret, rédigé en 1864 par l'ordre du chancelier russe. Ce mémoire est intitulé : « *Politique du présent* ». Voici comment on s'y exprime, au lendemain de la révolution polonaise, vaincue avec l'aide de la Prusse, malgré les tentatives d'intervention de l'Autriche et des puissances occidentales :

« Nos rapports avec la Prusse ont presque toujours été bons. Nous n'avons guère d'intérêts divergents, — elle nous est une barrière contre la France et nous devons désirer qu'elle se fortifie. Mais ce désir n'irait probablement pas jusqu'à prendre les armes pour la défendre si elle était attaquée sur le Rhin. Le passé doit nous servir de leçon... *La monarchie prussienne s'est formée par la conquête et l'esprit d'agrandissement. Les empires se soutiennent par les moyens qui ont servi à les fonder. La Prusse est ambitieuse et remuante.* Sans l'encourager dans cette voie nous n'avons pas de motifs pour nous opposer à ses agrandissements, tant qu'ils ne blessent pas nos intérêts directs. »

L'auteur du mémoire estime que l'Autriche doit être maintenue, parce que des troubles en Autriche pourraient en susciter d'autres dans la Russie Polonaise :

« Le maintien de l'Autriche est une nécessité qui peut nous être antipathique; elle n'en est pas moins réelle... Tout cela peut changer avec le temps et les circonstances, mais cela est et nous devons nous régler sur ce qui existe. »

Revenant à l'Allemagne, le rédacteur du mémoire ajoute :

« Les Allemands nous ont reproché d'abuser de l'influence des relations de famille pour peser sur les affaires germaniques. Chez nous, on nous accuse d'être trop partiaux pour les intérêts allemands... La faiblesse excessive de la Confédération germanique ne nous a jamais été utile. A aucune époque elle n'a rien fait pour nous. Au commencement de ce siècle elle a offert une proie facile à Napoléon et les efforts auxquels nous nous sommes laissé entraîner pour la soutenir, n'ont abouti à rien, qu'à des sacrifices inutiles. Pendant la dernière guerre d'Orient, l'Allemagne n'a pas été en état de résister à la pression de nos ennemis et elle nous a abandonnés. Nous ne sommes donc pas intéressés à perpétuer cette situation anormale... Cependant il est probable que si cette unité venait jamais à se réaliser, l'Allemagne perdrait son caractère inoffensif. En 1848 elle revendiquait non seulement les duchés danois, mais encore *la Lorraine, l'Alsace, la Suisse allemande, la Livonie, l'Estonie et la Courlande.* On voit aujourd'hui avec quelle avidité elle cherche à s'approprier le Slesvig-Holstein. En pareil cas, si la question slave venait à l'ordre du jour, elle (l'Allemagne) jetterait un poids considérable dans la balance et probablement contre nous.

» Notre politique a favorisé tantôt la Prusse, tantôt l'Autriche. Après la guerre d'Orient c'est du côté du cabinet de Berlin, que nous avons porté nos préférences, actuellement le cabinet de Vienne semble en train de les reconquérir.

» Ces oscillations sont inévitables dans la situation politique du jour. Le mieux que nous puissions faire, c'est de tenir la balance égale entre les deux puissances, sauf à la faire pencher, selon la circonstance, du côté que réclame notre intérêt du moment. C'était le système de l'impératrice Catherine. Il détruit sans doute la confiance, mais ce sentiment est exclu de la politique moderne, et ce n'est pas nous qui l'en avons banni. »

L'auteur regrette ensuite que l'attitude de Napoléon, dans la question polonaise, ait rendu ennemies deux nations, dont les intérêts n'étaient pas opposés. Ce n'est pas l'amour de la Pologne qui a provoqué le dernier conflit, mais « le besoin de bouleversement, qui tourmente la nation française ». Et le mémoire conclut :

« Le jour où nous voudrons mettre l'Europe sens dessus dessous, il est probable que nous pourrons nous entendre avec la France, mais ce sera encore à nos dépens. »

Il ressort de ces lignes, qu'on voulait bien rendre la Prusse assez forte, pour qu'elle puisse servir plus efficacement aux intérêts de la Russie ; mais l'unité allemande a été trouvée trop gênante.

En 1866, il s'agissait d'affaiblir l'Autriche et de changer, par des agrandissements prussiens indifférents en somme à la Russie, « la nécessité antipathique » du maintien de l'Autriche. Mais lorsque ces agrandissements allèrent toujours augmentant, la Russie ressentit de vives inquiétudes. Le baron d'Oubril, ambassadeur russe à Berlin, déclara à M. de Werther, que la Russie considérerait les changements politiques

14

et territoriaux exécutés par la Prusse comme *non
avenus*, si la France ne les soumettait pas à une conférence européenne.

Une faute de l'empereur Napoléon tira la Prusse de
cet embarras. L'ex-diplomate Rothan raconte dans sa
brochure : [« *Origines de la guerre de* 1870 », que la
note dans laquelle Napoléon III avait demandé la
cession de Mayence, décida la Russie à renoncer au
projet d'une conférence européenne. En effet, cette note
fut remise le 9 août, et le général Manteuffel partit le
11 août pour Saint-Pétersbeurg, où il alla la montrer.
Le succès de sa mission est connu.

Alexandre II fut irrité de la manière brusque dont
Napoléon III, le neveu détesté d'un oncle plus détesté
encore, agissait vis-à-vis de l'oncle du tzar. Puis le
prince Gortchakoff guettait l'occasion de se débarrasser
du traité de 1856. Pour réussir, il crut devoir affaiblir
l'empire napoléonien. On ne prévoyait pas un écrase-
ment complet de la France ; le général Milioutine,
ministre de la guerre, avait trop de confiance dans les
institutions militaires françaises.

Les victoires foudroyantes de la Prusse ne tardèrent
pas à effrayer la Russie. Quelques mois après la déclaration de la guerre, les relations de la Russie et de la
Prusse avec la France étaient déjà différentes. M. de
Bismarck voulait maintenir la dynastie impériale, tandis que la Russie voulait reconnaître la République
avant l'arrangement de l'affaire de la mer Noire, afin de

ne pas être obligée de tenir compte du consentement de
la Prusse. M. de Bismarck fut blessé de cette attitude
peu amicale de la Russie. Il savait aussi que les re-
proches que M. Katkow lui adressait pour avoir fait soumettre la question de la mer Noire à un congrès, exprimait la pensée du cabinet même de Saint-Pétersbourg.

La diplomatie russe convoitait la mer Noire pour
approcher du Bosphore. Mais elle avait d'autres des-
seins encore.

En associant M. de Bismarck à cet acte, elle comptait
le brouiller à tout jamais avec l'Autriche et avec les
puissances occidentales.

Et l'on espérait avoir en lui un allié qui abandonne-
rait l'Orient à la Russie, et auquel on permettrait, en
revanche, ce qu'il voudrait, ou plutôt ce qu'il *pourrait*.
La Prusse, devenue l'ennemie mortelle de la France,
brouillée avec l'Angleterre, suspecte à l'Autriche, était
liée indissolublement à la Russie. Elle absorberait les
provinces allemandes de l'Autriche et donnerait les
Slaves de cette monarchie au panslavisme.

En Autriche on avait gardé toutes les rancunes de
1866 et une entente fut jugée impossible. Dans les
cercles militaires de Vienne on était d'avis que le seul
moyen de mettre fin à l'isolement de la monarchie,
était une alliance avec la Russie contre l'Allemagne.
Personne ne songeait à se rapprocher de la Prusse,
que l'on soupçonnait de préparer systématiquement
la ruine de l'Autriche.

Mais M. de Bismarck ne voulut pas se faire le complice de la politique de conquête et d'agrandissements de la Russie. Il imagina une combinaison propre à rallier l'Autriche-Hongrie. Cette monarchie ne pouvait plus songer à reprendre sa position en Allemagne. Elle n'était donc plus la rivale de la Prusse. Elle avait même avec celle-ci un intérêt commun, celui d'écarter la Russie du Bosphore et d'empêcher la reprise de la politique traditionnelle de la Russie en Orient.

Tout en rénouant ses relations avec l'Autriche, l'habile chancelier ne lâcha point la Russie. Il savait les intérêts de ces deux puissances trop opposés, pour avoir à craindre de leur part une entente intime dirigée contre l'Allemagne; d'autre part l'alliance des trois empereurs empêchait un rapprochement entre l'Autriche et la France.

Le prince Gortchakoff, en acceptant le projet de M. de Bismarck, n'en partageait point les visées, mais il espérait en tirer parti, berner l'Autriche jusqu'au moment décisif, isoler l'Allemagne des autres puissances et créer une situation qui lui permettrait d'étendre son influence vers le Bosphore.

La haine contre la race germanique, le désir de faire face au pangermanisme par le ralliement des nationalités slaves, étaient devenus en Russie de plus en plus intenses. Le prince Gortchakoff se vit obligé d'accorder des concessions au parti national. Par son acte de re-

connaissance du gouvernement de Serrano, il s'opposa
ostensiblement à la politique de M. de Bismarck (automne 1871), et quelques mois plus tard, il dénonça
les intrigues et les projets de la Prusse contre la France.
Toute la presse applaudit à ces actes, et les regarda
comme les signes précurseurs d'une entente entre le
gouvernement et la nation.

Les motifs qui ont forcé le tzar à se mêler à la guerre
turco-serbe et à faire la guerre de 1877, sont connus.
La misère des paysans, la corruption de l'administration, l'arbitraire de la police avaient suscité beaucoup
de mécontentement dans toutes les classes de la société ; la propagande révolutionnaire avait pris un grand
essor. Il fallait trouver une soupape pour les forces
anarchiques, qui menaçaient de briser l'édifice de
l'absolutisme. Du reste, le gouvernement russe avait-il
vraiment les intentions pacifiques qu'il professait?

L'auteur du mémoire « *La politique du présent* » a
dit : « Le premier intérêt fondamental de la Russie est
le repos. » Cependant à Saint-Pétersbourg l'on n'a jamais renoncé à la « politique traditionnelle de la Russie », et l'on n'a jamais oublié non plus que le maintien de l'Autriche-Hongrie n'est « qu'une nécessité
antipathique ». L'auteur du mémoire, auquel nous
avons déjà fait plusieurs emprunts, ajoute :

« Quand la Russie aura atteint son entier développement intérieur, elle pèsera assez par sa masse pour
que toutes les races slaves puissent s'abriter sous son

14.

égide. Ajoutons que quand elle sera riche, prospère et
bien organisée, cet abri sera plus recherché. D'ici là,
le plus grand service que les nationalités slaves puissent rendre à elles-mêmes et à nous, c'est de profiter
de la position que nous leur avons faite pour se développer en paix de leur côté, afin que, le moment venu,
nous trouvions parmi elles une assistance efficace, intelligente et organisée. La Russie a plus que tout autre
pays une vaste carrière offerte à son activité. C'est pourquoi, sans prétendre prophétiser, nous osons croire
qu'elle devra longtemps encore rester telle que nous
l'avons définie, conservatrice dans son principe et défensive dans son but.

» Quand la Russie sera sortie de la crise de développement qu'elle traverse aujourd'hui, quand elle aura
assuré sa prospérité intérieure, quand elle aura enfin
établi son système financier sur des bases normales,
— la volonté de S. M. Impériale nous prescrira peut-
être une autre politique. »

En Allemagne on continuait à ne pas prendre au sérieux tous ces symptômes. La presse de Berlin trouvait
toujours, que le grand empire slave était « le meilleur allié que la Prusse ait jamais eu » ; on ne voulait
pas croire « que les hommes d'Etat russes s'avisassent
de compromettre par des projets de conquête l'alliance
d'un ami éprouvé ».

Quelques mois avant la déclaration de guerre on prétendait encore, que, depuis les réformes d'Alexandre II,

la Russie avait renoncé à son ancienne politique de conquête, et qu'un gouvernement qui s'était attelé à une tâche si grande, si lourde, mais cependant réalisable, ne saurait être suspect de vouloir inaugurer une politique aventureuse « à la Napoléon ». Les *Annales Prussiennes* de Treitschke (37ᵉ fascicule) affirmaient, que « la Russie ne songeait pas à conquérir le Bosphore » ; elles réclamaient la confiance la plus complète envers une puissance « qui avait montré en Amérique, en Italie, en Allemagne, aussi bien que dans sa lutte contre Rome, qu'elle savait apprécier les forces vives du siècle... et qui avait donné tant de preuves de sa prudence et de ses intentions pacifiques. M. Treitschke prétendait que « la prépondérance de l'Angleterre, cette puissance réactionnaire, ce seul champion de la barbarie, était un anachronisme à effacer. Enfin il fit savoir à l'Autriche-Hongrie, que, pour elle, il n'y avait plus rien à prendre en Turquie et qu'elle n'avait qu'à s'entendre avec la Russie. »

Ce ne fut qu'à l'automne 1879, qu'on commença à en revenir de ces illusions et que les Allemands ressentirent des doutes sur l'ancien dogme de l'indissolubilité de leur alliance avec la Russie.

La rupture était devenue inévitable dès le congrès, dès le *veto* opposé par M. de Bismarck au traité de San-Stefano. Le chancelier voulait bien rendre à la Russie tous les services compatibles avec le maintien de l'Autriche-Hongrie, et lui ménager l'alternative d'une humiliation ou d'une nouvelle guerre, mais il ne voulait pas aller jusqu'à se brouiller avec l'Angleterre et avec l'Autriche-Hongrie. Il ne voulait pas livrer l'Orient tout entier à la Russie ; il en réservait une partie à l'Autriche-Hongrie.

Pour contrecarrer les projets russes, il poussa le comte Andrassy à l'occupation de la Bosnie, il appuya les réclamations de la Grande-Bretagne concernant le détachement de la Roumélie orientale de la Bulgarie.

Désormais il était évident pour la Russie, qu'elle avait été la dupe de M. de Bismarck et que ses espérances fondées sur l'alliance avec l'Allemagne ne se réaliseraient point. Des Russes, qui avaient souhaité l'alliance avec l'Allemagne, et qui avaient cru à la possibilité de réaliser les stipulations de San-Stefano, déclarèrent dès l'automne de 1878, que le maintien des anciennes relations était devenu impossible.

Le *Messager de l'Europe*, revue russe germanophile, adversaire du parti de la guerre, publia au mois d'août 1878 un article, où elle dit, que le traité de Berlin, comparé aux stipulations de San-Stefano, constituait un échec pour la Russie et que la force de celle-ci aurait dû obtenir un résultat plus satisfaisant. L'article se terminait ainsi :

« L'alliance des trois empereurs n'existe plus. D'ailleurs nous sommes d'avis qu'une solution de la question d'Orient, telle que la Russie le désire, est impossible tant que la Russie sera l'alliée de l'Allemagne et de l'Autriche-Hongrie. Le résultat acquis par le traité de Berlin est inférieur à celui qu'on aurait pu réaliser sans ce traité. L'une des trois puissances n'a pas fait pour la Russie tout ce qu'elle aurait dû faire, l'autre a agi *contre* la Russie, tant qu'elle a pu. La conclusion qu'il faut en tirer est très simple : nous devons ou renoncer entièrement à la solution de la question d'Orient, ou bien envisager d'*autres combinaisons.* »

Mais ce ne fut que douze mois plus tard, que la rupture devint manifeste. La Russie espérait toujours que M. de Bismarck lui rendrait le service de ne pas trop insister sur l'évacuation de la Bulgarie et que l'occupation de la Bosnie se heurterait à des obstacles invincibles.

Elle se trompa.

Les alliances de la Russie et de la Prusse au dix-huitième et au dix-neuvième siècle avaient eu pour base non pas les sympathies mutuelles et la communauté d'intérêts des deux nations, mais l'ancienne rivalité de la Prusse et de l'Autriche se disputent l'hégémonie en Allemagne. Cette rivalité ayant cessé, l'alliance de Berlin et de Saint-Pétersbourg ne put lui survivre que pendant très peu de temps. Tant que cette rivalité exista, le cabinet de Berlin pouvait ne pas tenir compte de l'antipathie des deux peuples, et réussir à établir un *modus vivendi* avec la Russie.

Mais M. de Bismarck n'a jamais cru à la solidité de

ce lien provisoire. Dès 1852, il s'était efforcé de nouer des relations amicales avec le cabinet de Vienne ; à Nikolsburg il avait repoussé le projet des vainqueurs de Koeniggratz tendant à faire des annexions aux dépens de l'Autriche.

Et du moment qu'il poussait l'Autriche-Hongrie en Bosnie, la Russie ne pouvait conserver de doutes sur les intentions de M. Bismarck.

L'empereur Guillaume a fait une tentative pour rassurer son impérial neveu. A-t-il réussi? Le comte de Maistre l'a dit : « Le Russe ne craint rien tant que d'avoir l'air d'être influencé. C'est ce qu'il ne faut jamais perdre de vue lorsqu'on est appelé à traiter avec lui. Voulez-vous lui faire accepter une chose? Il faut la jeter à terre devant lui, après la lui avoir fait vanter. Alors retirez-vous ; il la ramassera et en donnera le prix que vous voudrez ; mais si vous la lui mettez dans la main, il n'en voudra point. »

M. de Bismarck a suivi le conseil de Joseph de Maistre, ce fin connaisseur de la Russie. Ce ne sont pas les bonnes paroles de l'entrevue d'Alexandrovo qui ont fait faire de sages réflexions à Saint-Pétersbourg, mais la dure leçon que M. de Bismarck a donnée à la Russie en allant à Vienne.

Lord Salisbury a vite saisi l'importance de cette « *nouvelle de grande joie* », de la coalition de l'Europe centrale contre le slavisme.

Il ne s'agissait plus que d'isoler la Russie.

L'attitude de M. de Bismarck vis-à-vis du khédive Ismaïl pacha (mai 1879) a montré clairement qu'il s'efforçait de rétablir l'entente entre l'Angleterre et la France pour détourner celle-ci de l'alliance russe.

A Saint-Pétersbourg on s'est alors ravisé. On s'est senti bien seul et l'on a voulu rester en bonnes relations avec l'Allemagne. Mais c'est tout.

Ces bonnes relations ont pour base le désir momentané de maintenir la paix. Il n'y a plus de sympathie ni de communauté d'intérêts.

La rupture entre la Russie et l'Allemagne est irréparable. Elle ne saurait être « replâtrée », comme l'a dit le prince Gortchakoff.

LES ALLEMANDS EN RUSSIE

LES ALLEMANDS EN RUSSIE

On a vu par les pages du précédent chapitre empruntées au livre (1) d'un écrivain allemand-russe que l'alliance de la Russie et de l'Allemagne ne reposait pas sur des sympathies nationales réciproques. C'était un simple gage donné à la tranquillité publique et qui déguisait mal une situation faite d'animosité latente et de rancunes séculaires.

Comment une fraternité réelle pourrait-elle jamais s'établir entre Allemands et Slaves? Ce sont, en dépit de tout traité et de toute alliance, des frères ennemis toujours prêts à se déchirer dans une lutte haineuse. Cette haine est traditionnelle. Elle a marqué d'une tache sanglante d'innombrables pages de l'histoire des deux peuples. On la retrouverait jusque dans les cantilènes guerrières des premiers siècles.

C'est en effet aux temps les plus reculés que remonte

(1) *Berlin und Petersburg. Preussiche Beitrœge zur Geschichte der Russich-Deutschen Beziehungen.* Leipsig, Duncker, 1880.

l'origine de cet antagonisme. A la suite des grandes migrations des peuples, plusieurs tribus slaves vinrent se fixer sur les bords de la Vistule. L'une d'elles, les Borussi, donna son nom au pays. La main vigoureuse de Charlemagne arrêta les progrès de cet envahissement. Mais lorsque l'empire s'affaiblit par les divisions de ses petits-fils, la puissance des Slaves reprit un développement nouveau. Zwentibold étendit de la mer Baltique à la Dalmatie les limites de son royaume (Moravie).

Les Allemands, rétablissant alors leur confédération, attaquèrent avec vigueur une domination qui leur portait ombrage. Ce fut une guerre sanglante et sans répit. Elle se continua sous le règne d'Henri Ier et de ses successeurs. Des colons germains accompagnaient les assaillants, et quand la hache d'arme et l'épée avaient fait leur besogne meurtrière, à leur tour la cognée et la charrue du pionnier accomplissaient leur œuvre.

L'imprévoyance des Polonais vint seconder ces efforts. Ils avaient permis aux chevaliers porte-glaive et aux chevaliers de l'ordre Teutonique d'occuper, à titre de vassaux, leur unique province maritime. Cette province s'appelle aujourd'hui la Prusse. Après avoir construit un château fortifié, ces hardis aventuriers se rendirent peu à peu maîtres du pays ; ils fondèrent Riga, envahirent les côtes et enlevèrent à la république de Nowgorod les villes qu'elle possédait dans ces contrées : Dorpat, Reval, Narva, Wolmar.

En Bohême, Ottocar fut un second Zwentibold. Mais les échecs qu'il subit vers la fin de son règne hâtèrent le démembrement des forces slaves. La germanisation des pays vaincus suivit une marche rapide. Dans leurs luttes contre les Allemands, les Slaves avaient perdu le tiers de leurs troupes et de leurs territoires.

Bohêmes (Tchèques), Moraves, Obotrites et Poméraniens ne s'étaient soumis qu'après une résistance désespérée. Leur soumission ne devait pas être exempte de révoltes. Celles-ci éclatèrent lorsque Charles IV imposa les mœurs allemandes aux Tchèques et voulut leur enlever jusqu'à leur langue et au souvenir de leur origine. Les haines de la race vaincue se réveillèrent encore pour s'associer aux entreprises des Hussites. Et plus tard, nous les voyons réapparaître, au début de la guerre de Trente ans. Cette nationalité expirante ne se lassait pas de résister et de relever la tête. Ce fut à peine si les derniers rois de Prusse parvinrent à achever l'œuvre commencée par Charlemagne et Othon le Grand.

Les dissensions de la Pologne et le démembrement de ce royaume durent, au siècle dernier, confirmer les Allemands dans la vieille croyance nationale qui leur montrait dans les peuples slaves des peuples esclaves appelés à subir le joug des Germains.

Il y eut dans les malheurs de cette sujétion comme un éclair d'espérance, lorsque Napoléon Ier fonda le grand-duché de Varsovie et essaya de reconstituer le royaume déchu. Pendant huit ans la volonté de l'empereur fit mentir le proverbe polonais né des angoisses de la défaite : « Dieu est trop haut, et la France est trop loin ! » Mais le grand soleil de messidor eut son déclin; la France non seulement était trop loin, mais elle était vaincue et envahie. La Pologne fut dépecée une deuxième fois.

L'Allemand qui a établi son empire sur tant de ruines devrait, ce semble, être las de conquêtes. N'a-t-il pas assez exterminé de peuples slaves? Le mouvement de l'émigration allemande vers l'est ne reste cependant pas stationnaire.

L'élément tudesque a pénétré jusqu'au cœur de la société russe ; il y a créé un état presque autonome; il y exerce une sorte de pouvoir occulte ; avide de préséance, il ne néglige aucun effort pour accaparer à son profit la direction des affaires publiques.

La Russie subit avec impatience cet envahissement étranger que rien n'arrête et que les circonstances favorisent. Elle s'inquiète, elle s'émeut ; elle se débat vainement dans le réseau d'intrigues et de ruses dont un ennemi insaisissable l'enveloppe. Elle sent à chaque instant s'agiter en elle des instincts de haine. Menacée d'une sorte de désagrégation sociale, attaquée dans ses œuvres vives, elle cherche quelquefois par d'énergiques mesures à prévenir le danger. De là les fluctuations de sa politique intérieure, les tentatives faites pour rétablir l'unité, les croisades religieuses entreprises contre les dissidents de l'Ouest.

Les Allemands-Russes ne se méprennent pas sur le sens très clair pour eux de ces explosions chroniques de sentiments nationaux. Intimement unis entre eux, par le double lien de la religion et de la langue, ils repoussent, souvent avec avantage, les agressions de leurs adversaires, opposant la ruse à la force et se vengeant du nombre à l'aide des ressources que leur procure une civilisation plus complète. C'est la lutte pour l'existence. Il leur faut vaincre, c'est-à-dire conserver tous les droits de leur race, ou se laisser absorber dans la masse de la nation russe, renoncer au protestantisme, faire le sacrifice de leurs traditions et embrasser le culte grec.

Les partis engagés dans cette lutte suprême ont naturellement leurs organes dans la presse périodique ; de vives polémiques perpétuent l'antagonisme. Jamais peut-être cette animosité ne parut aussi âpre et violente qu'aujourd'hui. La reconstitution de l'empire allemand, on l'a vu dans le chapitre qui précède, semble avoir provoqué au delà de la Vistule une recrudescence de sentiments haineux, comme si l'unité des peuples germains était une menace et devait compromettre un jour l'unité des peuples slaves.

Depuis quatre ou cinq ans, cette crise internationale se maintient à un état aigu qui nous montre clairement que ce ne sont point là des hostilités de surface.

Constatant le caractère de cette situation, un auteur

allemand, Franz von Löher, écrivait dans une publication récente : « C'est très sérieusement que nous devons nous demander si la Russie n'entend point ajouter un nouveau drame à la lutte séculaire des Slaves et des Germains. »

Les Allemands établis en Russie ne commencèrent à exercer une influence prépondérante que sous le règne de Pierre le Grand. Leur nombre s'accrut considérablement à cette époque. Le tzar avait besoin de leur concours pour la fondation de sa capitale sur les bords de la Néva et pour la réforme générale qu'il faisait subir aux institutions de son empire.

Antérieurement plusieurs princes russes, Iwan III, Boris Godounof, le faux Dimitri, Michel Romanof avaient fait appel au même concours. Le gouvernement s'entourait de militaires et d'artistes étrangers. C'est avec leur aide qu'il construisait les monuments de ses villes et répandait dans le peuple la pratique des arts et des métiers de l'Occident.

Ls savant Oléarius, de Holstein, qui traversa la Russie et arriva à Moscou daus la première moitié du dix-septième siècle, constate qu'on ne rencontrait pas seulement de nombreux Allemands luthériens et calvinistes disséminés ici et là dans le pays, mais qu'il y en avait des milliers fixés près de la résidence du tzar auquel ils rendaient, par leur industrie et leur commerce, les plus grands services. On leur avait assigné

un quartier extérieur de la ville connu sous le nom de
Slobode allemande, et comme le peuple leur était hostile
un édit punissait du knout toute insulte qui leur était
adressée.

Quelques années plus tard, un chroniqueur russe,
P. Bessow, se plaint avec amertume du développement
anormal que prend cette colonnie d'étrangers. Toutes
les affaires sont entre leurs mains ; ils provoquent dans
les diverses couches sociales un besoin de luxe et une
soif de jouissances qu'eux seuls peuvent satisfaire.
Ils écrasent les nationaux par leurs richesses. Instruc-
teurs de l'armée, ils malmènent les soldats. Luthériens,
ils passent fièrement devant les images saintes sans les
honorer d'un salut. La rumeur publique les accusait
aussi d'avoir favorisé l'usurpation de Boris Godounof
qui plongea la patrie russe dans de si grands
malheurs (1).

Le mécontentement fut excessif lorsque l'on vit
Pierre Ier s'entourer de Hollandais, d'Anglais, de Suisses
et de Germains et proscrire les mœurs nationales pour
lui substituer les usages de l'Allemagne. Ostermann,
Bruce, Lefort, Münich étaient devenus ses conseillers
habituels et les premiers fonctionnaires de l'État.

Les étrangers avaient obtenu le droit de vaquer librement au commerce et à l'industrie, d'acquérir des immeubles, de contracter mariage avec les Russes,

____

(1) Bodenstedt, *Russiche Fragmente.*

d'entrer au service de l'État, de pratiquer leurs cultes respectifs. Ils pouvaient sortir à volonté de l'empire, sous condition toutefois d'abandonner le dixième de leur biens (1).

Le tzar, dans son engouement pour tout ce qui était allemand, bouleversa de fond en comble l'organisation politique et administrative de la Russie. Il emprunta à l'Allemagne son administration provinciale et municipale, ses collèges de gouvernement (ministères), son système de milices, ses majorats, ses ghildes ou catégories d'habitants, laissant à ces innovations et aux services publics ainsi créés les noms que leur avaient donnés les Allemands.

Comment l'orgueil national des Russes n'aurait-il pas été blessé devant ce parti pris d'incitation et de réforme qui ne respectait aucune tradition, aucune coutume et menaçait jusqu'aux formes ordinaires du langage ? C'était de noms allemands que Pierre Ier affublait les villes qu'il fondait ou les localités qu'il affectionnait telles que Pétersbourg, Orenbourg, Cronstadt, Oranienbaum, Peterhof, Catherinhof, Schusselbourg. Il n'oubliait jamais de commencer ses lettres par un germanique « *Mein Herr* » et de les signer en allemand.

Il avait fait entrer dans les cadres de son armée une multitude d'officiers étrangers. En 1708, quatre cents

(1) A. Rambaud, *Histoire de la Russie.*

d'entre eux durent regagner l'Allemagne sur l'ordre de
leur souverain qui secondait la téméraire entreprise de
Charles XII. Les bureaux, la magistrature, la flotte
subirent la même invasion. Partout l'élément indigène
devait s'incliner devant la science et l'initiative d'un
mentor de nationalité tudesque.

Le tzar portait lui-même des vêtements allemands ;
lorsqu'il revint de Vienne pour réprimer des troubles,
où s'était fait jour l'exaspération de la vieille Russie
contre les habitudes nouvelles, il ordonna que tous les
gentilhommes eussent désormais à se raser. Les longues
barbes avaient été l'insigne de la révolte. Elles devaient tomber partout (1). Lui-même s'y employa et
armé de ciseaux vengeurs, fit disparaître les emblèmes
séditieux qui déshonoraient sa cour.

A Pétersbourg, la capitale nouvellement fondée,
nationaux et étrangers confondaient leurs rangs. L'hérésie avait ses temples à côté des églises orthodoxes. On
s'en scandalisa fort à Moscou et lorsque des inonda-
tions terribles couvrirent la ville nouvelle, les partisans
de l'ancien ordre de choses se réjouirent, voyant, dans
ces désastres, un effet des malédictions de Dieu sur la
cité « allemande ».

Le règne de Pierre II réintégra Moscou dans ses
droits de capitale. L'influence des Dolgorouki qui
s'étaient emparés de l'esprit du jeune prince, lui fit

____

(1) A. Rambaud, *Histoire de la Russie.*

quitter Pétersbourg et ranima le courage du parti patriote. Mais ce réveil ne fut pas de longue durée. L'impératrice Anna Ivanovna ramena la cour sur les rives de la Néva. Les Allemands redevinrent plus que jamais en faveur. Anna était entièrement soumise à l'ascendant de Bieren, un Livonien dont elle fit son premier ministre. Elle donna la direction de la cour à Lœwenwold, les affaires étrangères à Ostermann, les ambassades à Korff et à Kayserling, les armées à Lascy, à Münich, à Bismark, à Gustave Bieren ; c'est en Allemagne qu'elle ira chercher pour lui succéder la princesse de Mecklembourg, Anna, fille de Catherine Ivanovna, avec son mari le duc de Brunswick-Bevern et leur petit empereur allemand Ivan VI. Les Russes n'occupent plus que des postes secondaires dans le gouvernement. On sévissait contre eux avec une cruauté impitoyable.

Un tel régime ne pouvait durer qu'avec la complicité de l'armée. Aussi toute la confiance de la souveraine reposait-elle dans les régiments de la garde dont les officiers étaient la plupart Allemands.

Le peuple gémissait sous le joug ; il exhalait ses plaintes dans des chants contre Bieren, « l'Allemand maudit » (1).

(1) La mémoire de Bieren est restée odieuse ; le peuple garda longtemps le souvenir de ses exactions. On rapporte que vers 1809 la femme du gouverneur de Mittau, visitant le caveau où étaient ensevelis les ducs de Courlande, se fit ouvrir le cercueil de Bieren et eut l'impiété de lui cracher au visage.

Anna mourut. Elle désigna pour héritier un enfant de trois mois, Ivan de Brunswick, fils de sa nièce Anna Léopoldovna, princesse de Mecklembourg. Bieren, investi de la régence pendant la minorité du petit empereur, fut renversé par une révolution de palais, suivie d'un coup de main militaire qui chassa les Brunswick.

Elisabeth, fille de Pierre le Grand, fut alors proclamée impératrice. Le peuple salua son avènement par d'énergiques acclamations. « Mère, permets-nous d'égorger tous les Allemands », demandait-on à la nouvelle souveraine. Elisabeth, contrairement à la coutume, ne versa pas le sang ; elle fit grâce de la vie aux Ostermann, aux Münich qu'un tribunal avait condamnés à la roue et à l'écartellement, et se contenta de les envoyer en exil. A Pétersbourg, dans l'armée, il y eut des émeutes contre les étrangers ; militaires et bourgeois avaient hâte de secouer le joug tudesque.

Une réaction complète s'opéra dans le gouvernement. La Russie échappait enfin à une tutelle odieuse. Le parti national était triomphant ; il avait pour chefs des hommes habiles, les Razoumowsky, les Voronzow, les Schouvalow ; la confiance renaissait dans l'empire ; le poète Lomonosow célébrait le retour « de l'âge d'or ».

Un Etat voisin inquiétait cependant la Russie par le subit développement de sa puissance : la Prusse. Frédéric II disposait d'une armée de 200,000 hommes et s'était constitué un trésor de guerre. Il convoitait la

Courlande et la Pologne. Les généraux d'Elisabeth calmèrent cette fougue belliqueuse ; ils écrasèrent plusieurs fois l'armée prussienne. En 1759, battu à Künersdorf, Frédéric songeait au suicide. En 1760, les Russes pillaient Berlin. L'année suivante, ils faisaient la conquête de la Poméranie et s'emparaient de Kolberg.

A l'intérieur, les arts et les lettres florissaient ; des professeurs et des savants russes étaient entrés en lutte avec les professeurs allemands ; on se tournait maintenant du côté de la France. Des artistes et des savants français faisaient partie de l'Académie des sciences et de l'Académie des beaux-arts de Pétersbourg. D'intimes relations unissaient les deux pays et à l'alliance politique venait se joindre une curieuse affinité de caractère et de goûts.

Pierre III, duc de Holstein-Gottorp, unique héritier d'Elisabeth, n'était pas homme à favoriser cette émancipation de la nation russe. Admirateur de Frédéric, il restitua à la Prusse les provinces conquises et conclut avec elle un traité dont il fêta la ratification au bruit du canon de sa forteresse. Après vingt ans d'effacement, les Allemands redevenaient les maîtres de l'Etat. Bieren, rappelé de son exil, alla prendre le gouvernement de la Courlande.

Catherine, femme de Pierre III, était née à Stettin en Prusse, où son père, prince souverain d'Anhalt, avait été feld-maréchal. En dépit de cette origine et

malgré les tendances germaniques du gouvernement
de Pierre, elle se sentait entraînée vers sa nouvelle patrie. On a dit fort justement de cette princesse que, née
en Allemagne, elle avait l'esprit français et le cœur
russe.

Les sujets de cet étrange couple ne se méprirent pas
sur les sentiments que Pierre et Catherine nourrissaient à leur égard ; ils en vinrent à considérer le petit-
fils de Pierre le Grand comme un tyran étranger qui
avait usurpé le trône, tandis que la princesse allemande seule leur paraissait être de sang russe et remplir légitimement les conditions attachées aux fonctions
souveraines.

Une révolution éclata ; Pierre III fut empoisonné.
Catherine régna seule. Ses ennemis les plus acharnés
furent naturellement les Allemands. Elle n'employa
cependant jamais la violence à leur égard. Au contraire, ne perdant pas de vue les intérêts de la Russie,
elle sut par de bons procédés amener ses anciens compatriotes à lui faire le sacrifice de leur esprit de faction
et de toute visée particulière.

Les provinces de la Baltique et la Livonie restaient
rebelles à l'influence russe. Dans leur intolérance germanique, les habitants ne négligeaient aucun effort
pour empêcher la langue, la législation, la religion des
Russes de pénétrer chez eux. Avec beaucoup d'habileté,
Catherine prépara l'annexion intime de ces pays à la
nation russe.

Elle accueillit des colons et des réfugiés allemands dans les plaines désertes du Volga et de l'Ukraine et, pour les attacher au sol, elle leur accorda de précieuses immunités. La province de Saratof, où furent cantonnées 12,000 familles étrangères, a conservé jusqu'à nos jours la langue et les mœurs de l'Allemagne, particulièrement les usages du Palatinat dont la plupart de ces émigrants étaient originaires.

Ces faits nous prouvent que l'impératrice n'apportait pas dans ses tendances antiallemandes l'aveuglement de la haine ou du parti pris. Elle ne voulait que s'opposer sagement à des empiètements excessifs qui avaient donné à la faction allemande une prépondérance anormale dans l'Etat russe.

C'était par manière de protestation patriotique contre de réels abus qu'elle s'écria un jour en présentant le bras à Rogerson, son médecin : « Saignez, saignez-moi bien, afin qu'il ne reste plus une seule goutte de sang allemand dans mes veines! »

On reproche à juste titre à Catherine d'avoir participé au partage de la Pologne. Mais il est juste aussi de faire remonter la principale responsabilité de cet acte à ceux qui depuis longtemps en avaient conçu la pensée. Déjà sous Pierre II, l'empereur Charles VI et le roi de Prusse firent sonder la Russie sur un démembrement éventuel de la République polonaise. C'est la première fois qu'on voit poindre l'idée de partage (1). La Russie peut chercher à exercer son annexion en invoquant l'histoire même des pays annexés. Mais on ne saurait lui pardonner d'avoir contribué à l'abaissement d'un peuple slave au profit de deux princes allemands.

Le règne de Paul Ier et le commencement du règne d'Alexandre ne nous offrent aucun incident qui vienne ranimer la vieille rivalité des Allemands et des Russes. L'attention était ailleurs; les triomphes de la Révolution française, la fortune naissante de Bonaparte, la coalition des puissances monarchiques, les campagnes de Souvarof en Italie et en Suisse, la haine de l'aristocratie russe contre les idées nouvelles, les défaites de Prälzen, d'Eylau, de Friedland, ne permettaient pas aux animosités intérieures de se produire. La plaie faite au patriotisme des Russes par les victoires de l'armée française était profonde. Napoléon était devenu l'ennemi national; dans les églises de Saint-Pétersbourg, les popes et le peuple récitaient et prononçaient des anathèmes contre lui. L'alliance franco-russe conclue à Tilsitt, confirmée à Erfurt, n'apaisa pas ces ressentiments. Le tzar refusa de se faire représenter au congrès de Schoenbrunn. La rupture fut inévitable. Napoléon se mit en campagne en emmenant avec lui 20,000 Prussiens et 30,000 Autrichiens. A qui

____

(1) A. Rambault, *Histoire de Russie.*

Alexandre confia-t-il la défense de son empire? A un Allemand, Barclay. Après les combats d'Ostrowno et de Vitepsk, Barclay suspecté par ses soldats à cause de son origine tudesque, fut insulté et accusé de trahison. Pour rendre la confiance à ses troupes, le tzar dut enfin donner le commandement de l'armée à un vrai Russe, le prince Koutousoff.

L'animosité contre les Allemands grandit encore parmi le peuple pendant cette terrible campagne de 1812. Les villages étaient envahis par des bandes de pillards et de maraudeurs qui parlaient le dur jargon germanique. Formant une « ignoble et dangereuse cohue », les Allemands ne respectaient rien, saccageaient tout à main armée, passaient comme une nuée dévorante de sauterelles. Les paysans russes avaient donné à cette armée le surnom « d'armée sans pardon » (bez pardonnoé voïsko).

Trois ans plus tard, malgré l'enthousiasme de la nation pour son empereur, Alexandre livrait l'Etat aux étrangers.

Quels étaient ces étrangers? Des Allemands d'origine depuis longtemps sujets de la Russie, mais qui s'obstinaient à rester *étrangers* au milieu des Russes, parce qu'ils savaient fort bien y trouver leur compte. Aussi jamais leurs rangs ne furent-ils plus serrés; ce n'était pas un ordre religieux et militaire, mais un ordre religieux et militant comme celui des Jésuites. — Repousser toutes les capacités russes des emplois qu'elles auraient pu remplir avec honneur et succès, les gêner dans leur avancement, distribuer les meilleures places, les plus honorables ou les plus lucratives aux gens de son choix et de sa nation, tels furent les soucis de la congrégation allemande (1).

« La position qu'occupent les Allemands en Russie, a dit l'auteur des *Tableaux de la société russe* (2), rappelle sous bien des rapports le rôle que jouèrent les juifs dans le monde antique. Nous voyons ici, comme là-bas, une province dont les enfants dispersés sur l'immensité de l'empire et rattachés les uns aux autres par le lien de la religion et des mœurs, ont dans maintes localités des églises et des écoles communes. Ici, comme là-bas, nous découvrons une noblesse versée dans l'art diplomatique et dans l'art de la guerre, et qui tout en s'accommodant extérieurement des usages du vainqueur, ne perd pas sa nationalité, et exerce encore l'influence dominante et la fait servir à son intérêt. »

Nicolas qui se flattait d'avoir muselé la Révolution; qui se croyait le chef d'une sainte-alliance nouvelle; qui se prétendait le « père de tous les Prussiens », fit rentrer la Russie dans la vieille ornière des idées rétrogrades et de la routine bureaucratique. Il

---

(1) *La Russie envahie par les Allemands,* notes recueillies par un vieux soldat. Paris et Leipsig. 1844.

(2) M. le député Antonin Proust a rendu un important service au public français en lui faisant connaître, sous le titre de : *La Société russe,* ce livre allemand si riche en révélations et en renseignements de tout genre.

avait besoin de plats valets, il trouva des Allemands. Il avait besoin d'espions, d'exécuteurs de basses œuvres, il trouva encore des Allemands. Il leur mit sa police, son inquisition politique, sa censure entre les mains. Karl Troll alla jusqu'à inventer une nouvelle machine de torture connue sur le nom de d'*Outotchka* (le petit canard), Vogel devint le Vidocq de la Russie. Les Allemands exerçaient un pouvoir occulte, d'autant plus puissant et plus redoutable qu'il était mystérieux et invisible. Ils rampaient dans l'ombre, fouillaient la vie privée des citoyens et des fonctionnaires russes pour amener leur disgrâce. L'empire tout entier se trouvait ainsi soumis à l'influence des Allemands qui avaient une intolérable idée de leur supériorité morale. Les domestiques allemands tutoyaient avec dédain les domestiques russes. Quand Pouschkine mourut, les policiers germains envoyèrent des troupes pour empêcher la population de prendre part à son dernier convoi; et, en face de la nation en deuil, les journaux allemands insultèrent à la mémoire du poète.

Chaque régiment russe était orné d'un capitaine tudesque aux fortes moustaches rousses, aux allures impertinentes et grossières de caporal prussien. « Les blancs, écrivait l'auteur d'une brochure, ont plus de compassion pour les nègres, que les militaires allemands pour leurs subalternes russes. »

Un jour, Nicolas demanda au général Yermoloff, vainqueur du Caucase, ce qu'il désirait :

— Sire, répondit-il ironiquement, nommez-moi « Allemand ».

Sous Alexandre II, les Allemands jouirent des mêmes faveurs, des mêmes privilèges, des mêmes immunités que sous Nicolas. L'entourage de l'empereur « bien intentionné » était presque exclusivement composé d'Allemands. Le comte Adelberg était son ami intime et inséparable, son conseiller de tous les instants et de toutes les heures. Il fut même question d'élever le noble comte aux fonctions de ministre des affaires étrangères.

Le comte von der Pahlen, ministre de la justice; le comte Peter, chef de la IIIe section; M. le baron Lieven, grand veneur, le comte Heyden, et M. de Reutern, ex-ministre des finances, étaient des Allemands, et la politique de l'empereur était une politique tout allemande. L'arrivée de M. de Bismarck à Saint-Pétersbourg, en 1859, resserra encore davantage les liens qui unissaient les deux cours. M. de Bismarck passait alors pour l'ennemi juré de l'Autriche; il n'en fallait pas plus pour être accueilli à bras ouverts sur les bords de la Néva. Le nouvel ambassadeur devint un des familiers de l'empereur; il fut invité à toutes les chasses du «jeudi»; les salons de l'hôtel de l'ambassade de Prusse furent les plus courus de la capitale. « Au lieu de dissimuler anxieusement la modicité des ressources qui étaient mises à la disposition de la légation prussienne, madame de Bismarck disait sans détour qu'elle n'avait ni les moyens ni le goût de payer quarante roubles un plat d'asperges, de dépenser en frais de toilette le traitement de son mari et de remplacer toutes les semaines par de nouveaux diamants ses fameux pendants d'oreilles qu'elle avait acquis en troquant une tabatière de Darmstadt. Le grand et important rôle que l'alliance avec la Russie a joué dans l'histoire prussienne des quinze dernières années a été, de la façon le plus heureuse, préparé par l'œuvre que M. de Bismarck a accomplie pendant ses trois ans de séjour à Saint-Pétersbourg (1). »

Lorsque éclata la guerre franco-prussienne, l'attitude du tzar tint l'Autriche en respect et empêcha la Ligue des neutres. « Quel fameux gaillard que mon oncle ! » s'écria Alexandre quand il vit le vieux roi de Prusse se mettre à la tête de son armée. Et chaque fois qu'on lui apportait la nouvelle d'une victoire prussienne, il s'en réjouissait comme un enfant. « C'était, dit l'auteur des *Tableaux de la société russe*, un singulier spectacle que celui de ce souverain applaudissant avec un enthousiasme juvénile au succès des armes prussiennes, et cela au milieu d'une population qui accueillait avec une tristesse mal dissimulée toutes les nouvelles défavorables à la France et qui se donnait tout le mal possible pour manifester, soit en paroles, soit par la voie de la presse, ses sen-

____

(1) *La Société russe*, tom I, pag. 373 et 377.

timents qui différaient si profondément de ceux de l'empereur. Un monarque absolu, comme l'était Alexandre. II, né souverain et ne se laissant jamais un seul instant détourner de sa voie, pouvait seul se soucier aussi peu de l'opinion bonne ou mauvaise des porte-paroles de son peuple. »

Quand la France impériale s'effondra à Sedan, le tzar, solennellement entouré de ses Allemands, vida son verre à la santé de son oncle le roi de Prusse, et le brisa ensuite pour mieux marquer sa joie et la signification de son toast.

Mais tandis que ces manifestations se passaient à la cour, il s'en produisait d'autres, toutes contraires, parmi les patriotes russes qui buvaient, dans leurs réunions intimes, à la ruine des Allemands et de leur Fritz. Les officiers auraient voulu marcher contre la Prusse; la presse indépendante n'avait que des protestations d'amitié envers la France et les souscriptions en faveur des blessés français devenaient des manifestations patriotiques (1).

(1) Nous savons, a dit un publiciste allemand, que la neutralité de la Russie pendant la guerre franco-allemande, est due à la volonté personnelle de l'empereur. La nation y était opposée. Il y avait peut-être aussi certaines faiblesses dans l'armée et les finances. La Prusse avait du reste acquis quelques droits à la reconnaissance de la Russie. Si elle ne s'était pas résignée à un rôle de gendarme lors de la dernière insurrection polonaise, si elle n'avait pas empêché les révolutionnaires de trouver un point d'appui à ses frontières, les autres puissances seraient certainement intervenues en faveur de la malheureuse nation.

L'entente cordiale qui se fit entre les trois empereurs
ne rétablit pas la bonne harmonie entre les deux peuples. Les journaux allemands paraissant en Russie,
comme ceux venant de Berlin, se livrèrent à de violentes attaques contre la Russie qu'ils cherchaient à
discréditer aux yeux de l'Europe. Le ton de la presse
russe n'était pas moins hostile. Et cette animosité
atteignit son paroxysme lorsque, après la dernière
guerre contre les Turcs, M. de Bismarck empêcha la
nation russe qui s'était imposé de si lourds sacrifices,
de tirer de la victoire tout le parti et les avantages
qu'elle espérait. On appela l'Allemagne « une fausse
amie » ; on fit remonter jusqu'à elle les causes des
complots nihilistes. « Si, disaient les journaux russes,
le Congrès de Berlin n'avait pas rendu si dérisoire et
si misérable le résultat de notre guerre nationale, le
peuple ne se sentirait pas pris de dégoût pour les
hommes au pouvoir, et jamais les nihilistes n'auraient
osé tenter des projets aussi audacieux. L'attitude hostile de la nation les eût réduits à l'impuissance. »

Cette guerre de plume se poursuit encore aujour-
d'hui avec acharnement entre les deux peuples. La
Gazette de Saint-Pétersbourg va jusqu'à traiter les
femmes allemandes de « guenons ».

« Nous autres Allemands, nous ne devrions pas oublier un seul instant, dit M. Franz von Löher, que nous
ne sommes pas plus aimés à Saint-Pétersbourg qu'à
Copenhague et à Paris. »

Quelles sont les conséquences à tirer de cette antipathie et de cette animosité croissantes entre Russes et Allemands?

Nous céderons de nouveau ici la parole à l'Allemand Franz von Löher, qui a prévu cette question et qui, dans son ouvrage en trois volumes sur les destinées de la Russie, publié tout récemment, y a répondu en donnant à ses études les conclusions suivantes :

« L'Allemagne, devenue l'alliée intime de l'Autriche, est assez forte et puissante pour contenir la Russie et contrecarrer sa politique et ses projets militaires en Occident. Aussi longtemps que les cabinets de Vienne et de Berlin furent divisés par leur antagonisme et qu'ils obéirent à des ambitions et à des intérêts différents, la Russie eut ses coudées franches, elle put agir à son aise, aspirer à l'hégémonie universelle. Le voyage de M. de Bismarck à Vienne, en 1879, a changé heureusement cette situation ; et le cri de joie qui s'échappa alors des poitrines allemandes a montré de quelle lourde pierre elles se sentaient délivrées.

» La réconciliation de l'Allemagne et de l'Autriche a été celle de deux frères, — de deux fils de la même mère dont l'un a continué de vivre dans la maison paternelle qu'il a rebâtie à neuf, tandis que l'autre a agrandi son domaine dans le voisinage (1).

» L'alliance qui existe entre eux ne ressemble pas à

______

(1) Il nous semble, à nous, que la Prusse a tout simplement mis l'Autriche à la porte de la maison, à coups de fusil.

celle qui unit deux peuples étrangers, c'est une entente naturelle, c'est un lien entre deux races qui ont la même origine, le même sang, qui parlent la même langue, qui ont adopté la même civilisation. Du Danube aux plaines hongroises, pas de différence dans le pays et dans le peuple.

» Pourquoi la dernière campagne d'Orient a-t-elle été d'un si mince profit pour la Russie ? Parce que l'Allemagne et l'Autriche étaient unies. Et si cette dernière puissance a pu s'emparer de la Bosnie, dérober au nez des Russes une province turque, c'est encore parce que l'Allemagne et l'Autriche marchent la main dans la main (1). »

Après avoir pesé les ressources financières et militaires de la Russie, M. Franz von Löher examine les chances d'alliances qui restent à ce gênant voisin :

« L'alliance américaine, dit-il, s'est évanouie comme une bulle de savon. D'ailleurs une guerre de la Russie contre l'Angleterre serait, selon l'expression de M. de Bismarck, un combat entre l'ours et la baleine.

» Du côté de la France, l'horizon est plus rose. Dès que la sentinelle russe sortira de sa guérite et criera : *Aux armes!* on s'imagine, à Moscou, que les Français accourront aussitôt. Sans doute, la France ne peut laisser échapper une occasion de prendre sa revanche, car

(1) M. de Bismarck pousserait l'Autriche à s'emparer aussi de Salonique.

c'est contre ceux qui ont vaincu celle-ci que la Russie marcherait.

» En réalité, — qui pourrait le nier? — la plaie brûlante dont souffre l'Europe est attachée aux flancs de cette France qui ronge son frein, qui trépigne d'envie et de désir de nous appliquer la peine du talion.

» Les Russes n'espèrent pas seulement obtenir de l'alliance française des hommes et des armes, mais de l'argent. Abandonnée à ses seules ressources, la Russie ne pourrait pas supporter les frais d'une grande guerre. Sur cette question financière, il sera peut-être difficile de s'entendre, et cela d'autant plus que les Français ne montrent pas un extraordinaire empressement à s'allier aux Russes. Si la guerre venait à éclater entre Allemands et Français, nous verrions la République se montrer très ardente pour le tzarisme ; mais les Français ne sont pas à la veille de se lancer dans une nouvelle aventure ; ils sont trop riches, ils ont trop de bien-être, le bourgeois comme le paysan n'a nulle envie d'exposer sa fortune et sa douce quiétude aux chances et aux hasards de la guerre. Et puis, on aimerait bien, auparavant, se rendre un peu compte en France des progrès accomplis dans l'armée. Aussi une gentille petite guerre sans trop de danger serait-elle accueillie avec joie par le peuple français.

» Mais tant que l'Allemagne et l'Autriche resteront unies et voudront la paix, il n'y aura pas de guerre en

Europe, bien que le nouvel empire allemand soit entouré d'ennemis. »

Cependant la possibilité d'un conflit avec la Russie est si bien acceptée par l'opinion publique en Allemagne, que M. Franz von Löher discute, en de savantes et longues pages, les chances militaires et stratégiques des deux belligérants :

« Les Russes, dit-il, croient qu'ils auront facilement raison d'une armée d'invasion allemande, en adoptant la tactique qui leur a réussi avec Napoléon. Ils feront le vide, ils se retireront dans leurs immenses plaines où les troupes ennemies ne trouveront ni vivres ni abri. Mais la guerre de Crimée n'a-t-elle pas montré que la Russie peut être défaite sur ses frontières ? De Posen à Varsovie et de la Galicie à Kiew, la distance est à peu près la même. Il suffirait à l'Allemagne d'occuper la Pologne, et à l'Autriche de s'emparer des « terres noires », tandis que les flottes alliées entreraient dans la mer Baltique et dans la mer Noire, pour couper aux Russes toutes leurs communications avec l'Europe, et les séparer des greniers de l'Ukraine et de la Crimée qui font vivre le reste de l'empire. Les envahisseurs chercheraient aussi à se rendre immédiatement maîtres d'une ligne de chemin de fer ; au besoin ils sauraient en construire une ; et ils ne pénétreraient au cœur du pays qu'après avoir assuré leurs approvisionnements et leur ligne de retraite. »

Et, supposant la victoire des armes allemandes,
M. Franz von Löher s'écrie :

« Qu'on songe à la chute de cet empire colossal et
barbare ! Aussitôt la civilisation européenne pénètre
dans ces vastes étendues sauvages, elle les livre aux
colons, à la culture. La défaite des Russes sera la
solution de la question slave ; et pour prévenir tout
choc futur entre les deux races, nous serons obligés
de mettre un tampon entre la Russie d'un côté, et
l'Allemagne et l'Autriche de l'autre. Nous rétablirons
le royaume dé Pologne au nord-est, et au sud-est
nous formerons un autre royaume des provinces petites-
russiennes. La chute du colosse moscovite étouffera
toutes les vélléités d'émancipation chez les Slaves
d'Allemagne et d'Autriche, qui accepteront d'être gouvernés d'une manière qui, tout en les satisfaisant,
nous satisfera aussi nous-mêmes. »

La situation politique de la Russie vis-à-vis de l'Allemagne est restée la même depuis que M. von Löher a
écrit son livre, et nous ne pensons pas qu'elle change
de sitôt, bien qu'un nouvel empereur, soupçonné d'être
hostile aux Allemands, occupe aujourd'hui le trône
des Romanof. Les relations entre les deux cours, sans
se resserrer davantage comme on l'avait annoncé (1),

(1) Tous les journaux ont publié des télégrammes annonçant
pour le 26 avril l'arrivée d'Alexandre III à Berlin.

16.

sont courtoises, cordiales, presque empreintes d'amitié. Les empereurs se font rares et il est naturel que ceux qui restent se rapprochent pour essayer de tenir tête à l'orage.

On a beaucoup exagéré les sentiments antigermaniques du grand-duc héritier. On a raconté sur lui des anecdotes charmantes, mais qui sont des fables. On a même mis dans la bouche de ce grand taciturne, de ce silencieux à l'attitude de sphinx, des mots qu'il n'a jamais prononcés parce qu'il ne les a jamais pensés. N'est-on pas allé jusqu'à nous affirmer qu'il avait défendu de parler allemand à son entourage, lui qui a pour médecin un Allemand, pour maître de sa cour, un Allemand, pour portier de son palais, un Allemand ! Et le secrétaire de cette Société d'antiquités russes dont il est le président honoraire, est un Allemand aussi ! Le comte Adelberg serait enfin plus en faveur que jamais.

Jusqu'ici aucun de ces fonctionnaires allemands des provinces baltiques, si détestés des vrais Russes et bêtes noires des Slavophiles, n'a été frappé de disgrâce.

Alexandre III appartient cependant par ses idées et ses sentiments au parti ultra-national, au parti anti-européen qui, reniant Pétersbourg comme capitale, espère faire rentrer le tzar dans la vieille et sainte Moscou.

Si l'hôtellerie impériale des bords de la Néva était

abandonnée pour la forteresse sacrée du Kremlin, le rôle des Allemands en Russie serait fini sans doute, la bureaucratie allemande de Saint-Pétersbourg s'en irait comme une poussière aux quatre vents de l'espace. Les patriotes Russes n'auraient plus à gémir sur la funeste influence de l'étranger ; mais tant qu'Alexandre III vivra dans le milieu allemand de la capitale de Pierre Ier, de Catherine, de Nicolas, d'Alexandre II, la prépondérance des Allemands à la cour et dans les conseils du gouvernement ne risque pas d'être beaucoup affaiblie.

LE SOCIALISME ALLEMAND

ET L'ÉTAT MORAL DE BERLIN

LE SOCIALISME ALLEMAND

ET L'ÉTAT MORAL DE BERLIN

I

Doñoso-Cortès disait un jour : « On pense assez généralement que le socialisme court à sa perte par l'exagération révoltante de tout ce qu'il réclame en vertu de ses principes ; je crois, au contraire, que c'est la modestie de ses exigences qui le perdra. Qu'il soit loin d'accepter toutes les exigences de ses propres principes, nous l'avons vu lorsque nous avons constaté que, reculant devant la dissolution de la société politique, conséquence logiquement nécessaire de sa négation de toute solidarité, il se contente de proposer la dissolution de la société domestique (1). »

Aujourd'hui, Doñoso-Cortès modifierait sa manière

(1) Doñoso-Cortès, *OEuvres*, t. III, p. 385.

de voir ; il ne soutiendrait plus une thèse en contradiction flagrante avec les faits, lui qui observait de si
près le mouvement social d'il y a vingt-cinq ans, dans
les grands centres européens, Paris, Vienne et Berlin.

Le socialisme a marché à pas de géant depuis 1848.
A cette époque on en riait encore volontiers. Il n'existait en Allemagne qu'à l'état de fantôme ; il ne pouvait
guère espérer de devenir la puissante organisation qui
enlace aujourd'hui l'Allemagne comme le serpent en-
laçait Laocoon. Il a fallu à la secte naissante l'auxiliaire
d'une diplomatie sans principes, d'une politique per-
fide et rapace qui, donnant elle-même l'exemple de la
destruction, a laissé une libre carrière aux revendications révolutionnaires.

Quand on étudie les mémoires diplomatiques et
politiques de tous les régimes sans exception, depuis
le Congrès de Vienne et la Restauration en France, on
remarque que tous les hommes d'Etat, tous les grands
politiques des partis prépondérants ont travaillé à la
même tâche et se sont efforcés de changer, de transformer l'état de choses existant au centre de l'Europe,
en tenant leurs yeux fermés sur l'avenir. Au milieu de
tant de bouleversements, le socialisme s'est facilement
frayé un chemin, et le voici arrivé au premier plan, se
dressant dans toute sa force émancipée et sa majesté
sauvage, en face d'une société corrompue, disloquée et
ahurie.

Ce qu'on appelle en Prusse la réaction de 1848 à 1858

n'a servi qu'à lancer la bourgeoisie allemande, un peu
effrayée de l'apparition des premiers symptômes socialistes, dans les études et les discussions économiques.
Le smithianisme (1) et le libre-échange devinrent les
dogmes du jour, qu'on reconnut officiellement sous le
titre de «science économique». Cette science eut ses
prophètes dans toutes les chaires et les revues périodiques allemandes. Prince-Smith, Faucher, Michaelis,
Wolf, Ever, Oppenheim, Max Wirth, Emminghaus et
cent autres professeurs, publicistes, économistes, juifs
et chrétiens, propagèrent le nouvel évangile dans les
universités et dans la presse.

A partir de 1858, on organisa des «associations
d'économie politique», on convoqua des congrès économiques. Des comités influents servirent de liens et
d'intermédiaires entre les Congrès annuels et périodiques qui se réunissaient dans tous les centres com-
merciaux de l'Allemagne. Cette agitation habilement
et énergiquement menée eut un succès complet, et la
nouvelle philosophie économique et sociale détruisit
les anciennes bases sur lesquelles reposait la société
allemande.

L'ère des compagnies de chemins de fer, des banques
et des Sociétés de crédit commença. Et dans le tourbillon de tous ces tripotages financiers, de toutes ces

____

(1) John Prince-Smith, un Anglais germanisé, a été le premier
apôtre des doctrines libre-échangistes en Allemagne.

préoccupations industrielles, on ne songea plus aux prolétaires ; on ne s'inquiéta plus du « Quatrième Etat », qui cependant ne cessait de réclamer les miettes du festin. Schulz-Delitsch avait, il est vrai, promis de museler les convoitises populaires. La bourgeoisie crut sur parole ce vieillard innocent et elle continua joyeusement, sans voir les regards de haine et d'envie qu'on lui jetait, sa course folle aux emplois, aux honneurs lucratifs, aux spéculations heureuses, sa chasse à l'argent !

« Le libre-échange, disait Schulz-Delitsch aux ouvriers, a introduit la libre concurrence ; travaillez, instruisez-vous, épargnez et économisez, menez une vie de labeur et de renoncement, acquérez un capital, et entrez en lutte avec la riche bourgeoisie, avec la « juiverie », avec le capital lui-même. »

Ce conseil ressemble à celui de l'aimable personne qui engageait les pauvres sans pain de manger de la brioche.

Comment l'ouvrier allemand, gagnant à peine de quoi vivre, aurait-il pu réunir le capital nécessaire à toute concurrence ?

C'est alors qu'on vit descendre dans l'arène un jeune homme aux yeux de feu, à l'air inspiré, plein de fougue et d'audace, dévoré d'ambition, doué de talents extraordinaires, riche, perspicace et laborieux comme tous les gens de sa race, très en vue dans le monde aristocratique de Berlin où il comptait Humboldt et les autres sommités savantes et littéraires au nombre de ses amis.

Ce nouvel athlète s'appelait Ferdinand Lassalle.

Les « déshérités » avaient trouvé leur homme, leur champion.

Emporté par le courant d'une popularité rapidement acquise, Lassalle engagea avec les économistes de la libre concurrence une polémique restée célèbre. Le pauvre Schulz-Delitsch ne s'en releva pas. Dans cette joute, Lassalle employa les armes d'une dialectique serrée, empruntée à l'école de Hégel ; il y déploya les immenses ressources de son érudition jointes à une éloquence de tribun.

«Mais malheureux que vous êtes, dit-il aux ouvriers, vous ne voyez donc pas qu'on vous trompe ! Quoi ! vous en êtes encore à discuter sur la libre concurrence, sur le libre-échange, sur l'exemption du droit d'écart, sur des questions enfin qui sont votées il y a bien long-temps, sur des choses passées à l'ordre du jour sans soulever de débats ! Vous vous laissez exploiter, vous n'êtes qu'un instrument politique dans la main des habiles et des égoïstes !»

«Armé de toute la science de son siècle», comme il le proclamait lui-même dans son orgueil oriental, Lassalle s'abattit, pareil à un ouragan, sur les faiseurs, les tri-poteurs, les exploiteurs ; il les confondit et les fit hurler de rage, soulevant dans les classes ouvrières un enthou-siasme immense.

A partir de ce moment, il fut l'objet d'un véritable culte, qui s'est perpétué jusqu'à nos jours.

«Pour les uns, dit-il dans une de ses lettres, je suis un homme du plus grand génie, et d'un caractère surhumain, dont il faut attendre les plus grandes choses.»

«Je suis un homme, écrivait-il en français, qui a voué son existence à une sainte cause, à la cause du peuple jusque dans ses dernières conséquences. C'est une cause qui est destinée à triompher dans ce siècle, mais elle aura d'extrêmes échecs et des dangers pour ses partisans (1).»

Il avait deviné les instincts secrets des masses et su formuler leurs aspirations en termes populaires avec une logique et une force de preuves irrésistibles. Rien de plus émouvant, de plus entraînant que les brochures et les plaidoiries de Lassalle écrites et prononcées contre ses adversaires du parquet, de la presse, des tribunes parlementaires et des chaires universitaires. Dans les réunions publiques, et à la sortie des tribunaux, Lassalle était porté triomphalement sur les épaules de ses adeptes, — comme le roi du peuple, le roi des pauvres et des misérables.

La loi du salaire, exposée par Lassalle dans une thèse très logique, appuyée sur des données statistiques officielles d'une épouvantable vérité, lui ga-

_____

(1) *Une page d'amour de Ferdinand Lassalle,* lettres et confession (en français). Leipzig, 1878.

gna promptement l'adhésion des travailleurs de tous
les districts industriels. La Saxe, l'Allemagne centrale, la Westphalie, la Prusse rhénane, le saluèrent
comme un Messie. Et personne plus que lui n'était convaincu du grand rôle humanitaire qu'il était appelé à
remplir.

« Je suis né, écrivait-il de Berlin le 5 octobre 1840,
dans son français pittoresque, à une jeune Russe qu'il
avait intention d'épouser, je suis né, comme Heine l'a
dit de moi lorsque j'avais dix-neuf ans, pour mourir
comme un gladiateur le sourire à la lèvre. C'est tout
égal si je souffre plus ou moins dans ma vie. Que
d'autres soient heureux ! A des natures comme moi, il
suffit de combattre, de verser lentement jusqu'à la
dernière goutte de sang, de manger mon cœur, et, la
mort dans l'âme, de paraître souriant. »

Dans une autre lettre, à la même personne, il écrivait
aussi : «Je suis sans cœur pour moi. Je n'ai ni pitié, ni
miséricorde, ni sentiment pour ma propre existence
dont je me suis donné la parole de faire un long combat.
C'est pourquoi je ne pourrai pas être malheureux, tant
que je serai seul ! Il n'y a pas de malheur, de malheur
possible pour moi. Qu'on brise le rocher nu et isolé de
ma vie, et encore je ne sentirai rien, tout aussi peu que
le rocher ne sent rien quand il est brisé... Je ne sens
que pour ceux et par ceux que j'aime. Le malheur de
ceux que j'aime me rend d'autant plus malheureux
que je suis insensible pour moi, que je ne concentre

que dans ceux que j'aime le besoin de bonheur, de repos, d'impressions douces et agréables. Donc, le malheur de ceux que j'aime est la seule porte d'entrée pour le malheur de ma vie (1)... »

Quand, en 1863, il passa en revue, à Solingen (Prusse rhénane), ses bataillons de prolétaires déguenillés, aux chevelures incultes, aux traits hâves, dix mille voix acclamèrent, comme président « de la Ligue générale des travailleurs allemands », ce beau Juif à la figure pâle, aux yeux brûlants, à la voix puissante, au cœur de lion.

Ce fut à cette occasion que Lassalle, partisan ardent de l'unité allemande, s'adressa pour la première fois à M. de Bismarck. Comme le bourgmestre de Solingen avait envoyé des gendarmes pour dissoudre l'assemblée, Lassalle, accompagné de son armée de dix mille misérables, se rendit au bureau des télégraphes et s'adressa directement au président du ministère à Berlin. Il commença sa dépêche par ces mots : « Bourgmestre » progressiste empêche par force que parle dans réu-» nion qu'il veut dissoudre, etc., etc. Je demande jus-» tice et qu'on lui inflige désaveu, etc., etc. »

M. de Bismarck donna gain de cause à Lassalle, mais sa réponse arriva trop tard.

Lassalle commença alors dans les journaux une

(1) *Une page d'amour de Ferdinand Lassalle*, lettres et confession. Leipzig, 1878.

campagne acharnée contre les meneurs du parti progressiste. Les procureurs royaux, qui appartenaient à ce parti, lui intentèrent procès sur procès. Se défendant toujours lui-même avec un talent de parole incomparable, il poussait à bout juges et avocats, et chaque plaidoirie devenait pour lui une victoire, un triomphe. Les ouvriers l'attendaient dans la rue pour lui faire des ovations enthousiates. Un jour tout Cologne faillit se mettre en révolution en son honneur.

Lorsqu'il prit en main la cause de cette fameuse comtesse de Hatzfeldt, de la famille des princes de Prusse, mariée à un homme brutal et débauché, qui la tenait emprisonnée dans un sombre château, au milieu des montagnes, tandis que lui vivait et voyageait avec sa maîtresse, femme d'argent et femme d'intrigues, ancienne espionne russe à Paris, la baronne de Meyendorff, à laquelle il avait légué toute sa fortune, Lassalle « s'élança, comme il le dit, sur le banc des accusés, non comme un homme qui doit se défendre, mais comme un triomphateur. » Il démasqua quatorze faux témoins que le comte avait achetés pour témoigner en sa faveur. Les débats durèrent sept jours. Lassalle établit, par des preuves irrécusables, l'infamie de la conduite du comte, et, le dernier jour dans un discours de six heures, il s'identifia si bien avec cette cause qu'il écrasa le comte et ses complices.

« Sophie, écrit-il en français, racontant l'histoire épique de ce procès à la jeune Russe dont nous avons déjà parlé, Sophie, rien ne pourrait vous donner la moindre idée de l'impression électrique que je faisais. Toute la ville, le peuple de la province entière, nageait dans des flots d'enthousiasme ! Le peuple avait vu la face d'un homme. Il m'avait compris. Mais non seulement lui, toutes les classes, la bourgeoisie entière, étaient dans un enivrement d'admiration... Lorsque nous arrivions à Dusseldorff, le peuple de cette ville allait m'étouffer par ses acclamations. Il nous dételait les chevaux, à la comtesse et à moi, pour nous tirer de son corps. C'est que le peuple, quoique le procès ne fût pas politique proprement dit, avait compris que c'était un procès politique dans le sens le plus profond de ce mot, que c'était l'insurrection contre l'oppression ! Non seulement j'étais absous, mais encore j'avais frappé un formidable coup. Ce jour-là me donnait dans toute la province la renommée d'un orateur sans pareil et d'un homme d'une énergie sans égale ; et les gazettes allaient colporter par toute la monarchie ces renommées-là. Ils me donnaient la réputation d'un homme qui s'attaque lui seul à un monde entier. Depuis ce jour-là le parti démocratique dans la province rhénane me reconnut hautement pour un de ses principaux chefs (1). »

(1) *Une page d'amour de Ferdinand Lassalle*, p. 87. Lassalle fit la connaissance de la comtesse de Hatzfeldt à Berlin, en 1840. Il y avait vingt ans qu'elle était mariée et qu'elle subissait les plus atroces tortures ; son mari la maltraita dès le premier jour de son

En plaidant la cause de la comtesse de Hatzfeldt, Lassalle se créa des ennemis puissants. Il eut contre lui l'aristocratie prussienne tout entière, le gouvernement et les fonctionnaires de tout ordre, « alliés du rang et de la richesse ». On s'était conjuré pour le perdre. Mais il se raidit à toutes les attaques, avec cette force, cette énergie qui avait déjà frappé Henri Heine, son coreligionnaire. Il n'y avait qu'un Juif tenace, qu'un Lassalle, qui pût résister ainsi sans perdre courage. On lui fit procès sur procès, on le calomnia, on le bafoua dans des journaux stipendiés, on le traqua de mille manières, on l'emprisonna ; à travers les murs de sa prison, il réussissait encore à faire entendre sa voix.

La presse libérale et progressiste se distingua dans cette lutte à outrance et s'élança comme une meute hurlante sur l'héroïque tribun. Aussi personne n'a flétri en termes plus ironiques que Lassalle, l'ignorance, la vénalité, la bâtardise de cette presse-là. Il appelle ces gratte-papier une « bande d'ignorants, de déclassés, de fainéants, de touche-à-tout, toujours prêts à défendre toutes les causes contre récompense honnête ».

Sa brochure, adressée à « monsieur Bastiat-Schultz

mariage. Lassalle avait alors vingt ans. Il n'avait jamais étudié le droit ; il l'étudia pour plaider cette cause célèbre, qu'il gagna enfin, après neuf ans de luttes acharnées.

17.

de Delitsch », donna le coup de grâce au parti progressiste.

Lassalle frappa également de sa massue meurtrière
les adversaires doctrinaires du ministère Bismarck.
Cette période constitutionnelle, appelée « période
d'opposition », ne fut qu'une triste farce. C'est alors
que le fameux historien Sybel, ce type du professeur
allemand national-libéral, s'écria en plein Parlement
« qu'il ne voulait pas salir sa bouche en prononçant un
certain nom ». Il voulait désigner M. de Bismarck, qu'il
encense aujourd'hui à genoux.

Lassalle n'était partisan ni de la politique cosmopolite, ni de la révolution armée. Il était l'ennemi déclaré
de tout procédé international et de tout procédé vio-
lent. Il ne réclama jamais autre chose qu'une réforme
économique et politique, nationale, allemande, basée
sur le suffrage universel pour tous les citoyens âgés de
vingt et un ans. Partisan de l'unité de l'Allemagne, il
exhortait la Prusse à se mettre à la tête du mouvement
centralisateur.

Lassalle, le juif philosophe (1), fut donc un réfor-

____

(1) Il est assez curieux de voir le peu de cas que Lassalle faisait
de ses coreligionnaires. Voici ce qu'il en dit dans une de ses
lettres intimes à celle qu'il avait choisie pour sa femme: « Il est
vrai que je pourrai vous faire le sacrifice de devenir chrétien,
quoique d'après nos lois cela ne soit pas nécessaire, et chrétiens
et Juifs se peuvent marier entre eux. Et si cela était la condition
indispensable, je le ferais peut-être. Je veux vous dire pourquoi.
Je n'aime pas les Juifs. Je les déteste en général. Je ne vois en

mateur éminemment national. Ses adversaires n'ont pu lui opposer que des calomnies et des attaques personnelles. On est allé jusqu'à l'accuser d'être l'allié des jésuites et des ultramontains parce qu'il adressa à l'évêque de Mayence, une lettre relative au mariage qu'il projetait avec la jeune Russe dont il a déjà été question.

« Quand le 96 pour 100 (1) de la population envisagera la question du suffrage universel comme une question d'estomac, et quand cette idée aura été propagée dans tout le corps de la nation avec la chaleur naturelle de l'estomac, alors la victoire sera certaine ! » s'écriait-il.

Cette idée des chartistes anglais fut son but, le mobile de ses agissements et de sa propagande colossale. Il n'espérait de réforme pacifique qu'à l'aide de l'introduction du suffrage uuiversel.

« Les bras me sont tombés de stupeur, dit-il, en parcourant les statistiques officielles de M. Dieterici (directeur du bureau de statistique). J'y ai vu que

eux que les fils très dégénérés d'un passé grand, mais bien loin. Cès hommes ont pris, par les siècles passés dans l'esclavage, les qualités des esclaves, et c'est pour cela que je leur suis extrêmement défavorable. Aussi je n'ai point de contact avec eux. Entre mes amis et dans le monde qui m'entoure ici, il n'y a presque pas un seul Juif..... (*Une page d'amour de Ferdinand Lassalle*, p. 49, édition française, chez Brockaus, Leipzig, 1878.)

(1) D'après une statistique officielle, les Prussieus qui n'ont qu'un revenu insuffisant pour vivre forment les 96 pour 100 de la population totale.

96 pour 100 de la population paye le 79° pour 100 des impôts indirects, et que 21 pour 100 seulement des ces impôts sont fournis par le reste de la nation qui a tous les droits politiques, tandis que la masse des 96 pour 100 n'en a aucun. »

— Si on ne fait pas de réformes, prophétisait Lassalle, c'est la révolution, et il écrivait :

« Je suis convaincu de l'avènement de la révolution. Ou elle se fera légalement, avec toutes les bénédictions et les bienfaits de la paix, si on a la sagesse en haut de se décider à temps; ou bien elle fera une irruption sauvage et terrible, avec ses souliers ferrés, ses convulsions destructives. Elle viendra de l'une ou de l'autre façon. Quand, loin du bruit de la journée, je m'enferme dans l'histoire, alors, oh! alors, j'entends déjà sa marche retentissante! »

On le voit, pour Lassalle qui était un idéaliste, le mot de révolution signifiait changement, transformation sous l'impulsion d'une idée nouvelle. Et ce changement devait être une réforme paisible et bienfaisante si elle était appliquée par les autorités sociales, secondée par le dévouement de tous ceux qui ont une charge, un devoir, une mission dans leur position même; mais cette réforme serait révolutionnaire et sanglante, et ne laisserait que des ruines, si les classes dirigeantes oubliaient leurs devoirs, se bouchaient les oreilles aux grondements du peuple et fermaient les yeux devant l'évidence menaçante; si elles empêchaient

les autorités sociales de remplir l'œuvre de concilia-
tion ; si elles ne suivaient pas les préceptes de l'Écriture et des sages, et l'exemple des grands apôtres de
l'humanité.

Que de fois les philosophes de l'antiquité ont parlé à
leur siècle des réformes à faire par les autorités sociales (1)!

Lassalle est resté le prophète, l'apôtre, le héros, le
dieu des classes ouvrières allemandes, moins excessives dans leurs revendications que les révolutionnaires
russes, leurs voisins. Combien de fois avons-nous vu
les colonnes des journaux socialistes remplies de poésies enthousiastes en l'honneur de Lassalle! En voici
une que nous traduisons littéralement :

— Qui est-ce qui prononça la plus grande parole
vraie? — Qui se répandit au loin, en tout lieu? — Est-
ce le pape de Rome? — Est-ce un évêque dans une ca-
thédrale? — Oh! non, oh! non, oh! non!—Ce ne pouvait être ni un pape ni un évêque !

— Qui est-ce qui prononça la plus grande parole
vraie? — Dites-nous donc le nom de cet homme? —
Est-ce Malher, Knack ou quelque autre? — Etait-ce la
grande armée des moines? Oh! non, oh! non, oh!
non! — Ce ne pouvait être un moine!

— Qui est-ce qui la prononça donc la grande parole
vraie? — Dites-le à haute voix, en tous lieux! — Ce

(1) Voir les passages cités dans les ouvrages de M. Le Play.

fut le grand tribun du peuple — Dont les os reposent à Breslau. — C'est lui seul, c'est lui seul, c'est lui seul, — Ferdinand Lassalle seul !

Lassalle passe pour le rédempteur des prolétaires ; quoique mort, il doit achever par son esprit la délivrance des classes déshéritées. La *Freie Zeitung* (Gazette libre) a publié un *Credo* qui est comme le cri suprême de ce culte voué à la mémoire du grand tribun (1) :

— Je crois en Ferdinand Lassalle — Le Messie du dix-neuvième siècle ; — A une résurrection politique et sociale — De mon peuple languissant dans la misère.

— Instruit des dogmes irréfragables de l'état ouvrier — Qu'a honoré Ferdinand Lassalle — Qui, né d'une race méprisée, — A souffert par la bourgeoisie et la réaction, — Est mort de la main d'un meurtrier (2), — Est ressuscité dans le cœur de ses fidèles disciples — Et dans l'esprit du peuple ouvrier — D'où il viendra pour juger — Tous les ennemis de sa doctrine.

Dans une correspondance du *Nouveau Démocrate-Socialiste*, un ouvrier de Hambourg conseillait, il y a deux ou trois ans, à ses coreligionnaires socialistes, d'ap-

(1) N° 6, 1869.

(2) Mademoiselle Dœninger, fille du conseiller de légation, ambassadeur de Bavière à Florence, s'était vivement éprise de Lassalle à Genève. Celui-ci fut tué par un Roumain, Bakwitza, dans un duel suscité par la jalousie. Mademoiselle Dœninger épousa Bakwitza, qu'elle quitta bientôt pour devenir la femme de l'acteur viennois, Friedmann. Elle se livre actuellement à des tournées dramatiques dans les principales villes d'Allemagne.

prendre à leurs enfants, comme il l'avait fait lui-même,
les vers suivants, parodie d'une prière allemande (1) :

> Je suis petit, mon cœur est pur,
> Que personne n'ose y demeurer
> Que Ferdinand Lassalle seul !

Quiconque suit un peu la presse socialiste allemande
remarque, chaque samedi, des annonces de conférences
pour le dimanche, dont les sujets sont souvent désignés en ces termes : *Lassalle et Socrate*, — *Lassalle et
Jésus-Christ*, etc.

Et c'est en présence de cette ardeur sans cesse renais-
sante des revendications populaires que les classes,
prétendues dirigeantes continuent à s'abuser et à
abuser de leur situation, de leur puissance, de leur
richesse, de leur culture intellectuelle, et qu'elles ag-
gravent les vices d'un système social, économique et
politique qui réclame, en Allemagne comme en Russie,
de si urgentes réformes !

(1)   *Ich bin klein, mein Herz ist rein,*
       Soll Niemand drein wohnen
       Als mein Jesulein.

Je suis petit, mon cœur est pur; que personne n'y demeure que
mon petit Jésus !

II

 La guerre victorieuse de 1866 ne servit qu'à aveugler
davantage les esprits et à dérouter les consciences.
Le respect de tous les droits historiques fut foulé aux
pieds, l'Autriche mise à la porte de la maison, après
avoir été pendant mille ans la tête et la main de l'Allemagne ; des États qui avaient subsisté pendant de
longs siècles disparurent subitement ; les anciennes
dynasties furent non seulement dépouillées de leur
couronne, mais de tous leurs droits et de leur fortune :
et, au retour de l'expédition fratricide, on vit le roi de
Prusse donner publiquement une part du butin à ses
conseillers et à ses généraux (1). Nous avons aussi

(1) M. de Bismarck reçut 400,000 thalers, c'est-à-dire 1,700,000
francs ; le général de Roon 300,000 thalers, les autres 200,000
thalers chacun. Sous le grand Frédéric déjà, les guerres devenaient des opérations financières, entreprises de compte à
demi par le roi avec ses généraux et ses intimes. Un certain colonel de chasseurs à pied, baptisé par Frédéric du nom passable-

nos projets de renversements, se dirent alors les socialistes; organisons-nous, notre tour viendra, et nous
partagerons comme eux ont partagé. Que leur importait les prétextes qu'on leur opposait en disant que
ces changements violents avaient été accomplis uniquement en vue de l'unité allemande? N'y a-t-il pas
d'autres buts qui justifient tout aussi bien l'emploi de
la violence, du moment que l'on admet que la fin jus-
tifie les moyens? L'ouvrier allemand est bien indifférent à la grandeur de sa patrie. Ce qui le touche avant
tout, c'est sa propre situation et celle de ses camarades.
Et en vérité on ne saurait le blâmer de trouver la question du salaire beaucoup plus importante que celle de
la grandeur militaire allemande. « En vain, a dit un

ment grotesque de *Quintus Incilius*, s'était rendu célèbre pendant
la campagne de Saxe en dévalisant de fond en comble les pro-
priétés du comte de Brühl, ministre de l'Électeur. « Dans un de
ses séjours à Sans-Souci, raconte M. Thiébault, le roi sembla
avoir pris à tâche de le harceler à chaque dîner, et poussa les
choses au point de lui demander un jour, devant de nombreux
témoins, combien il avait volé en démeublant le château du comte
de Brühl. « Cela est vieux, lui disait ce monarque; tout est ef-
» facé par le temps et par le traité de paix ; il n'y a plus aucune
» recherche à craindre ; d'ailleurs vous avez toute honte bue; tout
» le monde sait que vous êtes un pillard ; c'est une réputation
» dont les frais sont faits ; ainsi vous ne devez pas faire de diffi-
» cultés de nous dire ici bonnement ce que vous avez pillé en
» cette circonstance. Allons, un petit effort, combien cette au-
» baine de fripon vous a-t-elle valu? Dites. » Quintus qui avait
tant souffert d'attaques semblables, ne put tenir à celle-ci, et répondit : « Votre Majesté doit le savoir, car je n'ai rien fait que
» par vos ordres, je vous ai rendu compte de tout, et *vous avez*
» *partagé avec moi.* »

économiste allemand, oppose-t-on aux socialistes le
caractère sacré de la propriété. Ils y répondent par une
simple question : l'existence d'États entiers et les
droits des anciennes dynasties sont-ils moins sacrés
que les domaines, les maisons, les fabriques et les
rentes de tout genre, alors que le code pénal considère
comme un crime plus noir de s'attaquer aux premiers
qu'aux seconds ? Dès que le droit historique n'est plus
respecté, la propriété tombe, car elle n'a pas d'autre
droit. L'héritage n'étant que le côté matériel de la tradition historique, pourquoi cette tradition matérielle serait-elle maintenue, lorsqu'on détruit par un coup d'é-
pée ou un trait de plume, la tradition intellectuelle? On
abolira donc l'héritage, et après une génération le socialisme se sera établi de lui-même. »

Lassalle n'était plus, mais son prestige grandissait
encore après sa mort. On lui mit au front l'auréole du
martyre ; on le regarda comme le fondateur de la « religion socialiste » ; il passa à l'état de dieu.

Il avait désigné lui-même, comme son successeur,
Bernard Becker qui s'était réfugié à l'étranger en
1848 et qui était rentré à Francfort en 1862. La Ligue
reconnut par une élection le nouveau président. Mais
Becker n'avait pas les qualités d'un chef de parti,
et ce fut en réalité le docteur J.-B. de Schweitzer qui
devint l'âme du mouvement. M. de Schweitzer était un
ancien avocat et un lettré de beaucoup de talent. Ce
gentilhomme socialiste était catholique et remplissait

dit-on, ses devoirs religieux. D'accord avec Lassalle, il avait fondé à Francfort le premier organe de la Ligue, *le Démocrate-Socialiste*. Le journal du comité francfortois fut transporté à Berlin, lorsque Becker fut appelé dans cette ville pour prendre la présidence générale. Cependant la comtesse de Hatzfeldt, amie et disciple de Lassalle, se brouilla bientôt avec le nouveau président qui n'avait ni les qualités nécessaires pour faire bonne figure dans les salons de la comtesse, ni assez d'influence et d'énergie pour contrecarrer les intrigues et les hésitations des comités provinciaux dirigés par des partisans jaloux.

Dès que le baron de Schweitzer eut pris la place de Becker, il tâcha de gagner et de grouper autour de lui tous les anciens exilés de 1848, aussi bien ceux qui étaient revenus en Allemagne que ceux qui continuaient de vivre à Londres, Paris, Genève et Zürich, tels que Charles Marx, fondateur de l'Internationale, J. Philippe Becker, Rustow, Hess, H. Wuttke, tous hommes d'une grande valeur intellectuelle et de beaucoup d'expérience. Ils devinrent les collaborateurs assidus de l'organe officiel du parti, *le Démocrate-Socialiste*. Le nouveau président de la Ligue, M. de Schweitzer publia lui-même en février 1865 une série d'articles sur le « ministère Bismarck », dans lesquels il regarda comme inévitable et réclama comme nécessaire l'organisation politique de l'Allemagne « par le fer et par le sang, » telle qu'elle s'est opérée en 1866 dans la

Confédération du Nord, et en 1871 dans le nouvel empire allemand. Ces articles « bismarckiens » valurent à leur auteur des attaques furieuses, venant de toutes parts. Tous ses collaborateurs, tous les personnages marquants de la démocratie, rompirent bruyamment avec le parti ou du moins avec le président de ce parti et son organe à Berlin. Schweitzer déclara qu'il n'était ni assez sot ni assez lâche pour fermer les yeux à l'évidence, qu'il croyait à la logique de l'histoire, et que cette logique forcerait les Hohenzollern à aller jusqu'au bout de leur chemin.

Les critiques sérieux et loyaux sont obligés de reconnaître que Schweitzer se montra par là le vrai continuateur de Lassalle, car sous ces deux chefs, le socialisme allemand fut éminemment *national*, malgré toutes les tentatives qu'on fit pour l'entraîner dans la voie cosmopolite et internationale. Tant que ces deux hommes profondément instruits furent à la tête de la Ligue, les agents et les partisans de l'Internationale, notamment Bebel et Liebknecht, s'agitèrent sans grand résultat, et en trois ans, Schweitzer gagna 4,000 abonnés à son journal.

Cependant la scission était plus profonde que jamais. Les comités s'étaient divisés en deux camps. De son côté, la comtesse de Hatzfeldt continuait d'intriguer. Schweitzer, condamné à six mois de prison, était réduit à l'impuissance. Et lorsque, à l'occasion d'une fête dans une ville rhénane, Fœlke, l'ancien président provisoire de la Ligue, porta un toast au roi Guillaume qui venait d'accorder le suffrage universel aux ouvriers, les intransigeants de l'Internationale crièrent à la trahison. Sur ces entrefaites, Becker quitta l'Allemagne et s'en alla en Autriche fonder une section de l'Internationale. La comtesse de Hatzfeld rompit aussi avec la Ligue (décembre 1866) et créa une autre association, également basée sur les statuts de Lassalle. Ce fut la branche femelle, comme on l'appela ironiquement.

Sur la proposition de Schweitzer, la Ligue décida, en mai 1867, de faire désormais élire le président central par le suffrage direct de chaque membre dans l'Allemagne entière. Schweitzer réussit si bien à réorganiser l'administration, qu'il y gagna d'être réélu président à chaque tour de scrutin jusqu'en juin 1871, époque à laquelle il se retira dans la vie privée.

Ce fut en 1867 que le nouveau parti présenta pour la première fois un candidat au parlement de la Confédération du Nord. Dans le district de Barmen-Elberfeld, M. de Schweitzer fut opposé par les ouvriers, à la fois au candidat conservateur, qui était M. de Bismarck, et au candidat libéral, M. de Forckenbeck. Il ne réussit pas à ce premier scrutin, bien qu'il réunit 7,900 voix. Mais il fut élu quelques mois plus tard, en même temps qu'un autre socialiste, Fritsche, l'était dans la circonscription de Lennep-Hettmann. Hasenclever fut également élu dans la Prusse rhénane, à Douisbourg.

Les intransigeants envoyèrent de leur côté deux députés au Reichstag, Fœrsterling et Mendé, élus à Chemnitz et à Freiberg, en Saxe.

Liebknecht, qui avait quitté la rédaction du *Social-Democrat* à la suite des « Bismarckartickl (1) » de Schweitzer, était venu se fixer à Leipzig ; sous l'inspiration de Charles Marx, fondateur et directeur de l'Internationale, et avec le concours de son ami Bebel, il se mit à la tête du parti dissident. Les éléments politiques particularistes de la Saxe et de l'Allemagne centrale secondèrent fortement les deux adversaires de Schweitzer, qui s'étaient fait les propagateurs des doctrines de l'Internationale. Les rangs du parti intransigeant s'accrurent bientôt à un tel point, que Bebel et Liebknecht furent envoyés au Reichstag comme députés saxons, et qu'ils purent fonder un journal, le *Volkstaat* (le gouvernement du peuple).

Les attaques contre Schweitzer redoublèrent sur toute la ligne. Par sa naissance, il avait conservé des attaches avec la noblesse qui l'avait secondé, jusqu'à un certain point, pour obtenir du roi le suffrage universel. On trouva donc facilement moyen de le faire passer pour un réactionnaire, ce qui, traduit dans la langue de Bebel et de Liebknecht, signifiait un agent du gouvernement et un traître. Les deux chefs du parti dissident déclarèrent qu'ils viendraient en per-

(1) Les articles sur Bismarck.

sonne à la prochaine assemblée générale soutenir
leur accusation. Quoiqu'ils ne fussent plus membres
de la Ligue des lassalliens, ils se présentèrent, sur
l'invitation même de Schweitzer fort de son droit, devant l'assemblée qui eut lieu à Barmen le 28 mars
1869. 42 délégués sur 56 se prononcèrent en faveur de
Schweitzer. Mais Bebel et Liebknecht considérèrent ce
vote comme une victoire. Il leur assurait dans le parti
lassallien des intelligences intluentes, et, à Barmen déjà,
ils en profitèrent pour faire modifier l'article des statuts relatif à la présidence. Schweitzer, se sentant
menacé, eut recours à un petit coup d'Etat. Il en
appela « au peuple souverain de la Ligue ». Le résultat
de ce plébiscite donna gain de cause au président, qui
eut une majorité écrasante.

A cette époque s'opérèrent la réunion et la fusion
des deux branches de l'association lassallienne. La
comtesse de Hatzfeldt, Schweitzer et Mendé, président
de la branche saxonne, s'étaient entendus en secret,
et un beau jour la *Gazette libre*, de Mendé, qui paraissait à Dresde, et le *Social-Democrat*, de Schweitzer, qui
se publiait à Berlin, adressèrent un appel aux électeurs
pour les inviter à ratifier l'élection d'un nouveau président commun aux deux branches réconciliées. Mendé
fut élu président provisoire, puis Schweitzer prit sa place.
La comtesse de Hatzfeldt se livra bien de nouveau à
ses petites manœuvres et essaya de semer la zizanie
pendant un emprisonnement de deux mois que su-

bit Schweitzer, mais Mendé sut la tenir en échec et déjouer ses plans.

Furieux de cette déconvenue, Bebel et Liebknect redoublèrent d'activité et d'intrigues avec l'Internationale. Ils convoquèrent d'abord un Congrès à Cassel, mais ne trouvant pas le terrain assez sûr, ils s'en allèrent à Eisenach. Les délégués lassalliens s'y présentèrent en si grand nombre qu'ils formèrent la majorité; les internationaux quittèrent la salle. A la fin du Congrès, les deux fractions étaient divisées en deux partis distincts, poursuivant chacun un but différent.

Sur ces entrefaites la guerre de 1870-1871 survint. Elle fut peu favorable aux socialistes. Les éléments nationaux et conservateurs reparurent au premier plan. D'un autre côté, les catholiques, prêtres et laïques, se mirent à la tête du mouvement ouvrier dans les districts catholiques de la Prusse rhénane, de la Westphalie, de la Bavière, de la Silésie et du pays de Bade. Ils essayèrent de fonder un parti socialiste chrétien dont l'organe central prit le titre de : *Les Feuilles chrétiennes sociales.* Parmi les hommes qui s'occupèrent ainsi théoriquement et pratiquement de réformes, il faut citer Edmond Jœrg (1), le savant di-

(1) Ce fut M. Jœrg, qui écrivit le premier une *Histoire des partis sociaux et politiques en Allemagne.* 226 pages, in-8, Fribourg Herder, 1867. — Le Dr Rodolphe Mayer (*La lutte d'émancipation, du quatrième Etat;* 2 vol. Berlin 1874), le docteur Jaeger (*Le socialisme,* 1873) ont également traité à fond la question sociale en Allemagne.

recteur des *Annales historiques et politiques de Munich*, le chanoine Moufang, l'évêque de Mayence Kettler, l'abbé Schings, fondateur des *Feuilles chrétiennes sociales*, etc.

Cet ensemble de circonstances empêcha les lassalliens d'envoyer aucun représentant au Reichstag en 1871. Les socialistes internationaux ou bébéliens furent plus heureux, grâce aux particularistes saxons qui votèrent avec eux. Bebel fut élu député.

Schweitzer donna alors sa démission de président (fin juin 1871), et se désintéressa de la lutte. Hasenclever lui succéda.

On a beaucoup calomnié Schweitzer. Ses ennemis les plus acharnés ont cependant avoué eux-mêmes qu'il leur a été impossible de trouver les preuves de sa prétendue trahison. Schweitzer est mort en 1876, pauvre et résigné d'avance, car personne ne connaissait mieux que lui les caprices flottants des masses. Le journal qu'il avait fondé, le *Social-Democrat* avait cessé de paraître en 1871 ; il ne fut que temporairement remplacé par l'*Agitator*, également la propriété de Schweitzer.

Hasenclever fonda avec les fonds de l'association, le *Nouveau Démocrate-Socialiste*.

Hasenclever, l'héritier actuel de la couronne et du sceptre de Lassalle, est né en 1837, à Arnsberg. C'est un ancien ouvrier tanneur. Il a parcouru, comme apprenti, l'Allemagne entière et l'Italie. En 1862, il était rédacteur de la *Gazette du Peuple de Westphalie*. Hasen-

18

clever passe pour un esprit cultivé et capable ; doué
d'un véritable talent oratoire, il a remporté des succès
même au Reichstag allemand. Il a été secondé surtout
par le chimiste, écrivain, orateur et agitateur Hasel-
mann.

En 1871, le congrès, qui se réunit à Stuttgart
compta 66 délégués représentant 13,080 membres ou
113 associations locales composées de 160 membres.
Le programme de Charles Marx fut accepté ; on réclama l'organisation internationnale du Quatrième
Etat (*Vierter Stand*), l'égalité absolue, l'abolition du
salaire et le système de la protection commune, l'abolition de tous les privilèges d'état, de naissance, de religion, le droit de suffrage pour tout individu de vingt
ans dans toutes les élections communales, provinciales,
etc., la législation directe par le peuple (vote ou rejet
des lois par le peuple, referendum), le remplacement
de l'armée permanente par une milice nationale, l'instruction gratuite, laïque et obligatoire, l'impôt progres-
sif au lieu des impôts directs, l'encouragement et le
crédit de l'Etat pour toutes les associations productives, enfin l'abolition de toutes les lois sur la presse,
sur le droit d'association et de coalition. Ce programme
radical et assez confus n'a qu'un point de communauté
avec celui de Lassalle qui demanda, lui aussi, le crédit de l'Etat pour venir en aide aux ouvriers qui voudraient créer des associations productives et profession-
nelles.

La quatrième assemblée du parti, qui se tint l'année suivante à Eisenach, constata l'existence de 110 comités locaux représentés par 7 délégués, agissant au nom de 10,000 membres.

A cette époque, M. de Tessendorf fut appelé à Berlin en qualité de procureur général. M. de Tessendorf voulut faire du zèle ; il en fit beaucoup trop. Ses maladresses, ses petites persécutions aussi inutiles que ridicules, grandirent dans l'opinion publique le parti persécuté ; et M. de Tessendorf manœuvra tant et si bien qu'il devint l'intermédiaire inconscient entre les deux partis ennemis, les lassalliens et les bebeliens, et qu'il inaugura ainsi la troisième période du socialisme allemand (1).

On fit aux socialistes 2,843 procès : 2,065 en Prusse, 418 en Saxe et 360 dans les Etats du Sud. Le total des condamnations représente 200 ans de prison et 200,000 francs d'amendes. Un journaliste saxon, Petjold, eut en une seule année 25 procès, et le député Most fut pour sa part condamné à 54 mois de prison.

(1) La fusion des deux branches s'est opérée à Gotha ; le 25 juin 1875, à minuit, après trois jours de discussions et de débats, le président du parti lassallien s'écria dans un transport d'allégresse : « Enfin le travail de fusion et d'union est achevé ; mettons-nous à l'œuvre avec une nouvelle ardeur ! » Là-dessus les chefs des camps opposés entonnèrent la *Marseillaise* des travailleurs allemands et ils burent au même verre.

II

Cette manière de pallier le mal et de réformer la
société au moyen des procureurs généraux et des gendarmes eut pour résultat d'assurer 600,000 voix aux
candidats socialistes en 1877. Ce parti compte actuellement 12 députés au Reischtag ; il possède 14 imprime-
ries et 54 journaux dont 13 quotidiens ; quelques-uns
se tirent à 30 et 40,000 exemplaires.

Aussi bien que M. de Bismarck, fondateur du fonds
des reptiles, le parti socialiste allemand a compris que
la presse est la première puissance moderne. Le
chiffre total des abonnements pris aux feuilles socialistes dépasse 130,000, ce qui représente au moins un
demi-million de lecteurs, car il ne faut pas compter
plus d'un exemplaire par atelier. Dans plusieurs ateliers de tailleurs, c'est un apprenti qui fait la lecture
du journal à haute voix.

L'Empereur, M. de Bismarck, la magistrature, le

clergé, le Parlement sont le point de mire des incessantes attaques de cette presse. Après les exécutions de Satory, le *Nouveau social-democrate* s'écriait (1) :
« Le sang y fume comme sur le Golgotha ! » Et quelques mois plus tard, sous le titre de : *Qui marche
à la tête de la civilisation ?* le même journal (2) présentait
la lutte entreprise par la Commune « comme un combat pour la civilisation, dont il fallait fêter brillamment
l'anniversaire, car la Commune avait lavé toutes les
honteuses souillures qui flétrissaient la face de la
France. »

La feuille démocratique hebdomadaire de Furth a
également fait un exposé de doctrines qu'il est utile de
connaître :

« Le socialisme est la préface d'une grande période
de civilisation athée, à laquelle nous avons l'honneur
de travailler et qui embrassera une longue série de
siècles. Le socialisme, au contraire du théisme, n'est pas
basé sur la peur, mais sur la confiance en soi-même...
Le socialisme a pour principe qu'il n'y a pas d'être en
dehors des lois naturelles. L'homme est un individu
et non une personne. Il n'a pas de responsabilité personnelle. »

La *Némésis* de Dresde écrivait en 1872 : « L'époque
contemporaine a depuis longtemps démontré que la

(1) N° 42. — 1873.
(2) N°ˢ 117, 120, 128. — 1873.

18.

Bible n'a qu'une très petite valeur historique et qu'on peut tout au plus la considérer comme une chronique d'un degré assez grossier de civilisation monothéiste, chronique empreinte du délire religieux le plus insensé. ».

Sous le titre de : l'*Evangile de ce siècle*, le même journal ajoutait :

« L'athéisme et le socialisme sont tout un, car la démocratie socialiste est elle-même une religion... L'émancipation de l'esprit doit être conquise par le matérialisme, mais celui-ci doit être guidé et réglé par les enseignements du socialisme. »

Selon le *Volkstaat*, la mort du dernier théiste sera la délivrance du dernier esclave. « Il faut que l'avenir appartienne à l'athéisme. Il n'y a de salut pour l'humanité que dans l'athéisme. »

D'après les démocrates socialistes allemands, une disparition complète de la religion peut seule assurer la victoire de la démocratie sociale. Le *Volkstaat* l'explique : « L'espérance d'une réussite satisfaisante de la révolution socialiste est une utopie fantastique, tant qu'on négligera de détruire par une instruction générale et approfondie du peuple, la croyance superstitieuse en Dieu. Et comme les socialistes seuls ont les capacités nécessaires, ou la volonté de le faire, il est de notre devoir de remplir cette obligation avec zèle et dévouement, et celui-là seul est digne du nom de socialiste qui, athée et incrédule lui-même, met tous ses

soins à la propagation de l'athéisme et de l'incrédu-
lité. »

Nous pourrions multiplier pendant plusieurs pages ces
extraits et ces citations ; et, après avoir épuisé les journaux, prendre les brochures, les almanachs, les chan-
sons que le parti socialiste fait chaque année répandre
par milliers d'exemplaires dans la classe populaire.
Le calendrier qui porte le nom de *Pauvre Conrad* se
vend à plus de cinquante mille exemplaires.

Si les socialistes allemands savent user de la liberté
de la presse, ils savent tout aussi habilement user de
la liberté de réunion. Chaque samedi ou chaque dimanche soir, des affiches placardées aux murs con-
voquent les démocrates-socialistes à des meetings familiers tenus dans une salle louée *ad hoc*, le plus souvent
dans une brasserie. — Nous avons assisté à plusieurs
de ces réunions (1), qui ne diffèrent pas beaucoup,
comme aspect, physionomie et discours, des clubs
rouges de Paris sous la Commune. L'auditoire s'agite
peut-être un peu moins parce qu'il boit un peu plus.
Le sujet des discussions varie à l'infini. Quelquefois il
est indiqué d'avance sur l'affiche ; quand c'est un des
commis voyageurs conférenciers du parti qui est arrivé pour enseigner « ses frères », on double les frais
d'annonces et de réclames. Il y a une huitaine d'agents

(1) *Voyage au Pays des Milliards*, p. 351. *Les Prussiens en Allemagne*, p. 148.

qui parcourent ainsi l'Allemagne aux frais du comité
d'action ; on leur alloue environ 12 francs par jour.

Mais il serait puéril d'attribuer au seul M. de Tessendorf et à des agents aussi maladroits que leur maître, le
grand essor pris depuis quelques années par le socialisme allemand. L'auréole du martyre et même cette
active propagande par la presse et la parole n'auraient
pas suffi pour assurer 600,000 voix aux députés démocrates-socialistes, lors des dernières élections, s'il n'y
avait eu d'autres causes beaucoup plus graves. Nous
avons déjà dit qu'aucun homme d'Etat n'a secondé les
aspirations révolutionnaires des masses avec plus de
zèle que M. de Bismarck. Depuis 1866 le grand chancelier prussien est fidèlement resté en communauté d'idées
avec les destructeurs socialistes. Il a bouleversé de
fond en comble le système économique et administratif de la Prusse ; il a vaincu avec l'aide de l'opposition
révolutionnaire les conservateurs qui ne voulaient pas
accepter sa nouvelle loi sur l'organisation des cercles.
« La constitution des cercles et la Chambre des seigneurs étaient, dit le *Journal démocratique*, les dernières
forteresses qui restassent à la monarchie. Qu'elles
tombent et leur ruines enseveliront tout le système ! »

Et le *Nouveau Démocrate-Socialiste* applaudit de son
côté en ces termes, à la victoire de M. de Bismarck :
« Le vieux monde s'en va. Allons ! faisons flotter plus
haut notre rouge bannière ! »

Aussi est-ce sur sa conscience que doivent retomber

indirectement les attentats d'un parti qui a aussi pris
pour devise de son drapeau une devise qui est celle de
M. de Bismarck : « Par le sang et par le fer.

« L'assassin Nobiling, a dit un journal prussien de
Vienne, la *Nouvelle Presse libre*, n'a pas tiré sur l'empereur, mais sur le système. Et si l'on peut déduire des
crimes du 11 mai et du 2 juin une conclusion morale,
elle se trouve dans ce mot shakespearien : « Il y a
« quelque chose de pourri dans l'Etat de Danemark! »

« Oui, ajoutait la feuille viennoise, cet empire allemand
créé d'une façon si brillante ne satisfait pas tous les
vœux; il y a quelque chose de mal réussi dans sa construction et dans son développement, de sorte qu'un
vague malaise trouble les esprits et qu'un sombre pessimisme envahit des couches entières de la population,
et de ce pessimisme naissent les crimes les plus atroces.
Charles-Edouard Nobiling, le meurtrier d'hier, est un
produit de cette disposition d'esprit, et si, en réalité, il
a cru servir le bien de l'Etat en prenant pour cible le
chef suprême, il en ressort, premièrement, qu'il n'avait
aucune idée de la portée de son crime ; secondement,
qu'un mécontentement profond règne dans l'empire
allemand et que ce mécontentement éclate à l'occasion,
au moyen d'un revolver ou par un coup de fusil. Semblables à des éclairs, les deux attentats qui ont eu lieu
illuminent l'abîme au bord duquel se trouve l'Allemagne. »

IV

Pour mesurer l'étendue du mal, c'est cet abîme
qu'il faut sonder. Quand, dans les livres que nous
avons publiés sur l'Allemagne, nous avons dépeint en
termes réalistes la dissolution sociale de ce vaste empire
« mal venu », on a crié à l'exagération. On ne pourra
pas nous faire ce reproche aujourd'hui ; c'est avec des
couleurs allemandes et des pinceaux allemands, que
nous allons tracer le tableau moral de la capitale « de
la crainte de Dieu et des bonnes mœurs » (1).

« Les grandes « victoires » de 1870 et 1871, écrivait,
il y a quelques années, un publiciste allemand célèbre,
M. Constantin Franz, loin de paralyser l'agitation sociale, lui ont fourni de nouveaux aliments. Nous y avons
gagné la paix à l'extérieur, non le contentement inté-

(1) On se souvient que S. M. Guillaume, en prenant la couronne impériale, déclara qu'il allait fonder « l'empire de la crainte
de Dieu et des bonnes mœurs ».

rieur. Même parmi ceux qui ont pris part aux victoires, il en est beaucoup qui se sentent plus mécontents après qu'avant la guerre, car ils voient avec une amertume profonde combien tous leurs sacrifices leur ont peu rapporté, et comment leur position a empiré au lieu de s'améliorer, avec la perspective d'avoir à supporter des charges de plus en plus lourdes. De riches dotations aux généraux ne sont pas de nature à adoucir cette amertume des petits, au contraire. Les milliards nous porteront aussi peu bonheur que jadis aux Niebelungen leur trésor. Plût à Dieu que tous deux eussent été engloutis dans le Rhin ! Cette pluie d'or a fait tourner toutes les têtes, a allumé toutes les cupidités et a renchéri partout la vie. Cela se conçoit. Tout le monde compte maintenant par sommes plus grandes, le banquier par millions, l'empire par centaines de millions. De là une élévation générale des prétentions, laquelle a entraîné une augmentation du prix de tout ce qui est nécessaire à la vie, beaucoup plus grande que ne l'a été l'accroissement des ressources réelles. De là encore la fureur de spéculation qui a éclaté après la guerre comme une épidémie. Ce qui s'est fait sous ce rapport à Berlin seul, en quelques mois, tient de la fable. Les « grands événements » ont eu leurs saturnales. Voilà donc l'esprit qui en est sorti, et qui a fêté ses triomphes dans la capitale du nouvel empire !

» Ces extravagances peuvent n'être que momentanées ; malheureusement elles laisseront des suites. De tous ces millions gagnés sans peine, la production n'en pas été le moins du monde favorisée. Quelle irritation profonde ne doit-il pas en résulter chez ceux qui ont vu comment ces gains scandaleux ont été obtenus par la spéculation ! Rien ne peut agir plus efficacement en faveur du socialisme qu'un pareil abus de la puissance du capital, qui semble donner raison à la maxime de Proudhon : « la propriété, c'est le vol. » Car toutes ces affaires scandaleusement lucratives, quoique protégées par la loi, n'en sont pas moins un pillage de la société, que ces gains chargent d'une dette hypothécaire, sans qu'ils répondent à aucun service rendu. Au contraire, quiconque établirait un vrai régime hypothécaire supprimerait le socialisme. Pour le moment, ce dernier est en pleine prospérité, surtout dans la capitale du nouvel empire, qui attire maintenant des milliers d'hommes en vertu de la centralisation politique et de la nouvelle loi sur l'établissement. Tous ces nouveaux arrivés ont flairé les monceaux d'or entassés par d'avides aventuriers, tandis qu'eux-mêmes, pauvres, prolétaires, n'ont trouvé que la misère ; la splendeur et l'opulence croissantes qui les entourent surexcitent leur envie et leur cupidité, et préparent merveilleusement le terrain pour les semences de la révolte... »

« La soif de l'or, écrivait la *Deutsche Warte* au mois de février 1872, déprécie tout ce qui n'est pas coté à la Bourse. Il n'existe plus ni valeur idéale, ni valeur morale ; la rage de la spéculation a amené chez nous comme en France un véritable système de corruption. L'altération de l'opinion publique constitue une rubrique spéciale dans les calculs des «faiseurs», si bien que ceux mêmes qui en sont les victimes ne s'en aperçoivent pas. Cette voracité aveugle ne s'arrête ni devant la fidélité éprouvée des employés, ni devant les lois divines et humaines; elle jette au vent tout ce qui est noble, quand elle veut atteindre son but... Le véritable sens du beau n'existe plus. On ne connaît l'art réel que de nom; le plaisir, la distraction est tout ce que l'on désire, tout ce que l'on recherche. Le théâtre national que Schiller apprit à considérer comme une institution morale est abaissé; le théâtre ne comprend plus sa mission, et n'a plus de valeur. Il est dans un état tel qu'il n'est plus qu'une sphère empoisonnée.»

Loin de réagir la bourgeoisie se prélassait aux premières loges des spectacles les plus décolletés. Ce qu'elle applaudit encore aujourd'hui dans les théâtres et les cafés-concerts, c'est la glorification de la licence. Plus la pièce est immonde, plus elle a de succès. On organise des trains de plaisir pour en repaître la province.

Et n'est-ce pas la bourgeoisie aussi qui achète cette littérature putride, annoncée et prônée dans tous les journaux en termes choisis, pour mieux piquer la curiosité malsaine de cette classe frivole? Les photographies reproduisant les scènes les plus obscènes, répandant à profusion les images de la prostitution et de

19

la débauche ; et les stéréoscopes, les cartes transparentes, les étuis et les porte-cigares ornés d'images obscènes, colportés dans les brasseries et les cafés, ne se vendent pas à l'ouvrier, mais au bourgeois.

Allez à l'*Orpheum*, au *Colosseum*, qui rencontrez-vous au milieu des prostituées, dansant et mangeant, buvant et fumant? C'est encore la bourgeoisie.

Sa soif de jouissances matérielles, son âpreté au gain l'ont lancée immédiatement après la guerre dans cette orgie de spéculation qui a abouti au *Krach* et a fait de Berlin la « grande métropole de la misère ».

La *Gazette des campagnes*, dans un de ses numéros du mois de novembre 1872, traçait ainsi le tableau de cette fièvre du plaisir et de l'or qui possédait la capitale : « A Berlin, tout le monde est pressé ; chacun court, chacun a la tête pleine de préoccupations ; on ne voit plus que des êtres qui semblent mis en mouvement par des fils invisibles. Les uns sont graves et sérieux, les autres grimacent. C'est un coup d'œil curieux que celui de voir ce flux et ce reflux d'hommes affairés dans les rues. Qu'est-ce qui les pousse ainsi ? Le désir du gain qui ne leur laisse ni repos, ni trêve. »

« Les jouissances, dit Schwabe dans un remarquable ouvrage de statistique berlinoise, les jouissances, telles que le capital seul les procure sont aujourd'hui l'idéal de la félicité humaine ; le nombre de zéros détermine la valeur morale et intellectuelle de l'homme. Celui qui n'a pas d'argent est considéré avec une pitié orgueilleuse... L'argent est une idole ; il absorbe toutes les forces vitales. Autrefois les gens faisaient de la fausse monnaie, aujourd'hui la monnaie fait de fausses gens. — *Tout est vénal finalement, l'homme lui-même.* Le dieu Mammon s'introduit dans le sanctuaire de la famille et de l'amour, il conclut les mariages et choisit les amitiés. Bref, *le matérialisme est devenu le mot d'ordre de la bonne société.* Cette soi-disant « bonne société » est caractérisée par cet esprit judaïque de Berlin qui pénètre partout. L'argent est pour ces gens la mesure des sentiments, le mètre de la moralité, la pierre de touche des principes. L'argent est l'agent au moyen duquel tout peut se négocier sur la terre et dans le ciel. La politique de la bourgeoisie est de soumettre toute considération morale à l'argent et à la puissance qu'il procure. »

Dans quel état, demande Schwabe, se trouvent vis-à-vis de cette société « les éléments non affranchis » tels que la grande industrie les a produits ? Quelle est la situation des classes ouvrières ? Les 80 à 90,000 hommes qui augmentent annuellement la population de Berlin appartiennent presque tous aux couches inférieures. Ils rappellent involontairement ces hommes de la campagne romaine qui, dans leur désir immodéré d'habiter Rome, s'y rendaient comme esclaves, avec l'espoir incertain de devenir plus tard des citoyens grâce à une *manumissio.*

Le chiffre total de la population ouvrière de Berlin s'élevait en 1872 à 366,469 âmes; c'est-à-dire plus du 52 pour 0/0 de la population entière; d'après les statistiques officielles, il y avait sur ce nombre 64,000 domestiques (valets, cochers, etc.), de manière que sur onze personnes on comptait un serviteur. On sourit en voyant le luxe de domestiques qu'il y avait au moyen âge, mais de notre temps le nombre des serviteurs a-t-il diminué? Leur sort s'est-il amélioré? Non. Autrefois les domestiques faisaient partie de la maison du maître et étaient exclusivement à leur service. Aujourd'hui tout le monde a des domestiques. Le luxe de la domesticité est organisé démocratiquement; les domestiques composent une classe particulière, vivant au jour le jour et qui augmente sensiblement les éléments dangereux dans les époques de trouble. Chacun peut observer le changement qui s'opère dans les rapports des domestiques avec leurs maîtres; de plus en plus le lien patriarcal tend à se rompre pour faire place à un simple contrat. Les tableaux statistique de M. Schwabe nous montrent qu'à Berlin, le 32 pour 0/0 seulement des domestiques demeurent chez leurs maîtres.

« *De plus en plus*, conclut M. Schwabe, *les domestiques forment un quatrième Etat;* ce ne sont pas les gages minimes qui font d'eux des prolétaires, mais le manque d'appui qu'ils trouvent dans la famille de leurs maîtres. »

Ajoutons à ces « serviteurs », les 120,507 ouvriers
de fabrique de la capitale. Les ateliers, ainsi que les
logements étroits non ventilés, agissent pernicieuse
ment sur leur santé et influent sur leur caractère.
Cet état de choses s'aggrave encore par la grande
dépendance dans laquelle vit l'ouvrier et par l'impuissance morale où il est d'améliorer sa position.
Son salaire est insuffisant. Et c'est précisément chez
l'ouvrier berlinois qu'on trouve le plus de penchant
à la sensualité. Aussi, partout où s'agitent les questions brûlantes du jour, les ouvriers figurent-ils en
nombre important. Celui qui a visité au cimetière de
Friedrichshain l'endroit où sont enterrées les victimes de la révolution de 1848, aura remarqué le contingent considérable fourni à l'émeute par les mécani-
ciens.

Comment s'étonner que ce soit à Berlin que les socialistes rencontrent le terrain le plus propre à leur
activité? Hasenclever, président de l'Association générale des travailleurs, disait au mois de février 1871,
dans le *Démocrate socialiste*, que la majorité l'avait invité à convoquer l'assemblée générale cette année,
la semaine de la Pentecôte, à Berlin, *parce que c'est à
Berlin que devait être placé le centre de gravité du mouvement socialiste en Allemagne* (1).

(1) Depuis que ces lignes ont été écrites, on sait que le petit
état de siège a été proclamé à Berlin, que le séjour de la capitale
a été interdit aux meneurs socialistes, et que leurs journaux sont

« Berlin est une ville importante, universelle ; mais cette ville est-elle heureuse ? » se demande M. A. Held dans une brochure parue en 1872 sous le titre de : *Les extravagances berlinoises dévoilées*, et qui flétrit avec hardiesse les turpitudes, les vices et l'aveuglement de ce qu'on appelle à Berlin la *bonne société*. « Regardez, dit M. Held, étrangers qui croyez que tous ceux que vous rencontrez dans votre promenade sous les Tilleuls jouissent du parfait bonheur, regardez ces figures à l'expression sombre et soucieuse ; allez dans les quartiers pauvres, entrez dans les maisons, et vous reculerez devant l'étendue de la misère !... »

Déjà en 1872, 125,000 personnes recevaient des secours du Comité de bienfaisance ; les dépenses de l'assistance publique des pauvres se montaient à 1 million de thalers.

« La cherté des logements est le premier et le plus grand des fléaux de Berlin, lisons-nous dans une brochure publiée alors et que nous avons sous les yeux ; les conséquences désastreuses qui en dérivent sont faciles à comprendre, quand on pense que les habitants pauvres doivent dépenser en moyenne la moitié de leur revenu pour leur loyer. Au recensement de 1871 il y avait à Berlin, d'après les statistiques officielles, 14,292 caves qui servaient de logements à

rigoureusement poursuivis. Le *Démocrate-Socialiste* paraît maintenant à Zürich, et la *Freiheit*, du député Most, se publiait à Londres jusqu'au mois dernier (mars 1881).

63,000 personnes, c'est-à-dire le 9 0/0 de la population forcée de vivre dans les trous humides et malsains. 18,534 logements n'avaient pas de cuisines et 2,265 pas de pièces chauffables. Des groupes de 6 à 10 personnes s'entassaient comme des animaux dans une seule chambre à feu; il y avait 15,574 cabinets ou réduits avec 111,280 habitants et 68,736 enfants. Le 15 0/0 de la population est obligé de vivre dans des logements archi-pleins. »

La *Gazette de la Bourse* du 1ᵉʳ novembre 1871 racontait les épisodes suivants, qui se sont produits à la suite de la disette de logements : « Les locataires de la grande maison n° 22, rue Schiller, ont été honorés dimanche matin de la visite d'un huissier escorté d'un nombre suffisant d'agents de police. Depuis le 1ᵉʳ octobre cette maison a passé dans les mains d'un autre propriétaire. Les dénonciations de baux ont été faites en temps opportun, mais les locataires ne sont pas partis, parce qu'ils n'ont pas trouvé de logement ailleurs. On s'est mis alors à décrocher les portes et les fenêtres, mais une partie des locataires est allé cherché un refuge dans une maison voisine qui est en construction. Le gérant de cet immeuble leur a loué des chambres 3 et 5 thalers par mois, mais avec la condition que les locataires boucheraient eux-mêmes les ouvertures. Huit familles expulsées n'ont pas eu la bonne fortune de trouver un toit; elles sont allées bivouaquer le long de la haie de la fabrique de saucisses aux pois. Le domestique Noete dort depuis quinze jours à la belle étoile avec toute sa famille. Un de ses enfants tombé malade a dû subir une opération des yeux à la Charité. Une femme, veuve depuis quelques jours, campe en plein vent derrière quelques caisses, avec ses trois enfants affamés. Le lieutenant de police du quartier est allé prier l'huissier de donner l'hospitalité au moins une nuit encore aux plus pauvres locataires de la maison, il a refusé. »

La disette de logements était si grande, par suite du renchérissement que les accapareurs faisaient subir aux immeubles, que l'on découvrit une caverne habitée par plusieurs familles, dans un champ, aux environs de Berlin, près du chemin dit des Pionniers. C'était une fosse profonde au-dessus de laquelle on avait placé des poutres transversales et des planches qu'on avait ensuite recouvertes de terre. L'entrée de cette demeure souterraine était si bien gardée, que les sergents de ville durent la prendre d'assaut. Pour tout mobilier, de la paille pourrie et quelques vieux sacs. Les forêts voisines de Berlin pullulaient de gens errants Au nord-ouest de la Jungfernhaïde s'étaient réfugiés tous les apprentis fugitifs ou congédiés des ateliers ; à l'ouest, on rencontrait des bandes de compagnons ouvriers, un bâton à la main et un sac rempli de foin sur le dos, demandant l'aumône. Au sud, la Hasenhaïde était devenue la retraite favorite des prostituées, qui, défendues par leurs « Louis », livraient des batailles souvent sanglantes à la police.

La *Gazette du Weser* constatait que la mendicité à Berlin avait pris des proportions sinistres. Dans les rues les plus fréquentées, on ne rencontrait que des aveugles, des paralytiques escortés d'individus capables de travailler, mais à qui le travail répugnait. On était, dans ses propres appartements, importuné par des élégants qui vous disaient avec un flegme superbe qu'ils ne bougeraient pas de la place avant que vous leur eussiez accordé un secours.

En 1873, il y avait trois cent trente jeunes détenus dans les prisons du Molkenmarkt; la plupart étaient des enfants au-dessous de quatorze ans.

D'après les rapports des médecins il n'y a jamais eu autant de maladies syphilitiques à Berlin que depuis que cette ville est devenue « la capitale des bonnes mœurs ». Le phénomène est identique à celui observé à Londres. Un travail statistique publié récemment par un bureau anglais porte, sous la rubrique syphilis, dix-huit cent cinquante décès avec la remarque que le nombre de ceux qui sont morts des suites de cette maladie va tellement en augmentant, que dans les dernières dix-sept années ce chiffre s'est élevé de la proportion de trente-cinq à celle de quatre-vingt-cinq pour cent.

Le nombre des aliénés et des suicides croît également dans une proportion rapide. — D'après la dernière brochure du bureau de statistique prussien, les suicides dans le royaume de Prusse sont de 3,817, presque 15 par 10,000 habitants. Dans le district de Magdebourg on en a constaté 214, presque 26 par 100,000 habitants, et à peu près autant dans la province de Merseburg. 2,931 de ces suicidés appartenaient à la confession protestante, 390 à la religion catholique, et 24 à la religion juive.

Les mœurs de Rome, à l'époque de sa complète corruption sous l'empire, reparaissent ici. Et quel symptôme de décadence morale que le spectacle de ces individus qui, à Berlin, vous attendent à la porte des tribunaux, s'offrant contre salaire à vous servir de témoins, dans n'importe quel procès? En novembre 1871, les journaux racontèrent que quelques-uns de ces individus s'étaient adressés à un musicien qui avait un procès, en lui disant : « Si vous avez besoin de témoins, disposez de nous. Nous prêtons serment moitié moins cher que nos collègues qui se font payer 10 groschen, tandis que nous n'en prenons que 5. »

Frédéric Reimer, professeur à Berlin, disait il y a quelques années : « On peut, dans une certaine mesure, appliquer au Berlin de nos jours ce que Droysen a dit de la dernière période de la Grèce : *Léger, privé de tout sens moral, sans dignité et sans volonté, sans vertu et sans religion, l'hellénisme se transforme en cette bassesse piquante, spirituelle, dissolue, qui constitue la dernière étape dans la vie des peuples.* »

« Les Hohenzollern, a dit Henri Wuttke, ne sont que

des soldats, des chefs militaires, des conquérants ;
le grand Frédéric lùi-même ne civilisait pas ses sujets. » Il serait temps cependant de s'occuper un peu
du peuple, de son âme, de ses aspirations et de ses
besoins ; de l'instruire, d'élever son niveau ; de ne pas
le traiter seulement comme une bête à impôts et une
bête à canon.

Hœdel et Nobiling, qui ont attenté à la vie de l'empereur Guillaume, sont deux types, non pas comme les
produit seulement le socialisme, mais la *Kultur* prussienne et une situation économique, religieuse et sociale
pareille à celle que nous voyons en Allemagne. Ce sont
des fanatiques, des sectaires, ou des désœuvrés ambi-
tieux faisant de la politique un métier à leur manière
pour n'être pas obligés de travailler honnêtement. Il se
peut aussi que des influences occultes s'en soient servies
pour troubler une fois de plus l'Occident, et que le catéchisme révolutionnaire de Bakounine, ami de Tscher-
naïef, qui recommande « le meurtre politique comme
un moyen en harmonie avec le but qu'on veut atteindre », ait fait deux nouveaux adeptes.

Les coups de revolver de Hœdel et les coups de fusil
de Nobiling n'ont point troublé M. de Bismarck dans
sa sérénité olympienne. Que va-t-il faire ?

Hélas ! ce que M. de Tessendorf et consorts ont déjà
fait, et si bien fait qu'ils ont poussé les ouvriers allemands dans les bras de l'Internationale.

Ce n'est pas quelques agitateurs qu'il faut emprisonner, ce sont des réformes qu'il faut introduire dans le système vicieux et anarchique né des principes mêmes que M. de Bismarck a suivis et développés dans sa politique, et que toute la bourgeoisie nationale-libérale professe avec lui.

FIN

TABLE DES MATIÈRES

F. Aureau. — Imprimerie de Lagny.

www.ingramcontent.com/pod-product-compliance
Ingram Content Group UK Ltd.
Pitfield, Milton Keynes, MK11 3LW, UK
UKHW021010140726
13695UKWH00001B/167